당신의
상처는
사적이지
않다

국가 폭력과 사회적 참사가 새긴
트라우마의 차근한 회복을 위하여

당신의
상처는
사적이지
않다

정찬영 지음

창비

일러두기

1. 본문에 등장하는 각종 트라우마 사례 당사자들의 이름은 대부분 가명으로 처리했습니다.
2. 본문에 실린 인터뷰의 내용은 인터뷰이들의 사전 확인과 허락을 모두 거친 것입니다.
3. 인터뷰 발언 중에는 간혹 맞춤법에 어긋난 말들이 나옵니다. 이는 생생함을 살리기 위해 인터뷰이의 표현을 그대로 살려 실은 것입니다.
4. 일부 사례의 경우 개념 설명을 위해 혹은 피해자를 특정할 수 없도록 여러 내담자들의 이야기를 섞어서 가공했습니다.
5. 본문에 실린 5·18 피해자의 사례 가운데 일부는 《그대의 마음에 닿았습니다》(김은영 등저, 플로어웍스)에서 필자가 쓴 '용서 이야기-국가 폭력'에도 실려 있습니다. 같은 사례이지만 이 책에서는 다른 각도로 다루었습니다.

프롤로그

과거와 현재의 선한 별들

나는 2013년부터 국가 폭력이나 사회적 참사의 생존자 및 유가족과 만나며 증언 치유를 해왔다. 그러다 12·3 계엄 후 이 증언 치유의 주인공이던 5·18 피해 당사자, 유가족 들과 서로 통화하며 안부를 나누었는데, 한결같이 이런 이야기를 들었다.

"우리처럼 계엄군에 끌려가서 당해본 사람들은 다시 끌려갈까 봐 정말 불안해요. 당했던 모든 게 생생히 떠올라요. 탄핵이 안 되면 어떡하죠?"

그들은 트라우마 감정이 다시 올라와 무척이나 힘들어했고, 생애에 걸친 희생을 한낱 물거품으로 만드는 계엄 치하의 세상에서는 살 수 없다고 호소했다. 그 엄혹한 세상을 온몸으로 겪으며, 그로 인해 평생 고통받아 온 그들이었다. 그리고 나는 그들을 곁에서 지켜본 증인이었다. 내게는 그들의 살아 있는 메시지를 전달할 책임이 있었다.

계엄은 어쩌다 일어난 것인가? 개인의 성격에서 비롯된 일탈인가? 앞으로도 언제든 일어날 수 있는 구조적인 현상인가? 처음에는 계엄에 초점을 맞추어 시작했던 작업이, 자료를 조사하고 인터뷰를 진행할수록 전해야 할 메시지와 이야기들의 압력을 느끼며 점점 덩치가 커졌다. 결국, 계엄을 비롯한 국가 폭력 생존자들의 생애사와 현재의 메시지를 전하는 한편, 집단 트라우마와 그것의 사회적 치유에 필요한 주제들을 다루는 책을 쓰게 되었다.

이 책에는 외상적 슬픔, 수치심, 산 자의 죄책감, 도덕적 손상 같은 다양한 트라우마 관련 감정의 발현과 치유 과정이 담겨 있다. 나아가, 계엄의 한복판에 있던 정치인 나르시시스트와 영적 나르시시스트에 대한 나름의 분석도 실었다. 이를 위해 12·3과 5·18, 세월호 및 제주 항공 참사 피해자들과 만났던 경험을 수록해 이해를 돕고자 했다.

최근 치료가 진행 중인 5·18 계엄군에 의한 성폭력 사례들도 조심스럽게 다루었다. 국가 폭력에 의한 성폭력은 생애사적 증언이나 기록이 귀하다. 계엄군에 의한 성폭력 경험을 공개적으로 노출하는 것 역시 매우 어려운 일이었을 것이다. 45년간 침묵 속에 있던 진실을 알리고 다시는 그런 일이 없기를 바라는, 그분들의 순수한 뜻이 잘 전달되었으면 한다.

마지막으로, 민주주의를 위한 감정 교육과 탈 극단주의센터, 집단 트라우마의 사회적 치유와 사회적 자본에 대한 내 고민과 아이디어를 정리해, 사회에 던지는 제언으로 삼았다.

증언 치유를 통해 만난 수많은 이들은 단 한 번의 충격적인 경험 탓에 이후의 생애가 완전히 뒤바뀌어버린 경우가 대부분이었다. 그들은 결코 잊을 수 없는 '그날' 이후 평범한 일상을 잃었고, 품고 있던 꿈을 버렸으며, 악몽 속에서 서서히 시들어 갔다. 그러면서도 그 상처가 온전히 자기 스스로 안고 가야 할 문제라 여기고 숨곤 했다.

나는 그들에게 그 상처가 결코 사적인 것이 아니라 말해주고 싶었다. '그때 내가 ○○했었더라면' 혹은 '나는 왜 아직도 그 일을 떨쳐내지 못할까' '사람들은 나를 이해하지 못할 거야' 같은 자책과 수치심이 담긴 생각에 스스로를 가두고 살아가는 이들이 너무나 많다. 나는 내가 경험한 사례에 관해 들려주면서 그들에게 한 발짝 다가가고 싶었다. 끝없이 자신의 행동을 반추하며 후회하거나, 숨고 도망치려는 그들을 깨워 손을 내밀고 싶었다. 그들이 생애에 걸쳐 짊어져 온 고통이 국가가 온전히 책임져야 했고 사회가 나누어 져야 했던 짐이라는 것을, 제대로 알려주고 싶었다.

내가 증언 치유를 하며 만난 이들은 장이 끊어질 듯한 상실의 슬픔과 영혼을 산산조각 내는 트라우마의 고통 앞에서도 선한 분투를 잃지 않는 위대한 존재들이었다. 그들의 사연 속에는 밤하늘의 무수한 별만큼이나 많은 선한 이야기가 숨어 있었다. 거대한 폭력 앞에서 비상 스위치가 켜진 듯한 이타심, 역사의 격랑에 기꺼이 자신을 내려놓고 헌신했던 초월성, 산 자의 죄책감과 책임감, 그것들과 상호작용 하는 집단 기억을, 그들은 번번이 보여주었다.

나는 이것이 우리 민주주의를 지키는 사회적 자원이자 집단 정체성의 뿌리가 되었다고 믿는다. 부정적인 되새김질과 정신적 정체 현상인 줄로만 알았던 죄책감과 수치심은 우리의 사랑에 뿌리를 내리고 있는 양심의 체온이었으며, 타인의 고통 앞에서 아무것도 하지 않는 것을 오래도록 불편하게 만드는 선한 영혼의 그림자였다.

고통에 공감하고 서로를 연결하는 동안, 집단 트라우마에 기인한 분열과 갈등은 서서히 통합되어 갈 것이다. 민주주의로 가는 느리지만 단단한 길이다. 기억이 재구성되고 시민들이 연결되는 동안 과거가 현재를 돕고, 현재는 미래를 도울 것이라 확신한다.

차례

프롤로그_ 과거와 현재의 선한 별들　5

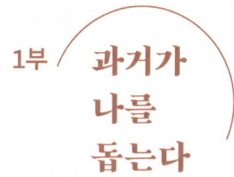

1부 과거가 나를 돕는다

1장_ 남은 자의 가눌 길 없는 비탄　15

지속적 비탄 장애의 이유 | 슬픔이 삶을 물들이다 | 외상적 애도 경험 | 슬픔은 사라짐과 영원함 사이의 갈등 | 애도에 모범이 있는가

2장_ 산 자의 죄책감을 품고 산다는 것　43

생존자 죄책감은 어디로 이어질까 | 도움을 거부하는 마음 | 그들에게 진정 필요한 것 | 희생의 의미를 찾을 때

3장_ 독성 수치심에서 벗어날 수 있는가　60

최적의 수치심을 향해 | 죽음과 가장 가까운 감정 | 학대는 수치심을 영혼에 새긴다 | 수치심과 격노의 위험한 사이클 | 이 악순환에서 벗어날 수 있는가 | 건강한 사회적 감정이 되려면

4장_ 우리에게 트라우마란　93

기억에 일어난 지진, PTSD | 트라우마 치료의 핵심 기제 | 그날, 집단 기억은 어떻게 작동했는가 | 트라우마를 말로 표현하기 어려운 이유 | 트라우마를 공감하는 것이 가능한가 | 끈기 있는 관심과 주의력

5장_ 내란성 울분 장애와 계엄군의 도덕적 손상   116

내란성 울분 장애 | 12·3 계엄이 불러온 트라우마의 재경험 | 부당한 명령에 의한 도덕적 손상 | 베트남전의 악몽과 회복적 정의 | 사람이 사람을 살해한다는 것

6장_ 우리 곁의 나르시시스트들   133

어둠의 삼위일체 | 무엇이 세상을 정글로 만드는가 | 나르시시스트의 유형 | 나르시시스트가 만들어지기까지 | 완전히 피할 수 없다면

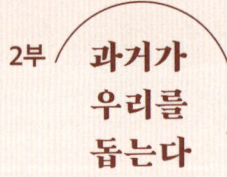

2부 과거가 우리를 돕는다

7장_ 정치인 나르시시스트와 영적 나르시시스트   161

권력은 나르시시스트의 치트 키 | 나르시시스트가 왕국을 만드는 법 | 영적 나르시시스트와 마주친 오월 어머니 | 유일신 근본주의와 정치적 극단주의가 결합하면 | 나르시시스트의 그늘에서 벗어나기

8장_ 계엄군의 성폭력이 만든 섬   185

계엄에 고개 드는 성폭력 | 국가 폭력과 손잡은 성폭력의 파괴성 | 몸과 마음, 생애에 끼친 영향들 | 존엄성을 산산조각 내는 성 고문 | 치유로 가는 길

9장_ 공동체를 뒤흔드는 국가 폭력 트라우마   224

트라우마의 물결 효과 | 국가 폭력이 새긴 상흔 | 세대를 건너 남겨지는 유산 | 생채기 깊은 나무들로 우거진 숲

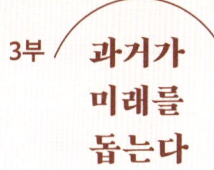

3부 과거가 미래를 돕는다

10장_ 고통은 의미를 얻을 때 극복된다   251

우리 사회의 파편화 현상 | 치유의 물결 효과 | 집단 증언 치유와 집단 간 증언 치유 | 탈 극단주의 센터의 필요성 | 시민 감정 교육이 가져오는 효과들 | 회복탄력성의 생태계를 위하여

에필로그_ 선한 시민들과 함께 지은 지혜의 전당   285

끝나지 않은 이야기_ 12·3 계엄이 실행됐다면   290

주   299

1부
과거가 나를 돕는다

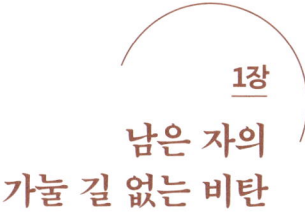

1장
남은 자의 가눌 길 없는 비탄

"애도하지 않을 때, 인간은 거의 존재하지 않는 것이나 마찬가지이다."[1]

시인 안토니오 포르키아 Antonio Porchia

지속적 비탄 장애의 이유

정신건강의학과 의사가 되고 난 후, 나는 사랑하는 사람을 잃은 많은 애도자를 만났고 여러 애도의 모델을 공부해 왔다. 국가폭력으로 젊은 자식을 잃고 수십 년을 투쟁해 온 부모들의 생애를 접하면서, 나는 그들의 삶 전체가 기나긴 애도의 연속이었음을 알게 되었고 한없이 겸손해졌다. 그중 적지 않은 이들이 지속적 비탄 장애를 경험하고 있었다. 자녀가 계엄군에게 죽임을 당한 지 수십 년이 지났음에도 많은 부모가 여전히 자녀에 대한 강한 갈망과 그리움, 죄책감, 울분과 감정적 고통을 분출했고, 그럴 때마다 나는 손을 잡아드리고 안아드리는 것 외에 할 말을 찾기 힘들었다.

자녀가 죽임당하고 나서도 오랫동안 가해자는 권력을 쥐고 있었다. 유가족에 대한 감시와 차별은 지속되었고, 고인이 된 젊은 자녀에게 찍힌 '폭도'와 '빨갱이'라는 낙인은 수십 년간 지속되었다. 감정은 제한되었고, 투쟁과 양육 이외의 삶의 영역에서 의미를 쉽게 찾지 못했다. 부모로서 그들의 마음은 어떤 것이었을까? 그 거대하고 강렬한 비탄의 심연을 숨죽여 헤아리다 보면 나는 현기증이 나거나 멍해지곤 했다.

고 김경철 님의 어머니 임금단 님*의 증언을 살펴보자.

"전화가 왔어요. 우리 경철이가 적십자 병원에 입원했다고요. 그래서 병원에 갔는데 영안실로 가봐라, 해요. 왜 영안실이냐. 홀딱홀딱 뛰면서 영안실에 가봐도 없어요. 누가 국군통합병원으로 갔다 그래요. 우리 며느리랑 어딘 줄도 모르고 따라 들어가니 세상에 목욕탕 청소 솔로 시신을 문대고 있어요. 하나는 호스 들고 하나는 사진 찍고 하나는 적고, 그러고 있다가 나를 보고는 깜짝 놀라서 저 여자 나무 밑으로 끌고 가라 그래요. 다시 들어가겠다고 네 시간을 밖에서 실랑이하다 겨우 들어갔더니 촛불 하나 켜놓고 소주 한 잔 부어놨어요. 빼칸을 쭉 열어요. 홑이불을 들추니 우리 아들이에요. 우리 며느리가 그것을 보고 기절해 버렸어요.

* 광주트라우마센터 집단 증언 치료 '마이데이' 여섯 번째 주인공, 2014년 11월 25일, 장소 무각사, 정찬영 진행.

며느리가 쓰러지니 나는 아들 한번 만져보지도 못하고 며느리를 데리고 응급실로 갔어요. 겨우 정신 차린 며느리를 데리고 집으로 왔어요."

5·18은 광주 시민 모두가 생명의 위협을 느낀 끔찍한 사건이었다. 임금단 님 자신도 생명의 위협 한가운데에 있었다. 삶의 터전이 전쟁터와 같이 변했고, 여러 사람이 죽었고, 그의 아들도 죽임을 당했다. 고 김경철 님의 아내와 임금단 님도 '외상적 애도 traumatic grief'를 경험했을 것이다.

"손녀 젖을 먹여야 하는데, 며느리가 젖을 탁 틀어쥐고 셋이 같이 죽을란다고 아기 젖을 안 줘요. 나는 매일 망월동을 다녔어요. 망월동을 갈 때는 아들을 만나러 가는 것 같다가 올 때는 너무 허망했어요. 저녁이면 잠을 못 이루고, 문을 열어놓으면 혹시나 올랑가 싶고……. 망월동에 다니다 보니 유족들을 거기서 하나둘 만나게 되었어요. 시간이 가면서 깨달았어요. 우리가 싸워야 한다는 것을."

외상적 애도는 침습적 사고 intrusive thoughts*, 회피, 감정 고조, 악몽 등 '외상후스트레스장애 Post Traumatic Sress Disorder, PTSD'와 유사한 증상을 나타낸다. 특히 12개월 이상의 심각한 비탄 반응이 있다면 그것을 '지속적 비탄 장애 Prolonged Grief Disorder, PGD'라고 한다. 외

---

* 자신의 의지와 무관하게, 갑작스럽게 의식 속에 떠오르는 불쾌하거나 불안한 생각, 이미지, 충동 등.

상적 사건으로 갑자기 대상이 사망한 경우, 대상과 강한 애착 관계를 가졌던 경우, 사회적 지지가 적은 경우, 과거 트라우마가 있거나 우울·불안 장애가 동반되는 경우 등에서 지속적 비탄 장애가 잘 발생한다.

고 김경철 님은 장애가 있었지만 성실하게 일했고 백일이 갓 지난 딸을 두고 있었다. 그의 어머니에게는 그가 희망이었다. 그런데 하루아침에 상상할 수도 없던 아들의 죽음이 찾아왔다. 젊은 아들의 시신에는 말 못하는 장애를 가진 아들에게 가해진 무자비한 국가 폭력의 흔적이 선명하게 남아 있었다.

2014년 가을, 나는 증언 치료[2]를 위해 임금단 님을 만났다. 그는 당시는 물론 그 후에도 아들에 대한 생각과 기억에 집착했으며, 강렬한 죄책감에 휩싸여 있었고, 울분과 강한 감정적 고통을 호소했다. 이런 반응들이 모두 지속적 비탄 장애의 특징을 고스란히 드러내고 있었다.

슬픔이 삶을 물들이다

고 문재학 님*의 어머니 김길자 님**이 내게 여러 번 하신 말

---

* 한강 작가의 소설 《소년이 온다》이 등장인물 '동호'의 모티브가 된 인물로 알려져 있다.
** 광주트라우마센터 집단 증언 치료 '마이 데이' 열한 번째 주인공, 2016년 3월 15일,

씀이다.

"자식이 뭣일까 생각했어요. 자식이 뭣인디 이라고 힘들게 다닐까. 밥도 안 먹고 빼빼 몰라져갖고 싸우러 다녔어요. 자식은 내 속의 피하고 똑같다는 생각이 들었어라. 내가 원래 시골에서는 사람 둘만 있어도 부끄러워서 그 앞을 못 지나갔는디. 자식 앞세우고는 안 부끄럽고 사납쟁이가 됐어라. 경찰이 우리들 머리끄덩이 잡고 차에다 집어던지고 그래도, 죽이믄 죽고 살믄 살고 무서운 것이 하나도 없었어라."

고 장재철 님의 어머니 김점례 님*은 김길자 님과 함께 5·18 유족회에서 평생 투쟁해 오신 분이다. 1980년 5월 23일 장사를 마치고 집에 돌아왔는데 아들이 연락도 없이 집에 들어오지 않았다. 아들은 다친 사람들을 차량에 실어 병원으로 날랐었다. 그러다 피가 많이 묻으면 집으로 들어와 목욕하고 옷을 갈아입은 다음 다시 나가곤 했다. 시내로, 병원으로 아들을 찾아봤으나 찾을 수 없었다. 이튿날도 들어오지 않았다. 5월 25일 도청에 시신들이 있다는 말을 듣고, 상상하기도 싫었지만 혹시 몰라 그곳으로 향했다.

"시체들을 보니 다 젊은 사람들인데 막 이렇게 혀가 요만치 빠진 사람, 얼굴이 시커메진 사람, 얼굴 한쪽이 없어져븐 사람들

장소 무각사, 정찬영 진행.
* 광주트라우마센터 집단 증언 치료 '마이 데이' 여덟 번째 주인공, 2014년 11월 25일, 장소 무각사, 정찬영 진행.

이야. 내가 그 앞에서 엎어져서, 너는 어째 눈을 맞아가지고 그렇게 얼굴 한쪽이 없어져 부렀냐 그랬어. 그 시신을 들여다보고 있는디 친구들이 막 나를 끌고 가면서 어머니 재철이는 불 속에 들어가도 살아올 거예요. 얼마나 날쌘디요. 우리가 번개라고 별명을 지어놨소. 절대로 안 죽었을 것이요. 그래요. 나는 쟤가 어째 마음이 끌려야. 만약에 쟤가 우리 재철이라면 우리 엄마가 나도 못 알아보고 간다 하겠다. 그랬어요."

다음 날 아들의 시신이 도청에 있다고 연락이 왔다.

"도청에 쫓아가자마자 그 얼굴 한 볼짝 없는 놈. 고놈에게로 가서 그냥 관 뚜껑을 딱 벗겨버리고 가운을 잡고 들어 올렸어. 올려보니깐 옷이 기여. 긴 것 같은디 얼굴은 잘 모르겄어. 지 동생들 보고 그랬어. 니 오빠 코 밑에가 흉터가 있응께 있는가 봐라. 엄마 흉터가 있소. 그 소리 듣고 기절해 부렀재. 아들이 죽어버렸으니까. 정신을 놓아 부렀재. 얼마나 지났는가 정신 차리고 본께. 비니루를 깔고 그 우게다가 옷을 벗겨서 주전자에 알코올인가 그것으로 부으니, 세상에. 하유, 벌레가 몸속에서 나와. 총구멍 난 자리에서 이런 벌레가 나와. 그거를 본께 기가 막혀 세상에. 나오면 닦고 또 부으면 또 나와서 닦고… 오메, 오메. 생때 같은 내 새끼 속에서 이것이 뭐시다냐. 기가 막히고… 흐윽… 하유……."

"쟤가 우리 재철이라면 우리 엄마가 나도 못 알아보고 간다 하겠다" 하는 말은 이미 직감적으로 그 시신에서 익숙한 아들 느낌을 받아서 나왔던 게 아니었을까. 다만 총탄으로 얼굴도 못 알아볼 만큼 일그러진 시신이 절대 아들이어서는 안 된다는 절박한 소망으로 김점례 님은 그 시신을 지나쳤을 것이다.

34년 전의 일이지만, 김점례 님은 마치 아들의 시신에서 벌레가 나오는 것을 지금 본 사람처럼 가슴을 치며 오열했다. 나는 이제 막 아들의 시신을 발견하고 무너지는 어머니 앞에서 어떻게 위로해야 할지 모르는 이웃이 된 듯했다.

강렬한 과거의 기억이 현재로 침투해 와 현재 그 일이 일어나고 있는 것처럼 압도당할 때는 그것이 과거의 일임을 상기시켜야 한다. 이를 위해 강렬한 감각이나 감정 이외의 기억을 떠올릴 수 있도록 과거 시제를 강조하며 이야기를 건네거나, 중립적 기억을 떠올리게 하는 접근이 필요하다. 나는 준비 면담에서부터 34년 전에 벌어진 일을 마치 현재 일어나는 일처럼 느끼며 기억에 강렬하게 빨려 들어가는 김점례 님의 몸과 정신을, 현재 이 시간의 내 곁에 붙잡아 두기 위해 부단히 노력해야 했다. 그는 이야기를 꺼낼 때마다 전속력으로 그날로 돌아가 또다시 산산이 부서져 버릴 것처럼 위태로워 보였다. 그럴 땐 이야기를 잠시 멈추었고, 시원한 물이나 따뜻한 차를 마시며 현재를 떠올릴 수 있는 다른 화제로 돌아오기를 얼마간 반복했다. 그렇게 아주 느린 속도로, 그렇지만 상세히 그날을 떠올려갔다.

"1980년 그때 그랬다는 거지요? 그때가 몇 시쯤이었지요? 옆에는 누가 있었어요? 그때 누가 어떤 말을 건넸을까요? 날씨는 어땠나요? 그때 어떤 옷을 입고 계셨나요? 누구에게 어떤 말씀을 하셨어요?" 같은 질문 속에서 그날 그가 떠올리는 충격적인 감각과, 감정 기억 이외의 포괄적인 기억을 함께 천천히 탐색해 나갔다. 오열과 덤덤한 기억 사이, 충격과 안정화 시간 사이를 수없이 오가며, 결국 전체 이야기를 상세히 정리하고 재구성해 볼 수 있었다.

그렇게 재구성한 이야기에 따르면 아들의 시신을 확인한 5월 26일은 최후 도청 진압, 상무 충정 작전을 앞둔 날이었다. 학생들은 김점례 님이 위험하다고 판단해 상무관으로 옮겨진 관을 그대로 두고 귀가하도록 했지만, 아들 시신을 막 확인한 어머니는 그 자리를 뜨지 않으려 했다. 혼이 나간 듯한 김점례 님을 그대로 둘 수 없어 조카들, 가족들 할 것 없이 나서서 억지로 끌고 귀가했다. 그는 밤새 상무관으로 되돌아가려고 했고, 그 탓에 가족들과 날이 새도록 실랑이를 해야 했다.

"새벽 두세 시나 되었을까, 헬리콥터가 막 댕기면서 집에서 나오지 말라고 방송해요. 그러다 그 소리들이 딱 그치고 막 총소리가 났어요. 나는 내 새끼 죽은 것은 놔두고 인자 저 안에 있었던 놈들 다 죽겄다 싶어서 방에서 발을 동동 구르고 뛰어다녔어요."

김점례 님은 가족들이 지쳐 잠든 새벽에 혼자 집을 빠져나왔다. 전남여고 다리를 막 지나는데 총소리가 났다. 어떤 아저씨가 그쪽으로 가면 총을 쏜다고 가지 말라고 했지만, 김점례 님은 아랑곳하지 않고 아들이 있는 상무관으로 향했다. 그는 두려움도 잊어버렸다.

"총소리고 뭣이고 그냥 막 아들한테 갔어요. 올려다보니까 건물 옥상에도 거리에도 군인들이 시커머니 있었어요. 그때 나를 쐈으면 죽어버렸을 것인디."

그날부터 김점례 님은 아무것도 먹지 못했다. 아들을 따라 죽고만 싶었다. 다른 자식들을 생각해야 하는데, 죽은 아들만 생각났다. 죽도 넘기지 못할 때 친구들과 이웃들이 음식을 해가지고 와서 자신을 살렸다고 했다. 고통의 곁에 있었던 고마운 이웃들이다.

자녀를 잃는다는 것은 어떤 경험인가? 그것도 새파랗게 젊은 자녀가 심하게 훼손된 시신이 되어 눈앞에 나타난다면, 국가의 명령에 의해 군인이 자녀를 살해한다면, 부모의 마음에는 어떤 일이 일어나게 될까?

부모에게 자녀의 죽음은 인생에서 가장 고통스러운 경험 중 하나로 꼽힌다. 부모와 자녀 사이의 애착은 임신 때부터 시작되어 일평생 지속된다. 보통의 인생 주기에서 죽음은 자녀보다 부모를 먼저 찾아온다. 자녀의 이른 죽음은 그 자연스러운 예상을 거스르고 보호자이자 부양자라는 부모의 역할을 하루아침에 박탈한다. 이에 따라 부모는 자식을 앞세웠다는 충격과 죄책감, 수치심으로 스스로를 잘 돌보지 못하게 된다. 외상적 슬픔에 휩싸여 나머지 살아 있는 자녀에게 무심해질 수도 있다. 반대로, 남은 자녀에게 너무 큰 기대를 걸거나 과하게 에너지를 쏟아부을 수도 있다. 그런가 하면 '대체 아동replacement child'* 현상을 보이기도 하고, 자녀가 고인이 된 것을 받아들이지 못하고 살아 있는 존재처럼 대하며 현재적인 관계를 지속하는 양상을 띠기도 한다.[3]

자녀가 떠난 현실을 받아들이는 것도, 자식을 앞세운 부모로서의 정체성을 갖는 것도, 모두 어려운 일이다. 자녀는 부모의 유전자를 다음 세대로 이어주고, 부모의 신체적 특징·질병 성향·생리적 취약성까지 이어받는, 부모의 연장선이다. 또한, 정도는 다르지만 자신의 가치관이나 이상, 해결하지 못한 갈등, 미완의 욕망을 자녀에게 투사하여 자녀를 자신의 희망으로 삼는 부모도 있다. 자녀가 집안의 이름에서부터 전통·종교적 신념·사회적 지위를 계승하는 경우도 있다. 자녀가 개인을 넘어 집단 정체성의 연장선이 될 수도 있는 것이다. 이런 점에서 자녀는 부모가 자신의 죽음을 넘어 영속성을 추구하는 방식으로서의 존재 의미를 가졌다고 할 수 있다.

그런 자녀가 더는 세상에 존재하는 않는다는 것은 부모로서 자녀에게 주었던 애정과, 걸었던 희망이 모두 사라졌다는 의미

---

* 부모가 사랑하는 자녀를 죽음이나 실종, 유산 등으로 잃은 뒤, 그 결핍과 상실감을 메우기 위해 새로운 자녀를 낳거나 입양하거나 이미 있는 다른 자녀에게 죽은 아이의 역할을 투사하는 것을 말한다.

다. 때문에, 자녀 잃은 충격과 슬픔에 휩싸인 이들은 배우자를 돌보기 어려울 수 있다.[4,5] 고인이 된 자녀와 맺었던 애착 방식과 상실의 경험은 부모 양쪽이 동일하지 않다. 어떤 부모는 자녀의 죽음에 부정과 회피로 대응하고, 어떤 부모는 슬픔과 울음으로 애도를 드러낸다.[6] 부부가 서로 다른 애도의 방식에 치우칠 때 갈등이 커질 수 있다.[7]

5·18 희생자들의 어머니들은 증언 치료를 통해 서로의 경험을 세세하게 공유했다. 그들은 자녀 잃은 고통을 나누며, 진행자가 굳이 말하지 않아도 앞다투어 서로의 손을 잡아주고 서로를 안아주고 함께 눈물을 흘렸다. 감정을 공유하는 것은 깊은 공감을 일으켰고, 그들의 공동체 의식을 높여주었다. 이들이 가장 많이 했던 말은 "그렇게 오래 같이 투쟁하고 다녔어도, 그런 자세한 이야기는 몰랐네. 정말 힘들었겠어. 얼마나 고생 많았는가" "우리가 부끄럽지 않게 힘을 내서 싸우고, 자식들과 다 같이 천국에서 만나세"였다.

외상적 애도 경험

2014년 4월 20일 세월호 참사가 벌어진 지 4일째 되는 날이었다. 평소라면 붐볐을 단원고 2학년 교실에는 주인 없는 책걸상과 소지품, 국화꽃들만 수북이 쌓여 있었다. 2학년 교실 복도를 지날 때면 학교는 마치 장례식장 혹은 추모관 같았다. 교실에는 아무도 없었고 칠판과 유리창은 재학생들의 간절한 염원이 담긴 글씨와 여러 색깔의 포스트잇으로 뒤덮여 있었다. 메모들을 떼지 말아 달라고 호소하는 메모도 있었고 바닷속에 있는 2학년들이 추울까 봐 갖다 놓은 핫팩도 보였다.

열한 명의 교사와 250명의 학생이 실종된 참사 직후 학교는 하루아침에 재난 현장이 되었다. 자연히 정상적인 수업도 어려웠다. 이에 따라 정신건강의학과 의사들이 수업에 들어가 심리적 안정화와 트라우마 기반 정보를 제공했다.

나 역시 힘들어하는 선생님과 재학생, 학부모 들을 상담하다가 3학년 수업을 맡았다. 준비된 내용을 전달하고 질의응답 시간을 가진 후 대화를 나누던 중 그들의 동아리 활동에 대해 이야기하게 되었다. 동아리에는 전 학년이 참여하고 있었다. 우리는 동아리 이름들을 칠판에 썼다. 참사가 일어나기 전 일상 생활에서의 압도되지 않은 기억을 나누고, 우리가 어떻게 연결되었는지 큰 그림을 그려보는 시간이었다.

'플래시몹, 슈퍼 그린레인저, Active, 트렌디, EXIT, TOP, 농구부, 축구부, 도서부, 연극부, 볼링부, 당구부, 만화부, 영자신문부, 밴드부, 풍물부, 힙합 동아리, 다누리, 배드민턴부, 다이어트부,

제과제빵, 폴라리스, 보컬 동아리.'

 2학년 교실 창문에는 복도에서 교실 내부가 잘 보이지 않을 정도로 포스트잇과 메모지가 빼곡히 뒤덮였다. 수없이 많은 메모지에 동아리 선배, 친구, 후배의 이름으로 함께했던 추억이 담겨 있었고, 제발 무사히 돌아와달라는 절박한 호소들이 절절히 덧붙여져 있었다. 그들이 취향 공동체로 끈끈하게 얽힌 선후배, 친구 관계라는 것을 알아볼 수 있었다. 그들이 함께했던 활동에 대한 기억은 그들에게 서로가 어떤 존재였는지 되돌아보는, 자서전적 기억*과 정서적 기억**이 됐을 것이다. 결국 실종된 학생들이 돌아오지 못하고 떠난 후 남은 학생들이 '생존자 죄책감 survivor's guilt'과 상실의 슬픔을 느끼며 애도 과정을 겪어야 했을 때, 그 기억은 서로를 잇는 끈이 되어 그들의 정체성과 가치관에 의미 있는 영향을 미쳤을 것이다.

 아직 죽음이 올 거라 상상해 본 적 없는 자녀나 배우자, 가족, 그 외 사랑하는 사람이 갑작스럽게 죽음을 맞이하는 경험은 인생에서 찾아오는 고통 중 가장 큰 것에 속한다. 인재나 폭력에 의한 갑작스러운 사망이라면 더욱 그렇다. 이는 넓은 의미의 외상 경험이다.

---

* 자신의 인생에서 실제로 경험한 사건과 그 맥락에 대한 기억으로 시간, 장소, 인물, 정서, 의미로 이루어진 자기 서사적 기억.
** 특정한 정서 반응이 신체 수준에서 학습·저장된 기억.

304명의 희생자를 낸 세월호 참사는 끔찍한 트라우마 사건이었다. 사랑하는 사람을 상실하는 사건이 폭력적인 혹은 예기치 못한 방식으로 발생했을 때, 도리어 애도 반응이 고통 속에서 중단되거나 왜곡되는 경향이 있다. 슬픔이 너무 극심한 데다 사건 자체가 너무 충격적인 심리적 외상 경험이기 때문이다. 이런 복합적인 반응을 '외상적 애도'라고 한다.

이는 자살이나 타살 등 의도된 사망, 자녀의 사망, 다수의 사망 같은 상황에서 자주 발생한다. 그 외에도 시신이 심하게 훼손되었거나 연속적인 사별을 겪은 경우, 고인이 사망 전 신체적·정서적 고통을 겪은 것을 목격했을 때, 애도자가 생명에 대한 위협을 겪었거나 과거 트라우마 경험이 있을 때, 애도자에게 사회적 지지나 대처 능력이 부족한 상황에서도 일어난다.

외상적 애도는 사랑하는 이의 충격적인 죽음이 머리에서 떠나지 않거나, 현실감을 상실하고 감정이 무뎌지는 경험을 하거나, 고통스러운 사건 기억을 회피하는 현상으로 흔히 나타난다. 이때 "세상은 안전하다"라는 기본 믿음이 깨지고, 생존자 죄책감과 무력감, 수치심을 느끼게 되며, 대인관계와 정체성이 흔들리기도 한다. 상실을 수용하고 의미화하는 데도 커다란 어려움을 겪을 수 있다.

슬픔은 사라짐과 영원함 사이의 갈등

사별의 슬픔을 공감하거나 이해하기 위해서는 이를 겪을 때 우리가 뇌인지과학적으로나 심리적으로 어떤 경험을 하게 되는지 이해하는 것이 도움이 된다.

2024년 12월 제주항공 여객기 참사로 부모를 잃은 한 청소년은 집을 치우지 않아 발 디딜 곳이 없었다. 배우자를 잃은 어떤 이는 방문을 꼭 닫고 술만 마시며 아무 도움도 원치 않았다. 비록 아픈 기억일지라도 고인에 대한 추억이 사라질까 봐 상담을 원치 않는 이도 있었다.

이처럼 상실의 슬픔은 사람마다 매우 다양한 양상으로 나타난다. 사랑하는 사람과의 사별은 우리의 삶뿐만 아니라 뇌에도 큰 혼란을 가져오는데, 신경과학자인 메리 프랜시스 오코너Mary-Frances O'Connor는 "슬픔은 누군가를 사랑하는 데 따르는 대가"라고 하기도 했다.[8] 사랑하는 사람은 우리 신경 세포에 각인되어 마치 자신의 일부처럼 느껴진다. 때문에, 사별 후에도 사랑하는 사람이 언제든 방 안으로 들어올 것 같은 느낌을 받거나, 길거리에서 마주칠 것 같은 착각을 하게 된다.

뇌에는 여러 시스템이 존재한다. 그중 학습 및 기억 시스템은 상실이 일어나면 시신 확인이나 사망 진단서, 장례 절차 등을 통해 사별이 현실이 되었다는 새로운 정보를 학습해 기억한다. 문제는 이 과정이 제대로 이루어지지 않을 때다. 참사 현장에서 시신 확인이 안 될 경우, 남은 가족이 처음에는 생존 가능성을 빌지만 시일이 경과할수록 시신이라도 찾게 해달라고 애타게 기도하는 안타까운 장면을 보게 된다.

이렇듯, 실종으로 인한 시신의 부재는 애도 과정을 복잡하게 만든다. 애도자에게 장기간 괴로움을 주고 애도의 종결을 방해하는 것이다. 사고 기념일이나 특정 날짜가 돌아올 때도 어려움을 겪게 만든다.[9][10]

물론 외상 사건에서 사랑하는 사람의 시신 확인과 수습은 양가적일 수 있다. 긍정적인 면은 현실을 구체적으로 직시하고 죽음을 인정하도록 돕는다는 것이다. 특히 예상치 못했던 사망에서 시신을 보는 것은 외상적 애도 과정의 초기에 흔히 나타나는 죽음의 부정denial을 없애거나 줄일 수 있다. 화장과 같은 신체의 최종 처리를 목격하는 것도 종결감을 제공하고, 슬픔으로부터 앞으로 나아가는 데 도움이 될 수 있다.

반면, 시신 확인이 어려움을 줄 수도 있다. 시신이 심하게 훼손되어 있을 경우, 그 이미지가 강렬하게 각인되어 외상 기억으로 남아 침습적으로 떠오를 수 있다. 이 경우 죽은 사람의 평온한 모습이나 살아생전 기억보다 충격적인 시각 이미지가 지배적으로 남아, 애도의 통합 과정을 방해할 수도 있다. 개인에 따라 해리를 유발할 수도 있다.

어떤 사람은 시신을 봄으로써 현실을 받아들이고 애도할 수 있지만, 어떤 사람은 시신을 보는 경험이 트라우마를 강화할 수 있다. 개인이 자신에게 맞다고 느끼는 선택을 해야 하지만 시신을 직접 보는 것이 적절한지 판단하기 어렵다면, 전문가의 자문을 구하는 것이 좋다. 직접적인 시신 확인 대신 가족과 함께 사진이나 물품, 장례 절차를 통해서 죽음을 인정하고 작별 의식을 치르는 것도 애도의 한 방법이 될 수 있다.

참사 현장에서 시신이 함께 발견되는 모습은 가족이나 동료들에게 '마지막 순간에도 누군가와 함께 있었다'라고 하는 관계적 의미로 해석될 수 있다. 여러 시신이 함께 발견될 경우, 함께 사망하게 된 이들의 '공동 운명'을 실감하고 남겨진 사람들 사이에 강한 연대감이나 집단적 애도 심리가 생길 수 있다. 이는 비극 속에서 위로가 되기도 한다.

동시에, 다수의 희생을 확인하는 것이 슬픔을 증폭시킬 수도 있다. 재난이나 폭력에 의해 희생당한 시신이 서로 겹쳐 있거나 구별이 힘든 상태로 발견되면, 사랑했던 그 사람만의 고유한 존재감을 지키지 못했다는 죄책감과 절망감을 느끼게 될 수도 있다.[11]

한편 뇌의 시스템에는 애착 시스템에서 비롯된 또 다른 정보 흐름이 있다. 바로, 사랑하는 사람과의 유대감이 뇌의 특정한 영역에 특정한 방식으로 '부호화encoding*'하여 저장되는 것이다. 이로써 우리는 아주 어릴 때부터 양육자의 이미지를 떠올리고 재회에 대한 기대를 통해 스스로를 달래는 법을 배운다. 이는 '나는 항상 네 곁에 있고, 너도 항상 내 곁에 있어줄 거야'라는 믿음과 친밀감을 기반으로 한다. 이것이 유대감의 본질이다. 퇴근 후 집에 돌아왔을 때 파트너가 집에 있을 거라는 믿음, 어딘가로 떠났어도 다시 돌아올 거라는 믿음, 사정이 생겨 늦어져도 언젠가 다시 만날 거라는 믿음이 모두 여기에 해당한다. 눈앞에서 그들을 볼 수 없는 순간에도 그들이 세상에 존재한다는 믿음이 작동하는 것이다.[12]

뇌는 우리에게 가장 중요한 관계가 무엇인지를 '함께하는 시간' '연결의 깊이' '공간'이라는 세 가지 차원에서 추적할 수 있다. 즉, '언제부터' '집이나 학교, 교회, 운동장과 같은 특정 공간과 짝지어' '얼마나 친밀했는가'에 따라 우리에게 중요한 관계를 분류해 저장하는 것이다. 이에 따라 사랑하는 사람과 떨어져 있을 때 뇌는 언제, 어떤 공간에서 상대를 다시 만날 수 있는지 예측하며 유대감을 유지한다. 예를 들어, 입대하는 아들을 훈련소까지 가

---

* 기억 형성의 첫 단계로, 외부 자극이나 경험을 뇌가 신경적 코드로 변환하는 과정을 의미한다. 부호화에는 감각기관에서 들어온 정보를 감각적 특징으로 저장하는 '감각 부호화sensory encoding', 자극의 의미, 개념, 카테고리를 언어적·개념적 형태로 변환하는 '의미 부호화semantic encoding', 정보를 논리적 단위, 카테고리, 패턴으로 묶어 저장하는 '청킹/조직화 부호화chunking/organizational encoding', 정보를 정신적 이미지로 변환하는 '이미지/시각 부호화visual imagery encoding' 등이 있다.

서 배웅하고, 입영 행사에 참여하며, 그곳의 훈련병들을 보고, 전화로 어떤 곳에서 어떻게 지내는지 이야기 나눔으로써 떨어져 있는 아들과의 유대감을 유지하는 식이다.

이렇듯 뇌는 누가 우리에게 특별한지, 누가 우리와 항상 함께할 것인지를 암묵적으로 인식하고, 이 인식을 간직한 채 관계를 발달시킨다. 이러한 부호화는 사랑하는 이와의 친밀한 순간들에 강렬하게 일어난다. 이것이 슬픔의 신경생물학적 배경이 된다.[13]

사랑하는 대상이 영구적으로 자신의 곁을 떠나게 되면 우리는 그 대상에 대한 기대를 사별 후의 현실에 맞게 조정해야 하는 과제를 안게 된다. 이때 사라졌지만 동시에 영원히 존재하는, 두 상충되는 정보의 흐름을 조화시키지 못하면 강렬한 슬픔이 지속된다.

어떤 면에서 상실의 슬픔은 학습의 한 과정이라 할 수 있다. 떠난 이를 애도할 때 우리의 뇌는 그들의 부재를 받아들이기 어려워한다. 뇌가 현실을 업데이트하고 대상의 부재를 받아들이는 데는 시간과 새로운 경험을 필요로 한다. 이 과정은 길고 어렵고 집중적인 재구성 과정이다. 우리의 의식은 죽음과 예상치 못한 사건들이 우리를 영원히 갈라놓을 수 있다는 것을 알고 있다. 그러나 유대감과 관련한 우리의 무의식적 기대는 우리가 다시 만날 것이라고 믿는다. 이런 유대감에서 나오는 암묵적인 믿음이 없다면 분리 불안으로 양육자에게서 한시도 떨어지지 못하는 아

이들처럼 공황과 슬픔에 휩싸여, 살아가는 것 자체가 견디기 힘들 것이다.[14]

뇌는 관계를 추적하기 위해 신경 지도를 만든다. 여기에는 사랑하는 사람과의 관계, 함께한 삶에 대한 자세한 정보가 담겨 있다. 오랫동안 긴밀하게 연결되어 온 사이라면 뇌는 풍부한 경험을 바탕으로 종합적인 신경 지도를 구축하고, 이를 통해 매 순간 무슨 일이 일어나고 있는지를 예측하고 해석할 수 있을 것이다. 특정 시간에 집에서 인기척이 있거나, 특정 방에서 목소리가 들려오거나, 이불을 둘러쓰고 침대에 누워 있는 사람을 보면, 확인하지 않더라도 우리 뇌는 그것이 누구라는 것을 금방 알아차린다. 이 신경 지도 덕분에 우리의 뇌는 매우 적은 연산 능력만을 가지고도 효율적으로 일상을 살아가는 것이다.

그런데 사랑하는 사람이 사망하거나 그와의 관계가 끝날 때에는 슬픔에 잠긴 우리의 뇌가 신경 지도를 새롭게 그려야 한다. 더구나 그 상실이 예고 없이 너무나 이른 시점에 갑작스럽게 발생했다면, 이 학습 과정은 엄청나게 힘들고 복잡해질 수 있다.[15]

많은 문화권에서 공동체는 남은 자들이 떠난 사람과 의미 있고 편안한 관계를 유지할 방법을 찾도록 지지하고 위로해 왔다. 남은 자들은 고인이 소중히 여겼던 가치를 추구하는 것에 동참하거나, 고인과 함께한 삶을 담은 글을 쓰거나, 고인의 자녀들이 지닌 강점이나 지혜를 보면서 그를 추억할 수 있다. 함께했던 관심사를 계속 즐기며 떠올릴 수도 있다. 이렇게 현실에서 사라진 이를 기억하면서, 달라진 상황에 맞게 새로운 인식과 습관을 형성하고 현실에서 애착 욕구를 충족해 나가기 위해 또 다른 유대를 맺어야 한다. 이런 관계의 학습 과정에는 뇌의 새로운 신경 연결이 필요하다.

새로운 유대감 형성은 마음속 의지만으로 이루어지는 것이 아니다. 뇌에서 실질적인 '신경학적 재학습neural reorganization'이 수반되어야 가능하다. 사랑하는 대상과의 애착은 뇌의 '보상 시스템reward system'과 깊이 연결되어 있다. 상실이 일어나면, 우리는 애착과 관련된 보상 자극의 결핍을 경험하면서 우울과 공허, 외로움을 경험한다.16

사별 후 새로운 사람과 만나 상호작용을 할 때는 이 관계 정보와 애착 감정이 부호화하여 관계 지도에 저장되면서, 과거 경험과 통합된다. 상실로 인해 과도하게 활성화되었던 슬픔의 감정 반응을 새로운 관계를 통해 조절하고 안전감을 학습하는 것이다. 이때 과거의 애착 대신 새로운 유대감을 뇌는 '보상'으로 인식한다.

새로운 애착 형성은 '시냅스 연결 강화synaptic potentiation*'와 새로운 신경회로 생성, 기존 회로의 재연결을 유도한다. 새로운 애착 관계를 반복적으로 경험하고, 긍정적인 사회적 피드백을 받

---

* 시냅스를 통한 신경 전달이 반복적이거나 강하게 일어날 때, 해당 시냅스의 전달 효율이 향상되는 현상. 새로운 애착 대상과의 친밀한 관계가 반복되면 새로운 애착 표상이 편도체–해마–전전두피질–측좌핵 등의 시냅스 차원에서 형성된다.

으며, 정서적 안전감이 장기적으로 강화되는 동안 새로운 대상은 믿고 의지할 수 있는 애착 대상으로 업데이트된다. 다시 유대감은 안전하고 즐거운 경험이라는 기대가 생성된다. 이로써 안정된 애착 관계 속에 감정 조절 능력이 향상되고, 자기효능감 self-efficacy이 강화되며, 삶의 의미와 관계 지도가 재구성된다.[17][18][19][20]

상실의 슬픔은 상실 이후의 삶과 관계, 중요한 것들의 우선순위를 재평가하게 한다. 또한 장기적으로 사회적 결속을 돕는다. 죽음에 대한 인식과 슬픔은 인간 진화의 사회적 발전과 연관되어 있다. 진화론적 관점은 애도 과정을, 사랑하는 이를 잃은 개인과 슬픔을 분리하고 새로운 관계를 형성하기 위한 진화된 메커니즘으로 본다. 슬픔을 새로운 지원과 자원이 필요하다는 것을 알리고 도움을 부르는 신호로 보는 것이다. 바꿔 말하면, 이는 상실의 슬픔이 사랑하는 사람을 잃어버린 애도자에게 다른 이들이 동정과 지지를 갖도록 유도하여 사회적 유대감과 협력을 강화하는 것으로 볼 수 있겠다.[21][22]

애도에 모범이 있는가

과거에는 애도를 '고인과 분리되어 독립적으로 여생을 살아가게 되는 과정'으로 이해했다. 최근에는 관점이 달라져, 고인에 대한 적응적인 내적 표상[23][24]을 갖고 지속적으로 고인과의 유대를 유지하는 것으로 본다. 적응적인 내적 표상은 고인을 정서적으로 안전하게 내면화하고 현실과 유연하게 연결할 수 있는 내적 구조를 의미한다. 이는 고인을 떠올릴 때 슬픔을 조절할 수 있게 해주고, 애도자의 정서적·인지적 통합을 도와 애도자가 자기 삶을 살아가며 제 역할을 다하도록 돕는다.

정신건강의학과 의사이자 정신분석가 존 볼비Edward John Mostyn Bowlby의 애착 이론은 개인의 초기 경험이 성인기의 슬픔 반응에 영향을 미친다고 보았다.[25] 예를 들어, 애착 욕구가 높고 분리 불안이 있는 불안 애착 유형은 사별 후 더 강렬하고 지속적인 슬픔을 느끼며 '과각성hypervigilance*' 증상을 보인다. 반면, 애착 욕구가 낮고 분리 불안이 적은 회피 애착 유형은 무감각해지거나 감정 표현에 어려움을 겪고 저각성 반응을 보인다. 이렇듯 평소 고인과 맺어온 유대의 방식과 관계의 지도에 따라 애도 반응은 달라진다. 불안 애착 유형의 애도자가 사랑하는 사람을 붙잡고 포기하지 않으려고 하거나, 회피 애착 유형의 애도자가 상실을 부정하고 회피하려 할 때 애도는 복잡해진다. 이때 과거의 부정적인 애착 기억을 찾아 처리하는 것이, 현재 일어나고 있는 복잡한 애도를 푸는 데 도움이 된다.

한편, 건강하게 슬픔을 표현하는 울음은 10~20분을 넘기지

---

* 과도하게 경계하는 상태.

않는다고 알려져 있다. 장시간 소리 없이 훌쩍이는 것은 애도에 도움이 되지 않는다. 장례식장에서 오랫동안 먹지도 자지도 못하고 계속 훌쩍이기만 하는 이들을 가끔 본다. 누군가 작은 훌쩍임으로 오랜 시간 지속적으로 울고 있다면, 이 사실을 염두에 두고 위안을 주면서 슬픔을 더 크게 표현하도록 지지하는 것이 좋겠다.[26][27]

슬픔 대신 분노를 표현하는 이들도 있다. 사랑하는 사람의 죽음 장면이나 사고 장면에서 즉각적으로 경험했던 공포나 절망, 무력감, 충격, 억울함과 같은 감정이 분노로 나타날 수 있다. "왜 그때 구하지 못했는가?"나 "왜 책임자는 이런 일을 막지 못했는가?"와 같은 부당한 느낌과 연결될 수 있는 것이다.

이런 분노를 분출하라고 떠밀거나 강요하면 분노의 의미를 제대로 인식할 기회를 차분히 갖지 못하고 조절이 어려워질 수 있다. 특히 외상 장면과 연결된 감정을 억지로 떠올리게 할 경우 생존자가 충격, 공포, 죄책감을 다시 강하게 경험하고 "내 감정을 존중하지 않는다"는 느낌을 받아 신뢰감과 안전감이 떨어질 수 있다. 치료자는 생존자가 원할 때 분노의 의미를 탐색하도록 안내하고 안전한 환경에서 '자율적 표출self-paced expression'을 할 수 있게 지원해야 한다.

그 밖에도 애도의 방법에 대해 지금껏 많은 학자와 임상가들이 여러 방법을 제시했다. 그중 애도의 기본 개념에 도움이 될 모델을 간략히 소개해 보겠다.

《애도의 여정에 동반하기 The Handbook for Companioning the Mourner》의 저자이자 애도 전문가 앨런 울펠트Alan D. Wolfelt는 여러 저서와 논문, 강의를 통해 슬픔을 경험하는 여섯 가지 단계를 제시해 왔다.[28][29]

첫 단계는 '죽음의 현실 인정하기'로, 여기에는 몇 주에서 몇 달이 걸릴 수도 있다. 두 번째 단계는 '상처의 고통 받아들이기'다. 이때 중요한 것은 사람마다 받아들일 수 있는 고통의 양이 있으며, 자신의 고통에 대해 잘 알고 익숙해져야 한다는 사실이다. 세 번째 단계는 '죽은 사람 기억하기'다. 이제부터 고인과의 관계는 기억에 의존해야 한다는 것을 받아들이고, 사진이나 물건을 통해 고인과의 관계를 새롭게 쌓아야 한다. 네 번째 단계는 '새로운 자아 정체성 개발하기'다. 배우자와 사별하면 '과부'나 '홀아비', 자식을 잃으면 '자식 앞세운 부모'라는 정체성이 생긴다. 죽은 사람이 맡았던 역할을 남은 사람이 채워야 할 수도 있다. 이 과정에서 가끔 의존성이나 부적절감, 두려움이 커질 수도 있지만, 타인을 더 잘 돌보고 더 친절한 사람이 되어 자신감과 확신에 찬 새로운 정체성을 만들어갈 수도 있다. 다섯 번째 단계는 '의미 찾기'이다. 사랑하는 사람이 세상을 떠나면 자연히 삶의 의미와 목표에 의문을 품게 되고, 철학적이거나 종교적·영적 가치에 의문을 가질 수도 있다. 죽음 앞에서 삶을 통제하지 못한다는 느낌과 함께 무력감이 들기도 한다. 하지만 사랑하는 사람의 죽음과 남은 삶의 의미를 찾는 것은 통제감을 회복하는 데 도움을 주기도 한다. 여섯 번째 단계는 '지속적인 지지받기'이다. 애도의 여정 도중 받은 이해와 지지는 치유에 중요한 영향을 준다. 때문에, 나를 지지하는 사람들이 나를 이해할 수 있도록 감정 상태를 표현하고 나누는 것이 필요하다. "이제 지나간 일이야" "약해지지 마" "바쁘게 살아야지" "이제 네 삶을 살 때야"와 같은 메시지는 '정상적이고 필요한 슬픔'을 표현하도록 하기보다 부정하거나 억압한다. 슬픔은 없애야 할 적이 아니라, 사랑한 결과 경험하게 되는 불가피한 감정임을 이해해야 한다.

앨런 울펠트는 애도를 돕는 데 '치료treatment'가 아니라 '동반하기companioning'를 강조했다. 분석하고 바로잡거나 해결하는 대신에, 애도하는 이의 영혼을 잠시 돌보는 이로서 온전히 함께하도록 한 것이다. 이때 중요한 것은 슬픔으로 고통받는 사람들에게는 애도 단계가 어렵게 느껴질 수 있으므로, 애도 반응이 사람마다 다르고 애도 단계도 순차적으로 진행되지 않을 수 있다는 것을 기억하는 일이다.

심리학자 마거릿 스트로베Margaret Stroebe와 헨크 슈트Henk Schut가 제시한 '사별 극복의 이중 과정 모델dual process model of coping with bereavement'[30][31]은 사람들이 다양한 유형의 슬픔을 경험하면서 살아간다는 점을 감안한 모델로, 상실 중심 대처 과정과 회복 중심 대처 과정을 진자 운동처럼 왔다 갔다 하는 것을 말한다. 상실 중심 대처 과정은 상실의 슬픔 반응에 초점을 맞춘다. 옛 사진을 보고, 추억을 공유하고, 그들이 아직 살아 있다면 삶이 어떨지 생각해 보고, 지원 그룹이나 지원 공간에서 슬픔과 상실감에 대해 이야기하는 것이다. 회복 중심 대처 과정은 삶을 회복하고 재건하는 것, 앞으로 나아가는 과정에 초점을 맞춘다. 사랑하는 사람이 남긴 빈자리를 채우는 법을 배우거나, 사랑하는 사람이 없는 현실을 살아가는 새로운 자신을 발견하는 것이다.

이 두 대처 과정 사이를 자신의 일상과 페이스에 맞게 번갈아 왔다 갔다 하는 것이 이들이 제안하는 애도 방식이다. 두 대처 과정 사이를 오갈 때 그 중간에는 평범한 일상이 있다. 이렇게 시간을 보내다 보면 우리는 슬픔을 지속적인 것이 아닌, 일시적이고 더 완화된 형태로 경험할 수 있다.

가까운 이의 상실을 겪어본 사람이라면 여기까지의 설명을 읽는 동안 자신의 애도 경험을 떠올렸을 것이다. 5·18 민주화운동으로 자식을 잃은 오월 어머니들도 마찬가지였다. 그들은 오랫동안 사회적 지지와 인정은 없는 가운데 감시와 낙인, 차별 속에서 강인한 투쟁을 하며 고인이 남긴 죽음의 의미와 내적 표상을 찾으려 안간힘을 쓰는 애도의 세월을 보냈다. 앞서 소개한 김점례 님만 보아도 그렇다. 그는 5·18 왜곡에 맞서 진실을 알리려고 노력해 왔고 아들이 마지막으로 머물렀던 도청 복원을 위해 투쟁했다. 도청 복원하는 것을 보고 죽는 것이 소원인데, 그것을 못 보고 죽을 것 같다고 원통해하면서 말이다.

　오월 어머니들은 군부 독재에 가장 일찍부터 용감하게 맞섰고 진실 규명, 책임자 처벌, 역사 왜곡 바로잡기나 전두환 기념공원 조성 반대 등을 위한 투쟁과 헌신으로 자식의 죽음이 남긴 의미를 찾는 부모가 되려 애썼다. 그들의 자녀는 고인이 되었지만 민주주의를 위해 희생된 선한 시민이라는 내적 표상으로 부모의 가슴에 존재하게 되었고, 부모는 그런 대상이 된 자녀에게 평생 부모로서, 동지로서 유대를 유지해 왔다.

　나는 그들의 이야기를 더 많은 사람에게 전할 책임을 느낀다. 이들의 전 생애에 걸친 분투를 많은 시민과 공유하는 것은 그들의 생애사를 알리는 것뿐 아니라 국가 폭력의 현장에서 고인이 된 자녀들의 존재와 시민들을 연결해 주는 일로 느껴진다. 그들의 경험이 집단 기억 속에 생생하고 의미 있게 자리 잡을 때, 우리가 누구이고 무엇을 지켜야 하는지 더 잘 알게 될 것이라 믿는다. 그럴수록 쿠데타 같은 불행한 일이 다시 벌어지기 어려워질 것이다.

2장
산 자의 죄책감을 품고 산다는 것

> "내가 그것을 극복했는지 묻지 말아주세요.
> 난 그것을 영원히 극복하지 못할 겁니다."
>
> 시인 **리타 모란** Rita moran

생존자 죄책감은 어디로 이어질까

"광주 시민 여러분. 지금 우리 형제자매들이 죽어가고 있습니다. 어떻게 집에서 편안하게 주무실 수 있습니까. 여러분이 도청으로 나오셔서 우리 형제자매들을 살려 주십시오."

"우리를 잊지 말아 주세요. 광주를 잊지 말아 주세요. 우리를 꼭 기억해 주세요."

1980년 5월 27일 새벽 광주 시내에 울려 퍼지던 거리 방송 소리를 기억하는 시민들 다수는 '생존자 죄책감'을 경험했다. 이는 다른 사람이 사망한 충격적인 사건을 목격하거나 사건의 원인에 연루되었을 때, 사건을 예방하지 못했거나 사건 당시 취했던 행동의 정당성이 부족하거나 가치를 위반했다고 느낄 때, 사건에서 살아남은 개인이 경험하게 되는 심리적 고통을 말한다. 주로 생존하고 있음에 대한 죄의식, 수치심, 자기 비난으로 나타나며, 극심한 비탄과 슬픔을 동반하기도 한다. 불안, 불면, 악몽, 플래시백flashback*, 분노, 우울, 사회적 위축이 나타날 수 있고, PTSD나 복합 애도로 이어질 수도 있다.

광주 시내에 살았던 나도 그날 밤 처절하고 구슬펐던 그 거리 방송을 생생하게 기억한다. 5·18 계엄군의 살인적인 진압과 발포에 희생된 수많은 시민과 더불어 "우리는 오늘 패배하지만 내일의 역사는 우리를 승리자로 만들 것이다"라고 했던 노동운동가 윤상원의 최후 외신기자 회견과 최후 도청 항전은 나뿐 아니라 모든 살아남은 자들에게 지울 수 없는 생존자 죄책감을 남겼다.

1980년 5월 21일 저녁, 계엄군이 광주로 들어오는 모든 길목을 차단함으로써 광주는 고립무원 상태가 되었다. 상점과 시장은 문을 닫았고, 공급망이 끊기자 음식마저 부족해졌다. 광주 시민들과 자원봉사자들은 집에서 밥을 짓고 주먹밥을 만들어 시위대와 부상자, 시민군, 노인과 아이 들에게 나누어 주었다.

5월 21일 전남도청 앞 집단 발포로 시민 다수가 총상을 입었다. 부상자들은 대부분 일반 시민, 학생, 청소년이었다. 부상자가 넘쳐나면서 혈액이 급박하게 필요해졌다. 시민 수천 명이 병

* 트라우마 사건이 현재 발생하는 것처럼 강렬하고 생생하게 재현되는 현상.

원과 센터 앞에 줄을 서서 헌혈에 참여했다. 이로써 광주 시민의 '주먹밥'과 '헌혈'은 공동체 정신, 연대, 자발적 희생의 상징이 되었다.

주먹밥과 헌혈을 통해 더 강한 공동체적 연대를 경험했던 기억은 이후 살아남은 이들에게 어떻게 남았을까? 시민들은 내가 밥을 건넨 사람, 내 피를 나눈 누군가가 전남도청에서 저항하다 희생되었을 수 있다는 사실을 잘 알고 있었다. 그것은 '그들을 도왔지만 끝내 지켜내지는 못했다'라고 하는 생존자 죄책감으로 남았다. 주먹밥을 먹고 헌혈을 받은 시민들도 끝까지 그들과 함께하지 못했다는 이유로 배신자가 된 듯한 죄책감을 느꼈다. 위기 앞에서 유대가 깊었던 만큼 상실의 고통은 더 컸고, 죄책감도 강할 수밖에 없었다.

생존자 죄책감은 파괴적인 감정으로 이어질 수 있다. 생존했다는 것 자체에 수치심을 느껴 더욱 고립되는 것이다. 트라우마 사건을 처리하고 앞으로 나아가는 것에 저항하게 만들기도 한다. 오랫동안 스스로를 용서하지 못한 끝에 자살 행동으로 이어질 수도 있다. 또한, 집단적인 생존자 죄책감은 냉소와 무력감, 정치 혐오를 낳게 될 가능성이 크다.

세월호 사건에서 수학여행 인솔 책임자였던 교감 선생님은 극심한 죄책감을 견디지 못하고, 학생들을 구하지 못한 책임을 통감한다는 취지의 유서를 남긴 채 구조 사흘째에 세상을 떠났다. 또한, 가라앉는 배 안에서 보내온 아이들의 마지막 영상들은 유가족과 생존자, 수많은 시민 들에게 생존자 죄책감을 남겼다. 이것은 아이들을 지켜주지 못한 자책감으로 오래도록 남았고, 국가와 어른 세대 전체의 반성으로 이어졌다.

　노무현 전 대통령의 죽음과 유서 또한 시민 사회에 큰 생존자 죄책감을 남겼다. 그의 죽음에 대한 시민 사회의 반응은 단순한 슬픔이나 충격에 머물지 않았고, 누군가에게는 함께 싸우던 정치 지도자를 지켜주지 못했다는 통렬한 자기반성을, 누군가에게는 시민으로서의 책임감과 연대 의식을 일깨웠다. 이는 '노무현 정신' 계승과 같은 죽음에 대한 집단적 의미 재구성 작업으로 이어졌고, 새로운 시민 운동을 위한 윤리적 각성이나 참여 의식으로 전환되기도 했다. 이렇게 생존자 죄책감은 개인과 집단에게 평생 지속되면서 가치관과 정체성을 변화시킬 수 있다.

도움을 거부하는 마음

　2014년 벌어진 세월호 사건 이후 재난 참사가 벌어지면 생존자와 유가족을 대상으로 심리 지원이 주어진다. 세월호 참사 당시 팽목항에도 심리 지원 부스가 있었지만 차가운 바닷속에 잠긴 자녀를 둔 부모와 가족들은 '나 힘든 것 덜겠다고 심리 지원을 받을 수 없다'며 부스에 찾아올 마음을 먹지 못했다. 게다가 구조에 최선을 다하지도 않고 신뢰도 주지 못한 국가에서 제공하는 것이라고 하니, 심리 지원 자체에 대한 거부감도 컸다.

당시 나는 팽목항에 차려진 심리 지원 부스에서 대기하다 아무도 오지 않자 학부모 천막을 찾아 들어갔다. 천막에는 옹기종기 모여 얘기를 나누는 이도 있었고, 망연자실해서 멍하니 앉아 있는 이도 있었다. 나는 술을 드시는 분께 소주를 따라드리기도 하고, 머리가 아프다는 분께 두통약을 갖다 드리기도 하면서 조용히 그들 곁에 있었다.

시간이 지나면서 학부모들이 '의사'라고 쓰인 흰색 점퍼를 입은 나를 힐끗거리는 게 느껴졌다. 그중 한 명이 내게 다한증에 대해 상담하다가 무슨 과 의사냐고 물었다. 정신건강의학과 의사라고 하자 그들은 서로 옆에 있는 다른 이들을 가리키며 저 양반 걱정되니 상담 좀 해달라고 요청했다. 그때부터 한 명, 두 명, 내게 목소리를 내주기 시작했다.

"저분은 자꾸 아들이 있는 바다에 차를 몰고 들어가겠다고 하세요." "자살하겠다고 끈을 준비하는 분을 봤어요." "아예 아무것도 먹지 않는 분도 계세요. 놔두면 죽을 거 같아요." "공무원들을 만나 무책임한 얘기를 듣다 보면 살인을 저지를 거 같은 충동에 휩싸입니다. 나도 내가 제어가 안 되는데, 어떻게 해야 할까요?" "진도 VTS를 야구방망이 들고 가서 다 때려 부수고 싶어요." "내가 죽인 것 같아요. 죄책감이 많이 들어요. 그 전날 밤 느낌이 너무 안 좋았어요. 왠지 불안해서 잠이 안 왔어요. 우리 중 그런 사람이 많아요. 안개도 많이 끼어서, 배 태우지 말고 비행기라도 따로 태웠어야 했는데, 뼈아프게 후회가 돼요."

수많은 이야기를 듣고서, 나는 한 명씩 옆 천막으로 데려가 오랫동안 상담했다. 그들에게는 외상적 비탄과 울분, 생존자 죄책감이 짙게 드리워져 있었다. 상담을 마치고 나니 여러 명이 명함을 달라고 했고, 안산에 소개할 만한 정신건강의학과를 알려달라고들 했다.

그러면서 너무 많은 사람이 원망된다고 했다. 한 사람이면 잡고 같이 죽자고 하겠는데, 원망스러운 사람이 너무 많아서 그럴 수도 없다고 했다. 선장도, 선원들도 학생들에게 같이 나가자고 소리칠 수 있지 않았느냐면서, 그들을 도저히 이해할 수 없다고 했다. 언딘*도, 해경도 마찬가지였다. 그러면서 안산트라우마센터는 정부가 짜놓은 판인데 정부를 믿을 수 없으니, 거기 들어가 상담받는 것이 많이 불편하고, 연락을 받거나 방문 오는 것도 짜증부터 난다고 했다.

그들은 도대체 무슨 일이 일어난 것인지 진상을 추론하느라 맥이 빠질 정도로 생각하고 또 생각했다. 그럴 때마다 도저히 이해가 안 되는 사람들의 행동에 번번이 무너져 내렸던 것이다.

* 세월호 구조 작업을 이끌었던 민간 기업.

안산 고려대병원에서 만난 생존 학생들은 아무것도 하지 않은 해경을 보고 나니 유니폼 입은 사람을 다 믿지 못하겠다고 했다. 간호사, 의사도 못 믿겠어서 그들이 주는 링거도 맞지 못하겠다고 했다. 그들은 더 많은 친구를 구할 수 있게 배가 최대한 오래 떠 있도록 선장과 선원들이 키를 잡고 있을 줄 알았지만 그게 아니었다고 했다. 그래서 그들을 용서하기 힘들다고 했다.

이처럼 유가족과 실종자 가족은 외상적 비탄과 울분, 생존자 죄책감과 같은 강렬하고 고통스러운 감정에 휩싸인 채 참사 이후를 감내하고 있었다. 그 현장에서 그들에게 도움이 되는 것은 과연 무엇이었을까?

그들에게 진정 필요한 것

많은 사람이 2014년 4월 세월호 참사 직후의 진도 실내 체육관 풍경을 기억할 것이다. 나도 심리 지원을 위해 도착한 그곳에서 마주쳤던, 고통에 휩싸였던 수많은 가족들과 어지럽고 열악했던 환경과 탁한 공기를 기억한다. 체육관의 풍경은 충격적이고 혼란스럽고 무거웠다. 가족뿐 아니라 그들을 돕는 모든 사람에게도 고통스러운 환경이었다.

참사 직후 정부와 지자체는 진도 체육관을 긴급 대피·수용 시설로 지정했다. 며칠 사이에 실종자 가족과 유가족 수백, 수천 명이 모여들었다. 그들이 숙식하면서 체육관은 과밀 주거 시설이 되었다. 칸막이도 없어 다른 사람의 시선으로부터 벗어나 고통스러운 감정과 몸을 추스릴 개별적인 공간이 없었다. 자원 봉사자, 시민단체 관계자 등이 음식이나 생필품을 긴급히 제공했지만 담요, 위생 시설, 식사는 초기에 충분히 제공되지 못했다. 돗자리나 담요만 깔고 숙식을 하다 보니 며칠씩 수면을 못 이루는 사람들이 부지기수였다. 화장실, 샤워실, 세면 공간은 부족했고 환기도 잘 되지 않았다. 차가운 바닷물에 잠긴 가족의 구조를 기다리며 신원 확인과 유해 인도를 위해 대기해야 하는 공간이 너무나 열악했다.

더 큰 문제는 '정확한 정보 제공'이 제대로 이루어지지 않았던 점이었다. 발표된 구조 상황은 울분과 슬픔만을 자극했고, 그나마도 지연된 발표와 확인되지 않은 정보로 불신이 가득했다. 정부 관계자나 정치인의 방문은 위로가 되기보다 분노를 자극했다. 한편 같은 처지의 사람들과 함께 있는 것이 심리적 지지가 되는 면도 있었지만, 과밀하고 열악한 환경에서 강렬한 감정들을 집단으로 경험하다 보니 고통이 증폭되기도 했다. 다행히 얼마 후부터는 정부와 봉사 단체가 컨테이너와 임시 천막을 설치해 어느 정도의 분산이 이루어졌다.

심리 지원은 전문가 중심으로 개인 상담에 치우쳐져 있었다.

개별 치료가 필요한 고위험군도 있고 1:1 접근도 필요하지만, 집단 트라우마와 집단적 상실 상황에서는 공동체 기반 심리 지원이 절실하다. 다행히, 학부모들은 모바일 단체 채팅방이 있었고, 나중에 제공된 천막도 반별로 사용했다. 천막으로 들어가 느낀 그들의 집단 역동에서 서로를 걱정해 주는 끈끈함이 느껴졌다. 이런 공동체에 기반해 적절히 접근하면 도울 수 있는 부분이 더 많을 것이라고 느꼈다.

무엇보다, 가까이에 도움을 줄 수 있는 준비된 전문가가 있다는 사실 자체를 이들에게 전달하는 것이 중요했다. '필요할 때 도움받을 수 있다'는 조건은 예측 가능성과 선택권을 회복시켜 심리적 안전 신호로 작동한다. '접근 가능하고, 준비되어 있고, 신뢰할 수 있는' 존재로 머무르는 것이 초기 심리 지원의 핵심이다.

이렇듯, 재난 초기에는 정확한 정보, 신체적·심리적 안전과 음식, 물, 수면, 의료적 처치와 같은 기본적 욕구 충족, 프라이버시가 확보되는 휴식 공간, 사회적 연결 지원, 회복에 대한 희망 독려 같은 것이 중요하다. 조용히 곁에 머물면서 유가족의 필요에 기반한 도움과 안정감을 제공해야 하는 것이다.

제주항공 참사 유가족들은 지금도 무안 공항에 모인다. 참사 직후 무안 공항 대합실에 유가족들을 위한 개별 텐트 형태의 재난 구호 쉼터가 설치되었다. 현장에서 잠시라도 눈을 붙일 수 있고 밤을 새워 울 수 있는 개별적인 공간은 그 자체로 심리 지원의 성격을 지닌다. 그곳은 글을 쓰고 있는 지금까지도 유가족에게 의미 있는 공간이 되고 있다. 물론 인근 숙박 시설과 교통에 대한 지원도 있었다. 그 덕분에 유가족들은 무안 공항 대합실에서 회의도 하고 매주 치유 프로그램에도 참여했다.

나는 개별 상담이나 치유 데이 프로그램, 유가족을 돕는 요양보호사의 번아웃 예방과 같은 심리 지원에 참여하며 참사와 관련된 여러 사람들을 만났다. 유가족들은 지연되고 있는 진상 규명 등 답답한 사고 수습에 강한 울분을 토로했다. 그 울분은 이내 강렬한 외상적 슬픔으로 이어지곤 했다. 다른 참사에서도 봐온 현상이었다.

참사가 일어나면 생존자나 유가족은 "도대체 무슨 일이 일어난 것인가?" "부당하고 억울하게 희생된 것 아닌가" "정말 막을 수 없는 일이었는가?"와 같은 수많은 질문을 떠올리고, 사건의 진실을 붙잡고 해석하려는 강한 충동에 휩싸인다. 이런 의문은 진상 규명, 책임 인정, 재발 방지 약속 같은 사회적 수습 과정과 깊이 연결되어 있다. 그 과정에 억압이나 은폐, 왜곡이 있을 때, 유가족과 생존자 들은 억울함과 배신감, 존재의 무시를 경험한다. 이때 외상적 고통은 사회적 혹은 정치적 트라우마의 성격을 띠게 된다. 그러면서 유가족의 울분과 외상적 고통은 강렬해지고 장기화되기 쉽다.

사회적 참사 및 국가 폭력 사건들의 생존자와 유가족 들을 만나면서 나는 집단 트라우마가 정신 보건적 접근만으로는 온전히 회복될 수 있는 것이 아님을 배웠다. 정신 보건적 접근은 공포, 우울, 불안, 불면, PTSD와 같은 개인의 내적 증상 예방과 완화를 위해 트라우마를 인지·정서적으로 처리하고, 관계를 지지하는 것을 말한다. 반면, 사회적 치유는 정의와 책임, 재발 방지 노력에 대한 참여, 사회의 인정과 연대 경험에 근거한다. 집단 트라우마의 회복에는 이 둘의 통합적 접근이 필요하다.

생존자와 유가족의 심리 치유는 증언 치료, 공청회, 추모 의례, 법정 증언, 기념관 건립 같은 사회적 기억을 위한 행위와도 긴밀히 맞물려 있다. 치료는 정치·사회적 맥락을 충분히 고려해 이루어져야 한다. 고통과 희생의 사회적 의미를 찾아가는 생존자와 유가족의 노력, 참사의 사회적 수습 과정에 반응하는 그들의 감정을 공유하고 충분히 지지해야 한다.

심리 치유와 더불어 사회적 치유는 그들의 희생이 사회의 안전과 정의에 기여했다는 '집단적 의미의 재구성 과정'과 '사회적 연대'와도 연결된다. 이것은 크나큰 고통과 희생 앞에서 우리가 누구인지 정체성을 새롭게 구성하는 과정이기도 하다. 이런 통합적인 치유와 연대야말로 그 기억들과 맞닿은 우리들의 생존자 죄책감을 건강하게 승화하는 길이기도 하다.

희생의 의미를 찾을 때

진화론에서는 다른 사람이 사망한 충격적인 사건에서 살아남은 생존자가 죄책감과 불편함을 느끼는 것을 집단 결속과 친사회적 행동을 촉진하는 메커니즘으로 본다.[32] 이처럼 생존자 죄책감은 타인의 고통을 외면하지 않는 도덕적 감수성의 표현이기도 하다.

우리는 생존자 죄책감을 가짐으로써 공동 책임을 무시하는 이기적이거나 반사회적인 행동을 줄일 수 있다. 이에 따라 유전자의 생존과 번식을 성공시키는 데 기여하고 상호 이타주의를 촉진하게 된다.

1980년 5월 18일 아침 청각장애인 고 김경철 님의 집에는 딸의 백일을 축하하기 위해 가족들이 모였다. 가족 모임 후 평소처럼 구두 일감을 찾아 동료 장애인들과 충장로 골목을 지나던 때였다. 공수부대원들이 나타나 김경철 님의 머리를 진압봉으로 후려친 것을 시작으로, 말을 제대로 하지 못하는 그와 그 일행에게 구타가 이어졌다. 김경철 님은 적십자병원으로 실려 갔다가 국군통합병원으로 옮겨졌지만, 19일 새벽 3시 사망 판정을 받았다. 후두부 타박에 의한 외상성 뇌출혈이 직접 사인이었다.

"내가 자식 죽인 죄인이 된 거예요. 말을 못하니 이상한 소리를 냈겠지요. 수를 쓴다고 더 때려버린 거 같애요. 묘지 이장을 할 때 보니 얼마나 곤봉으로 쳐부렀던가 두개골이 두 쪽으로 쫙 벌어져 버렸더라고요. 딸 이름도 못 불러 보고…… 엄마도 못 불러 보고…… 곤봉으로 죽도록 맞아서 눈도 못 감은 것을 생각하면, 여기 가슴이 콱 멕혀부러요. 내가 자식 죽인 죄인이어요."

오랜 세월이 지났지만 김경철 님의 어머니 임금단 님은 떨리는 목소리로 흐느꼈다. 그는 아들이 어렸을 때 자신이 마이신을 과량 투여하여 아들의 청력 장애를 유발했고, 그 때문에 소리를 못 들어서 계엄군이 수를 쓴다고 더 때리는 바람에 아들이 사망에 이르렀다고 믿었다. 임금단 님은 그 죄책감에 평생 시달렸다. 사건의 원인이 된 복잡한 여러 요인 중 자신과 관련된 것에만 초점을 맞추어 스스로에게 책임을 돌리고 괴로워했던 것이다.

이런 심리 기제는 왜 발생하는 것일까. 계엄군의 살인적인 폭력에 의한 사망을 상상하고 그로 인한 비탄을 정면에서 마주하는 것보다, 혹시나 다르게 펼쳐질 수 있었을 가능성을 시뮬레이션해 보며 자신을 탓하는 편이 덜 고통스럽기 때문이다. 다르게 행동했더라면 막을 수도 있었다고 생각하는 것이, 끔찍한 사망에도 아무것도 할 수 없었다고 느끼는 것보다는 나을 수 있는 것이다. 이런 심리에는 사건을 되돌려 고인을 살려내고 싶은 소망이 담겨 있기도 하다.

이렇게 마음속 깊이 오래 지속되는 생존자 죄책감은 PTSD의 일부로 간주되어 간과되는 경우가 많고, 완화도 쉽지 않다. 이미 수없이 자책하고 있는 생존자에게 다른 관점으로 죄책감을 처리하도록 돕기란 어려운 일이다.

이럴 때는 집단 치료가 효과적일 수 있다. 시야가 좁아져 사건과 자신과의 관련성에만 초점을 맞추는 생존자에게, 사건 발생에는 다른 많은 요인과 다른 이의 책임이 있다는 점을 여러 사람과 함께 이해해 보도록 하는 것이다. '이랬더라면 막을 수 있지 않았을까' 하는 '후판단 편향' 현상과, 사건 전에는 사건을 예측할 도리가 없었다는 것을 집단 상황에서 함께 이야기해 보는 것은 생존자들에게 큰 도움이 된다. 이렇듯 잘 준비된 집단 치료는 생존자 죄책감이나 수치심을 효과적으로 완화할 수 있다.

치료자들이나 생존자의 주변인이라면, 생존자가 했던 행동이 정당했음을 충분히 지지할 필요가 있다. 자신이 생존자 죄책감을 가지고 있다는 사실과, 이것이 트라우마에 대한 자연스러운 반응 중 하나라는 것을 스스로 이해하도록 돕는 것도 중요하다. 생존자에게는 무엇보다 자기연민과 자기용서가 절실히 필요하기 때문이다.

고인을 기리는 행동들과 고인의 죽음이 가진 가치에 기여하는 행동도 생존자 죄책감을 완화할 수 있다. 임금단 님의 증언은 이를 잘 보여준다.

"나는 우리 아들이 죽은 시각에 '내가 우리 아들을 보내고 다른 학생을 구했는가' 그런 생각이 들어요. 1980년 5월 19일 어린

아들이 오후반이라 학교 보내려고 중앙초등학교를 다녀오는데, 젊은이들을 빤쓰만 입혀 놓고 홀딱 홀딱 뛰게 때리고 트럭에 싣고 가는 것을 봤어요. 우체국을 돌아서 오는디 학생을 곤봉으로 무지막지하게 때려요. 나도 모르게 달려들었어요. 우리 식당 종업원이다, 나도 자식 군대 보냈다, 남의 자식 그러면 안 된다, 하며 봐달라고 사정했어요. 처음에는 어떤 계엄군이 개머리판으로 밀면서 '개 같은 년. 저리 가라' 그래요. 사정 사정을 한께 그중 한 사람이 가라고 봐줘요. 그 앞 금남식당에 얼른 넣어주고 집에 왔는데 가슴이 벌떡벌떡하고 이상해요."

그는 식당을 하고 있지 않았다. 자신까지 위험해질 수 있던 상황이었지만 용기 있게 나섰고, 임기응변을 발휘해 계엄군을 끈기 있게 설득했다. 아들을 보내고 난 후 깊은 생존자 죄책감에 시달리던 그는 아들이 죽어가는 시각에 자신이 다른 청년을 구한 것을 의미 있게 기억했다. 그리고 더 많은 청년을 살려내야겠다고 생각했다. 몇 해 후 그는 5월 18일 꿈에 "엄마. 배고파" 하고 나타난 아들의 제사상을 차려놓고 5·18 집회에 들렀다가 경찰에 연행되었다.

"경찰서 잡혀들어가서 본께는 어린 학생인디 완전히 풀이 죽어불고 얼굴은 노래갖고 벌벌 떨고 있어요. 조대 미대 2학년 댕긴대요. 너 내 말 들어. 절대 니 이름 대지 마. 우리 아들 이름 갈켜주고 생일 갈켜주고 어디 사는지까지 갈켜줬어요. '너는 오늘부터 내 아들이다, 절대 다른 소리 말고, 너 여기 잽혀 들어가면 죽어' 하고 나랑 약속을 했어요. 학생 나오라고 조사받으라고 하는디 내 아들이라고 끝끝내 조사를 안 받았어요. 풀려나서 집에도 데려가고, 한 2년 동안 그 학생이 엄마 엄마 하고 나를 따랐어요. 그 후로 40년간 연락이 끊겼는데, 트라우마센터에서 3년 전에 다시 만나 너무 반가웠어요. 이상호*라고 지금은 유명한 화가가 되었어요."

임금단 님은 2014년 가을 집단 증언 치료 여섯 번째 주인공으로 증언했다. 이때만 해도 엄마 엄마하고 따르던 대학생과 연락이 끊겨 있었다. 2019년 이상호 님이 증언 치료 주인공으로 선정되면서 두 사람은 재회하게 되었다. 두 개인의 특별한 기억이 증언 치료를 통해 연결되었고, 이 만남은 개인적인 것에 그치지 않고 이제 집단 기억의 일부가 되었다.

생존자 죄책감에 빠져 있던 임금단 님은 원통한 아들의 죽음을 생각하며 용감하게 투쟁했다. 투쟁을 통해 아들의 죽음에서 사회적인 의미를 찾았다. 그는 이렇게 증언했다.

"5·18을 위해 엄마들하고 싸우다 보니까 이런 생각이 들어요. 사람이 한번 태어나서 한번 가는 길인디, 아들이 죽어서 그 피가

---

* 이상호 화가는 1987년, 대학 재학 중 걸개 그림 <백두의 산자락 아래 밝아오는 통일의 새날이여>를 제작했다는 이유로 국가보안법 위반으로 구속되어 고문 후유증으로 지금도 치료를 받고 있다. 걸개 그림, 판화, 목판화, 회화 등 다양한 매체를 활용해 저항 정신을 표현해 왔다. 2025년 5월 어머니상 수상자로 선정되었다.

헛되지 않았다는 것, 너희들로 인해서 민주주의가 바로 섰다는 것이 생겼다."

 그는 늘 시위 현장에 있었고 청년들이 붙잡혀 가는 것을 볼 때마다 온 힘을 다해 구하려고 애썼다. 그의 이야기를 들으며 처음에는 '대체 아동 현상'이 아닐까 하는 생각도 했었다. 그러나 자세히 보면 그가 아들을 대체할 애착 대상을 찾아 헤맸다기보다는 5·18의 의미와 민주주의를 위한 투쟁 자체, 청년들을 살리는 행동에 의미를 두었던 것을 알 수 있다. 그는 어머니로서 아들의 죽음이 남긴 의미를 지키기 위해 투쟁했고, 청년들을 구하며 강렬했던 자신의 생존자 죄책감을 승화해 왔다. 그의 이야기는 시민들이 생존자 죄책감을 어떻게 바라보아야 하는지에 대해 큰 영감을 준다.

3장
독성 수치심에서 벗어날 수 있는가

"네가 겁나서 들어가지 못하는 동굴에 네가 찾는 보물이 있다."

신화학자 조지프 캠벨 Joseph Campbell

최적의 수치심을 향해

수치심은 자신을 돌아보고 타인에게 공감하게 해줌으로써 사회적 유대를 도와주는 도덕적 감정이다. 맹자는 '부끄러워할 줄 알고 악을 미워하는 마음'이 인간의 중요한 도덕 감정이라고 했다. 부끄러워할 줄 아는 것이 자기비하가 아니라 오히려 자존감을 회복시키는 성찰적 기제라는 것이다.

반면, 수치심은 사회적 배제를 감지하는 예민한 센서가 되어 우리 정서의 급소에 자리 잡게 되었다. 오랜 세월 인류에게 사람들로부터의 배제는 곧 죽음을 의미했다. 때문에 수치심은 사람들로부터 배제되는 것에 대한 두려움이자 사람들로부터 소외될 때 생기는 절망적인 감정이라고도 볼 수 있다.

연민과 도덕적인 수치심은 사회적 유대로 이어지지만, 자기 존재가 부정당하는 데서 오는 '독성 수치심toxic shame'은 그것을 뒤집어쓰지 않으려는 제로섬 게임을 부른다. 독성 수치심은 자신의 존재 자체에 근본적으로 결함이 있다는 감정에 물든 상태를 말한다. 이것이 있으면, 사람들이 보잘것없는 자신을 거부할 것이라 믿고, 타인의 시선과 평가에 과민해진다.

성장기에서부터 수치심으로 인한 상처가 깊은 사람의 경우, 살아갈 용기를 잃거나 반대로 살아남기 위해 남을 조종하는 지배자나 폭군의 전략을 택할 수 있다. 누군가가 지배자나 악당이 된 사연에는 수치심에 얽힌 이야기가 흔히 들어 있다. 물이 위에서 아래로 흐르듯이 가해자의 수치심은 피해자에게로 옮겨 간다. 수치심이 깊을수록 부모의 수치심은 자녀에게, 선생님의 수치심은 학생에게, 상사의 수치심은 부하에게, 권력자의 수치심은 시민에게 옮겨 가는 경향이 있다. 권력 투쟁이나 과도한 경쟁, 진실 게임 뒤에도 수치심의 핑퐁 게임이 있다. 독재자는 지배를 위해 반대자나 희생양에게 수치심을 심어주고, 독재 행위로 온 사회에 수치심을 퍼뜨린다. 이렇듯 수치심은 지배 행위의 수단이자 원인 및 결과일 수 있다.

불평등과 차별, 혐오와 낙인도 수치심의 중요한 주제다. 차별과 배제의 대상이 되어 수치심을 경험해야 하는 것에 공포를 가진 사람은 수치심을 타인에게 전가하는 방어적인 생존 전략을 사용하기 쉽다. 즉, 가해자나 피해자 모두 수치심과, 수치스러운 처지에 대한 공포가 있을 수 있다는 것이다.

앞으로 다룰 사례들을 통해 가해자의 수치심과 피해자의 수치심, 독재자의 수치심과 시민의 수치심, 평등과 차별, 복지와 소외에 얽힌 수치심이 동전의 양면처럼 깊게 연결되어 있음을 짚어보려 한다. 이는 우리에게 두려움과 수치심을 퍼뜨리려는 이들의 수치심이 어디에서 왔으며, 그것들이 어디로 가야 하는지에 대한 이야기이기도 하다.

죽음과 가장 가까운 감정

5·18 당시 부상자를 실어 나르는 일을 하다 도청 최후 진압 때 겨우 빠져나온 후, 잡혀서 갖은 고문을 당하고 그 후유증으로 사망한 고 기종도 님의 아내 박유덕 님*은 고문과 감옥 생활로 고초를 당하고 있던 남편에게 면회를 자주 가보지 못한 자신을 평생 자책했다. 그 자신도 고문을 당해서 헌병대, 수사관들, 교도소의 큰 철문과 교도관들을 보면 공포에 떨었다. 게다가 기종도 님

---

* 광주트라우마센터 집단 증언 치료 '마이 데이' 첫 번째 주인공, 2013년 9월 26일, 장소 무각사, 정찬영 진행.

은 부산에서 서울로, 서울에서 청주로 툭하면 멀리 이감되었다. 남편의 사업 실패로 어린아이 넷을 홀로 부양해야 했던 박유덕 님으로서는 면회 한번 가기도 쉬운 일이 아니었다.

남편이 다 죽게 생겼다는 연락을 받고 찾아간 전남대병원에서, 박유덕 님은 "나 밥 한 그릇 먹으면 원이 없겠다. 낫게 되면 집에 가서 밥 한 그릇 맛있게 해주라"라는 남편의 말을 마지막으로 들었다. 그 말이 평생 미안함으로 남았다.

"내가 조금만 더 배우고 더 야물었더라면, 우리 남편 바깥바람이라도 한 번 더 쐬어주고, 다른 엄마들처럼 가서 악이라도 쓰고 투쟁했을 텐데 그러질 못했어요. 사람들은 아무리 그래도 면회 갈 돈도 없었냐, 해요. 나는 어째 그렇게 바보스러웠을까요?"

그렇게 죄책감이 수치심이 되었다.

나는 집단 증언 치료의 사전 면담을 위해 2013년 박유덕 님을 처음 만났다. 그의 목소리는 들릴 듯 말 듯 작았고, 몸은 늘 웅크려져 있었으며, 시선은 땅을 향해 있었다. 장기간 PTSD와 우울증에 시달리며 수치심과 두려움으로 위축되어 있던 그는 33년 만에 광주트라우마센터에서 치료를 시작했고, 집단 증언 치료의 첫 주인공이 되었다.

집단 증언 치료에서 그는 자신의 이야기를 했고, 그의 죄책감에 대해서 참가자들이 하는 다른 관점의 이야기를 들었다. 남편의 사업 실패로 경제적으로 어려웠던 때에 혼자 벌어 아이 넷을 키워야 하는 상황에서 장거리 면회는 쉽지 않았음에 대해 동지들과 여러 시민이 이해하고 지지해 주었다. 그 죄책감은 가해자가 짊어졌어야 맞다는 이야기도 나누었다. 그는 증언 치료 말미에 "가슴이 그냥 툭 트이는 것 같다"라고 했다. 사람들 앞에서 말하는 것을 어려워하던 그는 지금까지 공동체 활동을 꾸준히 하고 있다. 합창단에서 노래도 하고, 집회에 나와 함성도 지른다.

죄책감과 수치심은 어떻게 다를까. 죄책감은 자신의 잘못된 행동에, 수치심은 자신의 정체성에 각각 초점이 맞추어져 있다. 때문에 죄책감은 후회와 보상 행동으로 이어질 수 있는 반면, 수치심은 자신이 무가치하고 근본적인 결함이 있다고 느끼고 숨는 행동으로 이어질 수 있다. 죄책감이 만성화하면 수치심으로 발전하기 쉬운데, 이는 그 사람의 정체성 일부가 될 수 있다. 수치심으로 인해 자신에게 일어난 트라우마가 당연하다거나 어떤 식으로든 자신이 트라우마에 책임이 있다고 생각하게 되는 것이다.

결국 자기혐오가 지속되어 심리적 상처가 더욱 깊어지고, 판단이나 거부를 두려워하게 되어 트라우마 경험 공개를 회피하게 되기도 한다. 이런 비밀주의는 필요한 지원을 받지 못하게 함으로써 그들을 더욱 고립시킨다. 더구나 이러한 악순환 때문에 살아갈 힘을 빼앗길 수도 있다. 실제로, 수치심을 죽음과 가장 가까운 감정이라고 하는 것도 이런 이유에서다.

누구나 사람들 앞에서 창피를 당한 기억이 있을 것이다. 그럴 때에는 편도체의 '투쟁-도피fight-flight' 위기 반응*이 나타난다. 과도한 수치심 경험 역시 침습적 사고, 회피, 과각성, 정서 조절 장애 등을 야기할 수 있다. 모두 PTSD의 특징이다. 실제로, 수치심은 PTSD 증상의 발생과 유지에 중요한 감정으로 알코올 중독, 약물 남용과 같은 중독 행동이나 자해 혹은 자살과 같은 자기파괴적인 행동으로 이어질 수도 있다.

수치심은 고문이나 학대, 성폭력, 국가 폭력과 같은 유형의 트라우마에서 더 심각하게 나타난다. 이러한 유형의 폭력은 힘과 통제력의 상실을 느끼게 하는데, 특히 장기간의 학대와 그로 인한 의존, 고립은 뭐든 자신에게 책임을 돌리는 경향과 수치심을 강화한다. 이는 다른 사람과의 연결과 수용이 부족한 환경에서 더욱 커진다. 수치심 안에는 자신이 다른 사람을 실망시키거나 불편하게 할 것이고, 결국 자신이 환영받지 못하고 거절당할 것이라는 두려움이 존재한다.

55살 종필 님은 최근에 어머니가 암으로 돌아가셨다. 독신인 그는 어머니가 돌아가실 때까지 3년간 혼자 간병했다. 조현병을 앓던 여자 친구가 있었는데, 부모님의 반대로 결혼을 하지는 못했다. 여자 친구는 청소를 하지 않아 바퀴벌레와 쥐가 많이 나오는 집에 살았고, 종종 교회 사람들이 와서 그 집을 치워주곤 했

---

* 위협을 감지했을 때 생존을 위해 싸우거나 도망칠 수 있도록 신체를 준비하는 반응. 교감 신경이 활성화되어 심박수·혈압·호흡이 증가하고 근육으로 혈류가 몰리며 소화 기능은 억제된다.

다. 그는 연애 당시 여자 친구에게 "차라리 같이 죽자. 우리는 사회악이다. 불량품이다. 불량품은 명품이 될 수 없다. 우리가 죽는 게 효도하는 것이다"라고 말했다.

여자 친구도 암 투병을 하다 결국 세상을 떠났다. 그는 이제 혼자 산다. 형제들과도 연락하지 않는 그는 언젠가부터 차 트렁크에 흉기를 가지고 다닌다면서, 다 죽여버리고 자기도 죽고 싶다고 했다.

"나 무시하고 건드리는 놈들은 그냥 다 찍어버리고 싶어요. 저는 약자들은 절대 해치지 않아요. 외제 차 타고 다니면서 돈 좀 있다고 거만하게 깝죽거리면 죽여버리고 싶어요. 요즘 뉴스를 보면 세상이 다 불량품처럼 보여요. 정치하는 사람들이나 정부나 부자들도 다 불량품 같아요."

사회에 대한 그의 적대감은 위험한 수준이었다. 그는 정신질환을 앓으며 사회에서 뒤처지고 고립된 채, 수치심과 무력감을 안고 살아왔다. 유일하게 사랑했던 여자 친구와의 결혼도 부모로부터 인정받지 못했다. 그들의 잘못은 아니었다. 이후 그는 어려운 형편에 병든 어머니와 애인을 혼자서 여러 해 돌보며 살아왔다. 그러다 두 사람을 모두 잃은 후, 세상을 향한 적대감과 증오가 폭발한 것이었다. 자기 자신을 수치스러운 불량품으로 여기고 위축되어 살아왔던 그의 눈에 어느 날부터 세상이 불량품으로 보였다. 자신처럼 한낱 불량품인 자들이 갑질을 할 때면 더 이상 참을 수 없었다.

그가 세상을 불량품으로 여기는 것도 이해가 됐다. 본인과 여자 친구가 정신질환을 가진 채 오랫동안 인정도, 도움도 받지 못하고 고립되어 살아왔다면, 게다가 암에 걸린 여자 친구와 어머니를 아픈 자신이 혼자 돌봐야 하는 상황이라면, 어느 날 사회가 불량품으로 느껴질 수도 있지 않을까?

철학자 마사 누스바움Martha Nussbaum은 결핍과 취약성이 수치심의 핵심 요인이라고 했다.[33] 사회 안전망이 부실하면 개인은 자신이 가치 없는 존재라고 느끼는 경험을 반복하게 된다. 이때 발생하는 수치심은 자기비하, 우울, 불안 등 심리적 문제로 이어질 수 있다. 수치심 서사가 계속 만들어지면서 수치심은 정체성의 일부가 되어 이를 방어하기 위한 '자기애적 취약성shame-prone narcissism'으로 발전할 수 있다. 이는 외형적으로 강하게 보이려 하고, 자신의 불안과 수치심을 타인에게 투사해 타인을 비하하며, 취약함을 인정하지 않으려고 감정을 부정하는 경향을 말한다.

또한, 수치심과 배제의 경험이 반복되면 공격성이 표출될 수 있다. 사회적·경제적 불평등이 심화할수록 나를 돌보지 않는 사회에 대해 분노하는 사람들이 생겨나는 것이다. 이들은 불공정한 대우에 반발하고 권력자나 강자, 사회 제도에 적대감을 갖는다. 결국, 소외 계층의 집단적 격노와 사회 갈등으로까지 이어질 수 있다.

학대는 수치심을 영혼에 새긴다

은정 님의 어머니는 그가 죽고 싶다는 얘기를 서슴없이 한다고 외래에 딸을 데려 왔다. 은정 님은 삶의 의미가 없고, 왜 살아야 하는지 모르겠고, 희망이 없다고 했다. 자꾸 물건을 잃어버렸고, 누가 칼을 들고 쫓아오는 악몽을 자주 꿨으며, 종일 아무것도 먹지 않다가 한 번에 폭식하기 일쑤였다. 운동도 외출도 안 하고, 가족 외엔 사람도 만나지 않았다. 낯선 사람이 가까이 오면 힘들어했다. 심지어 미용사가 가까이 오는 것도 견디기 어려워 머리만 자르는 데도 심장이 두근거렸고, 식당을 가도 주문하는 게 쉽지 않아 배달 음식을 시키거나 키오스크 주문만 했다.

은정 님의 부모님은 학원 선생님이었다. 그는 아버지에게 한글을 처음 배울 때부터 맞았다. 맞춤법을 틀려서가 아니라 글씨가 예쁘지 않다는 이유에서였다. 자음 하나에 한 대, 모음 하나에 한 대. 중학교 때까지 거의 매일 맞았다. 저항하면 더 맞으니까 때리면 말 없이 맞는 버릇이 생겼다. 아버지는 은정 님을 학원 아이들 앞에서 혼냈다. 초등학교 때 왕따를 많이 당했는데, 교복이나 신발이 없어지고 교과서가 찢어지는 게 일상이었다. 처음엔 이유를 모르다가 아이들이 학원생까지 때리는 아버지에 대한 반감으로 그랬다는 걸 중학교 때야 알게 되었다. 아이들은 그 앞에서 대놓고 아버지 뒷담화를 했다.

그는 어느 날부터 책을 읽으려고 해도 집중이 잘 안 됐다. 스마트폰을 많이 보게 되고, 성적도 떨어져 공부와 점점 멀어졌다. 그러다 대학 때 아버지한테 맞고 기절하는 일이 벌어진 후 학교를 자퇴하고 따로 나와 살면서 일을 시작했다. 그러나 일터에서 만난 사람들이 앞에서는 잘해주는 것 같지만 뒤에서는 욕을 하고 있을 거라는 생각이 자꾸 들었다. 일은 서비스직이었는데 고객의 이야기를 들어도 공감이 안 됐고, 주장이 세거나 공격적인 사람을 만나면 피하게 됐다. 일을 마치고 집에 돌아와 영화나 드라마를 볼 때면 폭력이 등장하는 장면에서 너무 힘들었다.

은정 님은 이 모든 좋지 않은 기억들이 트라우마처럼 남아 순간순간 떠오른다고 했다. 그 탓에 깜짝깜짝 놀라고, 한번 놀라면 회복하는 데 시간이 많이 걸린다고 했다. 부모님 앞에서는 혼날까 봐 무서워 거스르는 말이 나오지 않는다고도 했다. 어릴 때는 사람들 앞에서 말하는 것도 좋아했는데, 언젠가부터 억울한 상황이 닥쳐도 가만히 있고 손해보게 생겼어도 쉽사리 입이 떨어지지 않는다고 했다.

그랬던 은정 님은 12·3 계엄 선포 이후 뉴스에서 눈을 떼지 못했다. 잠도 못 잤다. 광주에 살면서 5·18 영상을 학교에서 본 후 군인과 군복에 대한 두려움이 있었는데, 군인과 시민 들이 몸싸움을 하고 계엄군이 국회 유리창 깨는 것을 생중계로 보고 있으려니까 숨이 차고 심장이 쿵쾅거렸다. 군에 입대한 지 얼마 되지 않은 남동생도 걱정되었다. 무기력하게 상황을 지켜보는 것이 더 힘들어 아무에게도 말하지 않고 혼자 상경해 집회에 참가하기 시작했다.

집회 현장에는 또래 여성들이 많았다. 수많은 사람이 한마음으로 단합하는 에너지에 큰 힘을 느꼈고, 혼자가 아니라는 느낌이 좋았다. 여의도, 광화문, 한남동 집회에 당일치기로 계속 참가하면서 또래 여성들과 통성명도 하고 연락처도 교환했다. MBTI 이야기, 야구 이야기도 하고 뜨개질도 같이 했다. 올라갈 때마다 연락하고 같이 움직였다. 그러다 한남동 관저 앞에서 경찰이 민주노총 집회 참가자들을 이유도 없이 잡아가고 있다는 소식을 듣고 함께 그곳으로 향했다. 원래 사람 많은 데 가면 불안해했던 은정 님은 가기 전부터 헛구역질이 나오고 가슴이 뛰고 어지러웠다. 지하철로 이동하는 동안에도 소리가 아득해지면서 시야가 좁아졌다.

한강진역에 도착해 2번 출구로 나오자마자 극우 집회 참가자들이 친구가 들고 있던 피켓을 빼앗았다. 그들은 출구에서 나오는 모든 사람을 다 괴롭혔다. 팻말이나 응원봉이 없는데도 쌍욕이 쏟아졌다.

"야 ××년아, 너 중국년이지. 대꾸 못 해? 한국말 해봐."

꼬집고 머리채를 잡아당기고 밀고 때리는 군중에게 떠밀려 은정 님은 마구잡이식 조리돌림을 당했다. 예상치 못했던 공격에 겁이 나고 진정이 안 됐다. 그렇잖아도 한기가 돌고 몸까지 오들오들 떨렸는데 말문까지 막혔다. 조리돌림은 금방 끝나지 않았다. 한 사람씩 그를 쥐어뜯고, 마치 역적 다루듯이 했다.

은정 님은 철없을 때에도 딱히 들어보지 못한 괴상한 욕을 그때 다 들었다고 했다. 그런데 "중국년"이라는 말이 몸 어딘가에 있는 버튼을 누른 것 같았다. 야구 영상을 자주 보는데 아무 맥락 없이 기아 팬들에게 "중국인이네" "홍어네"라고 하는 댓글을 봤던 기억이 떠올랐다. 은정 님은 난생 처음 모르는 사람에게 반말로 소리쳤다.

"같은 나라 사람에게 뭐 하는 거지? 나 중국인 아니야. 너는 일본인이야?"라고 외치자 바로 "너 몇 살이냐. 너는 어미, 아비도 없냐"라는 말이 돌아왔다. 은정 씨도 지지 않고 "우리 부모님은 당신처럼 자식 같은 사람 앞에서 쪽팔리는 짓 안 한다!"라고 받아쳤다. 그러자 그들은 침을 뱉고 "너 마스크 내려봐. 배신자 년이. 나대지 마"라며 때릴 것같이 위협했다. 경찰들이 바로 옆에 있었는데 처음부터 보고만 있다가, 괴롭히는 군중은 안 막고 혼자인 은정 님을 말렸다. 억울했다. 공권력에 더 믿음이 가지 않게 되었다.

그 뒤로도 계속 집회에 나갔다. 이런 일을 벌이고도 관련자들이 처벌받지 않고 책임을 지지 않으면 같은 일이 반복될 것 같았다. 그는 탄핵 찬성 집회에서는 다양한 사람이 자신의 고통과 의견을 자유롭게 이야기하고 형형색색의 응원봉과 K-POP으로 축제 벌이듯 의사를 표현하는데, 탄핵 반대 집회에서는 혐오와 괴롭힘의 말이 난무하는 것이 집회의 성격을 잘 보여준다고도 덧붙였다.

그는 최근 꿈에서 모르는 남자 여러 명이 칼을 들고 쫓아왔다고 했다. 집에 들어가 문을 닫고 숨었지만, 이모랑 이모부가 갑자기 문을 열어주었다. 그들이 다시 창문을 깨고 집으로 들어와 해코지하려 할 때 깨어났는데, 한동안 잠을 이루지 못했다. 원래는 무서운 꿈을 꿔도 한 명 정도한테만 쫓기다가 금방 마무리가 됐다. 그러나 한남동에서 조리돌림을 당한 후에는 이런 악몽까지 꾸게 되었다. 치한들이 들어오게 문을 열어준 이모와 이모부는 폭력적인 군중으로부터 자신을 보호해 주지 않은 경찰들과 오버랩되었다.

2021년 민법 일부 개정 법률안이 국회를 통과해 부모의 체벌 금지가 명문화되었다. 우리나라는 세계에서 예순두 번째로 체벌 금지 국가가 되었다. 은정 님 같은 수많은 체벌의 희생자들에게는 만시지탄이 아닐 수 없었다.

체벌은 아동에게 단순히 신체적 고통만 주는 것이 아니라 자녀로서의 존재 전체가 부정당하는 정서를 경험하게 한다. 반복적인 체벌, 특히 모욕적 언어를 동반하거나 공개적으로 가하는 굴욕적인 체벌은 아이가 '잘못된 행동'을 돌아보는 것이 아니라

'나 자체가 잘못된 존재'라는 메시지를 내면화하도록 한다.[34] 정신분석가 하인즈 코헛Heinz Kohut은 이런 수치심 기반의 상처가 자기애적 구조를 손상한다고 설명했다.[35 36 37]

이것은 행동에 대한 죄책감보다 훨씬 더 깊고 전인격적인 수치심인 독성 수치심으로 각인된다. 긍정적인 개선의 동기를 부여하는 건강한 수치심과 달리, 독성 수치심은 아이를 자기 의심과 자기부정으로 마비시킨다. 그 결과 체벌은 아이에게 비행 행동은 물론 우울증, 중독, 자해, 자살 같은 자기 파괴적인 영향을 미친다. 또, 배우자나 자녀 학대 같은 폭력적인 후유증을 남기기도 한다.[38]

맞고 혼나는 동안 아이는 자기혐오를 배운다. 아울러 정신 못 차리는 것들, 한심한 것들, 열등한 것들, 부모를 빛내지 못하는 것들을 혐오하게 된다. 무엇보다 힘의 논리를 배운다. 세상을 우열 관계로 보고 힘 있는 자가 그렇지 않은 자를 때릴 수 있다고 배운다. 수치심의 고통을 달래기 위해 거짓되고 부풀려진 자아상을 만들고, 거만함과 자기 도취에 의지하기도 한다.[39] 결국 '나는 부족해. 솔직하게 털어놓으면 나를 골칫덩이로 여기고 거절할 거야. 솔직하게 나를 보일 수 없어. 감추고 속이는 것이 나아. 안 그러면 나만 뒤집어쓸 거야' '이건 내 문제가 아니라 그들 문제야. 이건 내가 그들보다 낫다는 증거야'라고 생각하게 된다. 과도한 수치심이 과도한 자기애를 낳는 것이다. 이런 자기도취는 일견 수치심을 덜어주는 것 같지만 몰염치하고 과장된 자기애를 갖는 것은 장기적으로 대인관계에 많은 문제를 일으킨다.

아이가 부모에게 학대당할 때 죄책감을 느끼는 이유는 사랑하는 대상인 부모 이미지를 보호하기 위해서라고 한다. 자기 부모가 애정과 보호를 제공해 줄 능력이 없거나 나쁜 사람이라고 믿는 것은 아이에게 더 위험하고 끔찍한 현실이 된다. 차라리 자신이 잘못해서 학대당했다고 죄책감을 갖는 것이 덜 비참하고, 덜 위험한 현실이다. 이에 따라, 매 맞는 아이들 대부분은 부모를 걱정한다. 자신이 괜찮은 사람이 되면 학대를 멈출 수 있다는 통제의 착각을 갖는다. 그 과정에서 사랑받지 못한 것을 사랑스럽지 않은 것으로 오인한다. 이것이 또한 수치심이 된다.

수치심과 격노의 위험한 사이클

2025년 5월 8일 공수처는 국가안보실과 대통령비서실을 압수수색했다. 해병대 채상병 순직 사건 수사 결과에 대한 윤석열 전 대통령의 격노설이 그 배경이었다.

그의 격노설은 끊이지 않았다. 자주 격노해 왔다는 그의 마음을 다 알 수는 없지만, 한 가지 단서는 발견할 수 있다. 그 단서는 이미 많은 이들에게 알려져 있다. 윤 전 대통령은 2021년 한 방송에서 자신이 대학생 때 늦게까지 놀다가 아버지한테 맞았다고 했다.[40] 부모가 대학생을 때리는 것은 그 당시라 해도 흔한 일은 아니다. 앞서 체벌과 수치심이 자기애적 방어와 격노로 이어질 수 있다고 설명했는데, 그의 격노가 그 경우인지 정확히 알 수는 없다. 다만, 그가 우리 삶에 중요한 영향을 미치는 정치 리더였다는 점, 그가 아니더라도 지배적인 위치에 놓인 사람의 격노를 우리가 종종 접하게 된다는 점에서, 반복적인 격노를 분출하는 사람들의 심리 패턴에 대해 제대로 이해하고 대처 방법을 숙고해 볼 가치는 있다.

수치심과 격노의 사이클은 심리학과 정신 분석학에서 특히 자기애적 상처와 관련하여 자주 논의되는 개념이다.[41] 이는 수치심으로 인해 자기가 위협받았다고 느낄 때 자신을 보호하거나 수치심을 억누르기 위한 방어 반응으로 강렬한 분노를 보이게 되고, 이 부적절한 분노 표출로 인해 상대와의 관계가 나빠져 더 큰 수치심으로 이어지는 반복적인 정서 패턴을 말한다.[42]

수치심을 자주 경험해 온 사람은 타인의 통제나 평가에 민감하다. 그런 사람들은 스스로에 대한 통제감을 잃기 쉽고 그로 인해 외부 통제에도 과도하게 민감해진다. 청개구리 심리도 통제에 대한 수치심과 관련이 있다. 누군가가 "이렇게 해야 해"라고 말하면 그 말 자체가 '내가 부족하다'는 암시처럼 느껴져 반대로 행동하게 되는 것이다.

직장인 여성 다혜 님은 1년 동안 동거남에게 수시로 폭행당하다가 경찰에 신고하고 얼마 후 진료실을 찾았다. 다혜 님은 꼭 알고 싶은 것이 있다고 했다. 그것은 동거남이 '도대체 무엇이 그렇게 불만이었는가'였다. 동거남은 경제 활동이 없었고, 생활비는 다혜 님 혼자 벌었다. 심지어 다혜 님을 학대하다가 경찰 조사를 받게 되자 그의 물건까지 훔쳐 달아났다.

우리는 그 알고 싶은 마음의 의미에 대해 먼저 이야기를 나누었다. 이는 동거남의 오랜 폭력으로 생긴 공포와 수치심을 처리하기 위해 필요한 질문이었고, 혼자서 생활비를 벌고 있었는데도 어쩌다 '맞아도 되는 존재'가 되었는가에 관한 질문이기도 했다. 그리고 우리는 동거남이 폭발했던 대표적인 상황이 식사 메뉴를 고르거나 요리 재료를 살 때 다혜 님으로부터 비용을 아끼자는 이야기를 듣거나, 다혜 님이 회사에 일이 생겨 퇴근 시간을 정확히 말해주지 않을 때라는 것을 알아냈다.

'수치심과 격노의 사이클'의 냄새가 났다. 우리는 동거남이 스스로를 '돈을 벌지 못하는 능력 없는 남자' '기약 없이 기다리게 해도 되는 남자'로 느끼는 상황일 때 격노하고 폭력을 휘둘렀다는 사실에 대해 이야기했다. 건강한 수치심이 있는 사람이라면 그런 말에 마음이 그 정도로 상하지 않을 것이고, 폭력을 휘두르는 게 아니라 다혜 님을 이해하거나 자신도 경제 활동을 하는 쪽으로 분발할 수도 있었을 것이다.

동거남의 과거나 원가족에 대한 정보가 거의 없어 그가 가진 수치심의 기원을 찾을 수는 없었다. 우리는 동거남의 매질 속에 들어 있었을 메시지를 함께 떠올려보았다. "내 의견은 무시하고, 네가 식사 메뉴를 다 정해?" "돈 좀 번다고 유세하는 거야?" "내가 집 지키는 개야?" "이리 와. 나한테 좀 맞아 봐. 내 수치심 줄게, 네가 가져가!" 이런 대사들을 말로 표현할 때 다혜 님은 굵은 눈물을 하염없이 쏟아냈다. 동거남의 수치심과 격노, 그런 남자 친구와 동거하게 된 자신의 외로움, 남겨진 공포와 수치심 간의 퍼즐을 맞추며 수없이 고개를 끄덕였다. 그는 고통 속에서 배우고 있었다.

분노는 본래 자기 보호를 위해 진화한 감정으로, 이는 수치심과 좌절에 대처하는 정서이기도 하다. 때때로 우리에게 분노가 필요한 것도 바로 이러한 이유에서다. 중요한 것은 분노라는 정서적 신호가 담고 있는 메시지다. 상처받고 있을 때, 기본적 욕구가 충족되지 못할 때, 부당한 대우를 받을 때, 우리는 분노한다. 이런 분노는 지극히 자연스러운 것이다. 특히 폭력이나 학대를 당할 때 정말 필요한 것은 항의할 수 있는 힘의 바탕인 분노다.

그러나 부모의 분노와 폭력성이 남기는 파괴성을 생생하게 경험하며 자라는 아이는 주눅이 든다. 자연히 부모의 분노를 자극할 주장이나 거절 혹은 분노 표현을 어려워한다. 분노와 폭력성이 바람직하지 않은 결과를 낳는다는 것도 경험으로 알기 때문이다. 결국, 매 맞는 아이는 분노를 느끼고 표현하는 것에 부적절감과 죄책감, 수치심, 불안을 느낀다. 분노 표현을 억제하고 분노를 느끼는 것도 피하려 한다.

이런 아이는 어떤 어른으로 자라날까. 과장된 자아 인식과 부풀려진 자존감으로 수치심을 해결하려 하다가 이것을 위협하는 도전에 직면하는 순간, 이들은 압도적인 부끄러움을 느낀다. 그러다 애써 감춰둔 수치심이 들춰지면, 파괴적인 공격성을 드러낸다. 다른 사람을 굴복시키고 제압하여 자신이 아닌 상대가 수치심을 느끼도록 한다.

고압적이고 폭력적인 아버지 밑에서 무력감을 느껴온 아이는 어른이 되어 아버지나 다른 사람을 위협하는 것에 흥미를 느낄 수 있다. 일단 공격성을 표출해 보면 그것이 주는 파괴력과 권능감을 맛보게 되고 곧 그간 관찰·학습해 왔던 폭력을 모델 삼아 상황을 역전시킨다. 이른바 '공격자와의 동일시'다. 공격성으로 다른 사람을 괴롭히거나 위협함으로써 원하는 것을 효과적으로 얻는 것이다. 이런 경험이 쌓이면서 파괴적인 공격성은 강화 학습을 한다.

이들은 자신이 수없이 당했던 방식대로, 분노를 이용해 타인의 수치심을 자극함으로써 그들을 조종하고 통제한다. 이들에게 공정함이란 타인이 자기 의견에 동조하는 것을 의미한다. 반대로 동조하지 않는 것은 부당한 처사이며 자신에 대한 위협과 공격이라고 간주한다.

이들은 사소한 일에도 모욕감을 이기지 못해 복수심에 불타오르기도 한다. 부정적인 감정을 소화하는 능력이 적어 공격성을 걸러내지 못하고 그대로 바깥에 분출한 채 자기 행동에 책임을 지지 못한다. 이들에게 분노는 양날의 검이다. 깊은 무력감에서 나온 공격성이, 끝내는 자신마저 집어삼키는 것이다.[43,44]

이들에게 권력이 주어진다면 공격성은 더 효과적인 것이 된다. 무력감이 권능감으로 대체되는 사이, 이들은 강렬한 공격성과 그것을 가능하게 하는 권력에 중독되고 만다. 권력은 수치심을 차단하는 갑옷이 된다. 권력을 쟁취해 존경받는 내가 될 때 부끄러움으로부터 안전해지는 것이다.

경쟁에서의 패배는 이들에게 단순한 실패가 아니라 존재의 붕괴가 될 수 있어서, 이들은 패배하지 않는 자기 서사를 유지하려고 기를 쓴다. 이때 사람들은 승리의 도구 혹은 위협 요인으로 인식된다. 그에 따라, 집단을 위계적 질서와 충성, 효율을 중시하는 집단으로 만든다. 단기간의 권력 경쟁에서 이는 성공 요인이 될 수 있다. 역사에서는 이런 인물이 혼란기에 권력 쟁취에 성공한 예를 흔히 볼 수 있다.[45,46]

이들이 권력을 잡으면, 초기에는 강력한 추진력과 카리스마를 보인다. 그 카리스마는 '나는 실패하지 않는다'는 자기 서사가 주는 결단력과 통제력으로부터 나온다. 그런데 그것의 본질은 수치심 회피를 위한 과잉 보상이다. 수치심에 예민한 권력자는 건설적인 비판이나 조언, 이견을 모두 모욕으로 지각해, 받아들이지 못하고 적으로 삼는다. 이로 인해 격노가 반복되면서 점점 더 편집적이고 폭력적인 통치 양상을 띤다.

통제 불능의 격노는 권력자에게 수치스럽고 굴욕적인 느낌도 동시에 안긴다. 이렇게 수치심과 분노가 순간적으로 뒤섞이면서 폭발하면 조절된 상태로 표현되기 어렵다. 여기에, 반복적인 체벌이나 모욕을 경험해 온 이들에게는 분노가 바람직하지 않다는 오랜 감정 기억마저 존재한다. 결국, 분노를 조절하지 못한 스스로를 향해 자기혐오가 발생하고 이는 다시 파괴성을 유발한다. 수치심과 분노가 돌고 도는 악순환에 빠지는 것이다. 그 가운데 언론을 통제하고 인사를 통해 비판자를 숙청하는 등 권력자는 자신의 개인적인 격노를 제도적인 폭력으로 전환해 간다.[47] 결국 리더로서 공공의 비전이 결여될 수밖에 없고, 사심이 크기 때문에 필연적으로 위선과 부패를 낳게 된다.

이런 권력자의 주변에는 끝내 그의 수치심을 건드리지 않는 사람들만 남는다. 그리고 이들이 가진 수치심은 쉽게 시민들에게 전염된다. 건설적인 비판이 부끄러운 일이 되고 복종이 명예로운 일로 전도되는 현실은, 시민에게도 '수치심 회피' 패턴을 강요한다. 결국 건강한 수치심이 실종되고 점점 몰염치하거나 무기력한 사회가 되어 가는데, 시민들 또한 사회의 도덕 기준이 권력자의 감정에 종속되어 가는 것을 느낀다. 이렇듯, 권력자의 수치심과 격노의 반복적 순환은 모두의 정서적 에너지를 소진시킨다.[48][49]

초연결 사회이자 정보 사회인 현대에 이 모든 양상은 다행히도 지속 가능하지 않다. 이런 권력은 필연적으로 붕괴된다.[50]

이 악순환에서 벗어날 수 있는가

경화 님은 식은땀이 나고 숨이 가쁘다며 진료실을 찾았다. 심장 소리가 귀에 들릴 만큼 심하게 뛰는데, 응급실에 갔더니 공황장애라고 했다. 조금만 큰 소리가 나도 깜짝깜짝 놀랐고, 폭식하곤 했다. 불안해서 잠도 이루지 못했다.

그는 초등학교, 중학교 때 왕따를 당했다. 엄마는 보수적이고 엄격한 성격이었고, 아버지는 술을 좋아했다. 술에 취하면 엄마랑 싸우며 뭐든 때려 부수곤 했다. 두 분은 식당을 하셔서 늦게 들어오는 데다가 가족이 함께 있을 때도 서로 대화가 없었다. 그러다 경화 님이 중학교 때 아빠가 바람이 나서 두 분 사이는 최악으로 치달았다.

따로 사는 것이 나을 것 같아 고등학교를 서울로 진학했는데, 부모님은 형편이 안 된다고 학비를 아예 보내주지 않았다. 돈이 없어 학교 생활을 지속할 수 없었다. 검정고시 볼 생각으로 자퇴하고 아르바이트를 했다. 이것저것 하던 중에 돈을 더 벌 수 있다고 누가 노래방에서 일해보라고 했다. 강제 알선으로 유흥업소 일을 시작하게 되었다. 폭행을 많이 당했고, 3년 가까이 감금도 당했다. 그는 지금도 그때 폭행당한 끔찍한 기억들이 문득문득 떠오른다.

    탈 성매매 쉼터에서 지내며 유흥업소 사장과 소송이 시작되었다. 소송하다 보니 사장에게 보복당할 것 같은 두려움이 생겨 늘 조마조마했다. 조사 과정에서 과거의 힘들었던 기억을 꺼내는 것도 너무 힘들었다. 그는 은행 일도 잘 몰랐다. 사장이 재테크를 해라, 건물에 투자해라, 부추겨서 버는 대로 사장에게 맡겼다. 몇 년간 맡긴 돈이 수억 원이었다. 결국 그 돈을 하나도 돌려받지 못했다. 알고 보니 투자하라고 했던 건물은 깡통이었다.

    사장도, 사장 가족도 그 내용을 다 아는데 부인하고 발뺌했다. 자신을 때려가며 일을 시켜 번 돈으로 사장은 외제 차를 타고, 온몸에 명품을 두르고 다녔다. 경화 님은 사장 딸이 명문 대학교를 졸업하고 유럽으로 유학 갔다는 소식을 나중에 들었다. 다른 자녀들은 각각 공무원과 운동선수가 됐다고도 들었다. 그렇게 고생하고 번 내 돈을 다 빼앗아서 자기 자식들을 가르쳤다 생각하니 분해서 참을 수가 없었다. 자식들한테 찾아가서 아빠가 어떤 사람인지 말해주고 싶었다.

경화 님은 누군가를 만나는 게 힘들어 사람을 내치고 자신을 숨겼다. 남이 하는 말을 지나치게 의식했다. 사람들이 자기 이야기를 하며 흉보는 것 같았다. 누가 자기한테 뭐라고 하거나 하고 싶지 않은 일을 시킬 때 자기주장을 하고 싶은데, 그것도 잘 되지 않았다.

재판을 하다 보니, 그가 유흥업소에서 일했던 사실을 부모님이 알게 됐다. 부모님은 그보고 죽으라고 했고, 그는 자살 충동에 휩싸였다. 공황 발작이 오고 온종일 울었다. 어린 나이에 업주한테 이용당한 자신이 바보 같았다. 다시 태어나면 공부를 진짜 열심히 해서 전문직이 되고 싶었다.

나는 오랫동안 관련 기관으로부터 성폭력 피해자나 탈 성매매 여성을 의뢰받아 진료하고 있다. 그들을 돕는 단체에서도 여러 해 활동 중이다. 그들의 삶에 깃든 재난과도 같은 트라우마와 수치심은, 사회적 트라우마와 국가 폭력이 주는 독성 수치심, 그것으로부터의 회복을 이해하는 데 일정 부분 단서를 제공한다.

경화 님에게 들었던 말 중에서 유독 기억에 남는 것이 있다. 바로 '사람들이 자신을 알아볼 것 같아서 두렵다'는 것이었다. 나를 들키지 않고 싶어 하는 경향은 탈 성매매 여성들에게서 공통적으로 나타났다. 이는 일반적인 것이라 보기 힘들다. 보통 사람은 나를 알아봐 주는 이들이 있어서 그 힘으로 살아간다. 그런데 나를 알아볼까 봐 두려운 것은 대체 어떤 감정일까? 그런 감정을 느끼는 사람의 자서전적 기억과 정체성은 어떤 것일까?

자신의 존재 자체를 수치스럽게 여기는 독성 수치심은 성매매 과정에서 겪었던 트라우마 기억과 함께 탈 성매매 여성들이 넘어야 할 가장 큰 심리적 장벽이다. 그들은 자신이 더럽고 가치 없으며, 정상적인 사회 생활을 하기는 힘들 거라고 믿었다. 성매매 경험 자체로부터 생긴 수치심에 탈 성매매 과정에서 마주하는 사회적 편견과 차별로 인한 수치심이 더해진 결과라 할 수 있다. 나는 그들의 표정과 자세, 행동, 신체 증상, 자해나 자살 충동의 많은 부분이 수치심에서 나오는 것임을 느꼈다. 그들은 자기 검열의 경향도 커서 얼마간 친해지더라도 고백이나 의존을 피하고, 고립되거나 회피하려고 했다.

그들을 수치스럽게 하는 자서전적 기억은 그들이 선택한 것일까? 그것은 단지 개인 혹은 가정만의 문제일까?

그들의 초기 인생사를 듣고 있으면 방임, 학대, 성폭력, 빈곤, 학업 중단, 부모 부재, 사회적 지지 부재와 같은 성장기 역경과 쉽게 마주칠 수 있다. 적어도 내가 만난 탈 성매매 여성들 중에는 제대로 사랑받고 교육받을 수 있었는데도, 스스로 성매매를 하고 싶어 했던 사람은 없었다. 그럼에도 청소년이거나 막 청소년기를 지난 그들을 성매매하도록 유인하고 이용한 성매매 사업주와 알선인들, 그 과정에서 성폭행이나 폭행·감금을 저지른 가해자들, 성 구매자들, 성장기 역경에 책임이 있는 부모들은 탈 성매매 여성들만큼의 수치심을 경험하지 않는다.

수치심은 왜 각자의 책임만큼 지분을 가져가지 않는가? 나는 다양한 폭력이나 성폭력에 의한 트라우마 생존자를 치료할 때 이 불공평한 분담을 '수치심의 불공정'이라 일컫고 이에 주목해 왔다. 탈 성매매 여성들이 경험하는 수치심의 크기를 가늠하거나 그것에 공감하려고 해본 사람은 드물 것이다. "나가 죽어라"라는 말 뒤에 숨어 있던 경화 님 부모의 수치심은 부모로서의 자신을 돌아보게 만드는 수치심보다는 자신의 체면을 걱정하는 수치심에 가까웠을 것이다.

독성 수치심을 공감하거나 완화하는 것은 매우 도전적인 일이다. 탈 성매매 여성들은 잠을 못 자고 불안하고 우울해서 정신건강의학과에 오지만, 자신의 트라우마와 감정에 대해 긴 얘기를 나누는 의사에게도 오래도록 수치심으로 인해 마음의 장벽을 세운다. 경화 님 역시 입원도 하고 긴 시간 면담도 했지만 눈 맞춤도, 언어적 소통도 어려워했다. 치료와 재활을 지속한 지 3년이 넘어서야 표정이 조금씩 부드러워졌고, 언어 표현도 활발해져 자신의 일상과 감정, 대인관계에 대해 많은 정보를 전달하기 시작했다.

나는 그가 그렇게 말을 잘하고, 자기감정에 대해 수다스러울 수 있는 사람인지 몰랐다. 소통이 제대로 이루어진 후부터 그는 자격증도 땄고, 일도 시작했다. 출구 없어 보이는 고통을 공감하고 지지했던 긴 시간은 그럴 때 단비 같은 보상을 맞는다. 여전히 간헐적인 불안을 호소하고 있지만, 좋아지는 그가 고맙다.

'수치심의 불공정'은 성폭력 피해자들을 진료할 때도 흔히 경험한다. 성폭력 피해자들은 대개 여성 단체, 성폭력 상담기관, 변호사 사무실로부터 의뢰되어 진료실에 찾아온다. 성폭력 피해가 법적으로 인정되어 가해자가 처벌받기 전까지, 수치심은 대개 피해자의 몫이 절대적이다. 가해자도 수치심을 느끼지만 대개 피해자의 수치심과는 그 성격이 다르다. 성폭력 피해자의 수치심은 '더럽혀졌다, 망가졌다, 쓸모없게 되었다'는 치명적인 손상감 혹은 '사라지고 싶다, 투명해지고 싶다'는 소멸 욕구와 같이 자기 존재에 관한 수치심이다. 반면, 가해자의 수치심은 대개 도덕적 각성이나 양심적 후회보다는 '내가 타인들에게 어떻게 보일까'라고 하는, 체면 손상에 대한 두려움인 경우가 많다. 이들은 피해자도 원했다고 일방적인 비난을 퍼붓거나, 술 때문에 그랬다고 자신의 행동을 합리화하기도 한다. 진정한 반성이 뒤따르지 않다 보니, 반복적으로 가해자가 되는 사람도 적지 않다.

그렇다면, 독성 수치심으로부터 벗어날 수 있는 방법이 있을까? 과연 상담이 도움이 될까?

나는 자기 존재 전체를 수치스러워하는 이들에게 '당신을 이용하고 착취하거나 학대한 어른들이 수치심의 제 몫을 나눠 가져야 한다'는 점을 끈기 있게 조명한다. 지지적인 관계를 먼저 구축한 다음, 그들의 자서전을 재구성하고 수치심의 불공정에 대해 다양한 사례를 연결한다. "나가 죽어라"라는 말을 비롯한 부모의 독설이나 폭력 뒤에 있는 수치심과, 내담자의 수치심의 기원에 대해 함께 탐색한다.

'몸이 더럽혀지고 망가졌다는 느낌'이 든다는 말에는 지극히 과학적인 답변을 돌려준다. 즉, 우리 몸의 피부 세포는 4주 이내에, 적혈구는 4개월 정도면 새로운 세포들로 다 바뀌므로 폭력을 당했던 당시의 세포들은 내 몸에서 이미 사라지고 없다는 것을 알려준다. 그렇다면, 현시점 자신의 무엇이 더럽혀지고 망가져 있을지에 대해 함께 대화한다. 더럽혀지고 망가진 나의 몸은 기억 속에 있고, 울분은 가해자에게 정의가 실현되지 않고 있는 현실에 있음을 강조한다. 무고한 피해자가 불결함을 느끼는 것이 얼마나 부당한지, 정작 그 불결함을 느껴야 하는 대상은 내가 아니라 누구여야 하는지에 대해 이미지화해 교정하는 것이다. 또한 사회적·심리적 맥락을 되짚어보며 수치심의 공정성과 정의에 대해 지속적으로 정리한다. 나아가, 지금 자신을 방어하고 정의를 실현할 수 있는 현실적인 조치를 함께 의논하고 이를 지지한다.

그러고 난 후, 자신이 정말 원하는 삶을 짚어본다. 대부분의 탈 성매매 여성들은, 불청객으로 찾아와 자신의 일부가 되어버린 트라우마와 열악한 성장 환경, 자신을 학대하거나 이용한 어른을 경험했다. 이것이 어린 나이에 자신이 선택한 삶이었는지,

주어진 환경이었는지를 돌아본다. 그것을 고유한 자신과 구별할 수 있도록 다양하게 질문하고 대화한다. 지우고 싶은 기억이 만들어지는 동안 그들의 영혼은 어디에 있었고, 자신이 진짜 원했던 삶은 어떤 것이었던가를 찾아본다.

독성 수치심을 가진 이들이 가장 하기 힘들어하는 것 중 하나는, 자신을 친절하고 이해심 있게 대하는 자기연민을 갖는 것이다. 지지적인 관계와 자신의 불행에 대한 깨달음은 자기연민을 돕는다. 경화 님 역시 길을 잘못 들어선 자신을 이해했고, 진정으로 그때의 일을 후회했다. 그것이 그의 진정한 자아였다. 나는 자신에 대한 이해와 진정한 후회가 그의 자기용서에 도움이 되었음을 알려주었다.

성매매 업주나 성 구매자는 수치심을 나눌 마음도, 용기도 없을 것이다. 오히려 수치심이 오롯이 탈 성매매 여성의 것만으로 남아 있는 상태가, 그들에게는 더 나은 현실일 것이다. 국가 폭력 가해자 역시 마찬가지다. 그들은 한 줌의 수치심도 나누어 짊어지기를 꺼린다. 수치심을 떠안는 것은 그들에게 너무 뜨겁고 무거운 일이다. 게다가, 수치심은 권력과 영향력을 치명적으로 약화한다. 때문에, 가해자들은 수치심이 국가 폭력 피해자의 것으로 남기를 바라면서, 진실을 왜곡하고 정의를 방해한다. 가해자의 편에 선 사람들도 같은 행동을 한다.

그런 면에서 트라우마 현장의 수치심 세계는 냉혹하다. 그 차

갑디 차가운 수치심의 늪에 빠져 꼼짝하지 못하는 트라우마 희생자에게 그 무엇이 도움이 될까? 바로, 트라우마 치료와 더불어 수치심의 불공정성이 가진 고유한 맥락에 대해 섬세하게 함께 탐색하는 것, 실현되지 못했거나 지연되었던 정의를 짚어보는 것, 본연의 존재와 소망을 찾아내기 위해 노력하는 것 등이다. 생존자를 지지하는 사람이 여럿이거나 공동체를 이루고 있을 때 혹은 집단 증언 치료에서나 사회적으로 인정받을 때 생존자는 큰 힘을 얻는다.

건강한 사회적 감정이 되려면

수치심은 우리에게 이로운 감정이기도 하다. 우리에게 사회적 상호작용을 탐색하게 하고, 집단 결속을 유지하게 하며, 사회에서 거부되거나 배제당하는 결과를 피하도록 도움을 주는 진화된 감정이기도 하기 때문이다. 건강하게 작동하는 수치심은 공감 능력이 될 수 있어서 이를 효과적으로 사용한 개인은 생존하고 번식할 가능성이 더 크다. 이렇듯, 죄책감과 건강한 수치심은 도덕성의 핵심을 이루는 감정이다. 만성적 자기혐오를 보여주는 역기능적이고 병리적인 독성 수치심과 달리 건강한 수치심은 내 행동이 타인이나 집단에 어떤 영향을 미쳤는지 성찰하게 하고,

자신이 불완전하다는 인식을 가지게 해서 성장과 배움의 필요를 인정하게 하는, 꼭 필요한 사회적 감정인 것이다.51

개인 차원의 수치심뿐 아니라 공동체나 국가 등 집단 차원의 수치심 역시 건강하게 작동하는 경우가 많다. 그중 몇 가지를 살펴보자.

우선 '역사적 혹은 집단적 수치심historical or collective shame'이 있다. 이는 특정 집단이 과거에 저지른 학살이나 폭력, 식민 지배, 차별 행위 등에 대해 집단 구성원이나 후세대가 느끼는 수치심을 말한다. 독일 국민이 가진 홀로코스트에 대한 수치심이 그 대표적인 예다. 오늘날 독일인 대부분은 자신이 직접적인 가해자가 아님에도 세대 간 전이와 집단 기억을 통해 역사적·집단적 차원의 수치심을 경험한다. 반면, 일본은 독일과 달리 이를 사회 전체가 깊게 공유하지 못했다고 평가된다. 독일은 전후 나치 범죄에 대한 국가적·사회적 책임을 비교적 일찍 수용했던 반면, 일본은 전범 처벌은 있었으나 국가적 반성보다는 원폭 피해나 전쟁 피해에 초점이 맞춰지면서 전쟁 책임에 대한 역사적·집단적 수치심이 형성되지 못했다.52 53

'민족적 혹은 국가적 수치심national shame'도 있다. 이는 국제적 맥락에서 한 국가나 민족이 겪는 불명예나 모욕으로 인한 수치심을 말한다. 공동체에서 구성원의 부정행위가 '집안 망신'이나 '마을 수치'로 여겨지는 '집단 규범적 수치심in-group normative shame'

도 있다. '전 지구적 수치심global shame'도 있는데, 이는 난민 문제, 기후 위기, 아동 노동, 빈곤 문제와 같이 인류 전체가 공범이 되는 듯한, 전 지구적 차원의 보편적 책임과 윤리 문제로 발생하는 수치심이다.[54][55]

'시민적 수치심civic shame'도 대표적인 집단적 수치심이다. 앞서 소개한 다른 집단적 차원의 수치심과 유사한 면도 많지만, 이는 시민의 공동체 의식에 기반한다. 피해자 집단이나 사회적 약자의 고통을 볼 때 일어나는 '시민으로서 부끄럽다'는 감정이라 할 수 있다. 세월호 참사에서 정부의 무책임과 구조 실패를 보며 많은 시민이 느낀 부끄러움이 그 예다. 또 우리는 자신이 속한 공동체가 저지른 불의나 부도덕함(이를테면, 베트남 전쟁에서 저지른 한국군의 양민 학살 등)에 대해 부끄러움을 느끼기도 한다.[56]

시민적 수치심은 민주주의 사회에서 매우 중요한 사회적 감정이다. 이는 과거의 잘못을 은폐하지 않고 직면하게 만들며, 자기 비판적으로 작동하고, 피해자나 소수자의 목소리를 공동체의 문제로 받아들이게 하면서 '이대로는 부끄럽다'는 자각을 통해 사회 개혁의 동력을 제공한다. 12월 3일 국회로 달려간 시민들이 경찰과 군인을 향해 내뱉던 설득과 호소, 집회에서 외쳤던 구호와 성토는 시민적 수치심을 일깨우는 말들이었다. 1960년의 4·19 혁명에는 부정선거와 권력의 부당함을 방관한 사회 구성원에 대한 반성적 감정이 담겨 있었고, 1987년의 6월 항쟁 때는 박종철 고문 치사 사건과 이한열 열사의 희생이 국가 폭력과 독재에 침묵해 온 시민들의 시민적 수치심을 강렬하게 일깨웠다.

시민적 수치심을 갖는 것은 연대감과 양심을 갖는 것이다. 이것이 없다면 세상은 지배와 폭력이 넘쳐나는 정글이 될 것이다. 자신을 돌아보고 이웃을 돌보는 건강한 수치심을 잃어버릴 때, 우리는 스스로 몰염치한 존재가 되거나 독성 수치심을 가진 존재가 될 것이며, 그런 존재를 만드는 데 기여하게 될 것이다. 그리고 또다시 이 몰염치와 독성 수치심이 지배와 폭력, 독재자와 극우가 자라나는 토양을 만드는 데 기여할 것이다. 이 끔찍한 악순환을 기억하자.

4장
우리에게 트라우마란

> "꺼내지 못하는 이야기를 가슴속에 지닌 채
> 살아가는 고통보다 더 깊은 고통은 없다."
>
> 시인이자 인권 운동가 마야 안젤루Maya Angelou

기억에 일어난 지진, PTSD

우리는 생에서 과연 얼마나 많은 트라우마를 경험하고 살까? 그것은 우리의 자아와 삶 전반에 얼마나 영향을 미칠까? 2021년 국가트라우마센터에서 대한민국 성인 남녀 20대부터 50대까지 2,000명을 대상으로 조사한 결과 89.9퍼센트가 삶에서 한 개 이상의 트라우마를 경험했고, 평균 4.8개의 트라우마를 경험한 것으로 나타났다.[57] 트라우마는 그만큼 우리 삶 가까이에 있다. 트라우마의 대표적인 임상적 진단인 PTSD가 어느새 귀에 익은 용어가 된 것이 그 방증이라 할 수 있겠다.

1980년 5월 27일 새벽 전남도청에서 최후 항쟁을 하다 생포되어, 조작된 죄목으로 수개월간 고문을 당한 박천만 님*의 생애와 그의 PTSD 증상을 살펴보자.

"사람이 총탄에 맞아 죽는 것을 본 뒤로는 그냥 집에 돌아갈 수가 없었어요. 살고 싶은 사람은 나가라고 했지만, 살고 싶은 생각이 안 들었어요. 그냥 도청이 내 무덤이라 생각했어요. 저는 도청 좌측 2층에 있었어요. 새벽에 기관총 소리와 큰 소리들이 났어요. 환한 불빛을 비추면서 공수부대가 이 개새끼들 쥑여뿐다 하고 들어왔어요. 떨리고 무섭고 정신이 멍해지면서 이제 죽는구나, 생각했어요. 생포됐는데 얼마나 두들겨 패버리는지. 머리를 많이 맞았는데, 지금도 머리를 만지면 고랑이 쳐진 데가 많아요. 하도 맞아버리니까 감각이 없었어요. 늦게 간다고 개머리판으로 허리를 때리고, 워커 발로 밟아버리고. 포복을 시키고. 동지들 몇 분이 돌아가신 것이 보였어요. 차에 실려서 어디로 가는지도 모르고 갔어요. 무릎 꿇고, 머리 박고, 조사받는데 무슨 말을 해도 때리는 거예요. 사람들이 전부 맞고 있었어요. 저는 아버지가 일찍 돌아가셨고, 학교를 못 가서 애국가도 못 배웠는데 애국가를 시켰어요. 못 부르니까 빨갱이 새끼라고 때리고, 빨간 추리닝을 입고 있다고 더 많이 맞았어요."

학교를 가지 못해 글을 몰랐고, 애국가도 못 부르던 그는 시민

---

* 광주트라우마센터 집단 증언 치료 '마이 데이' 두 번째 주인공, 2013년 11월 7일, 장소 무각사, 정찬영 진행.

이 총격으로 숨지는 광경을 바로 눈앞에서 본 후 시민군이 되었다. 1980년 5월 27일 전남도청 최후 진압 때는 죽을 각오를 하고 도청에 남았다.

2013년 가을 내가 그를 처음 만났을 때, 그는 1980년 이후 내내 트라우마를 재경험하면서 살고 있었다.

"도청에서 들었던 총소리, 다 죽여버리겠다는 그 목소리가 귓가에 쟁쟁하게 떠올라요. (…) 군인들한테 당한 기억이 자꾸 나요. 군인들이 눈앞에 왔다 갔다 하는 게 보일 때, 던지고 부수고 악을 쓰고 가족을 때리고 나면 불안이 좀 가라앉았어요. 자제가 안 됐어요. (…) 일 나가서 인부들하고 밤에 같이 잠을 자다가 깨면 사람들이 저를 구경하고 있어요. 제가 무릎을 꿇고 빌고 난리인가 봐요. 나는 내가 어쨌는지 모르니까, 사람들이 말해줘서 알아요. 맨 공포스러운 꿈을 꿔요. 시커먼 군인도 쫓아오고, 악마나 귀신한테도 쫓기고. 돌아가신 분도 나타나고. 밤이 두려워요."

기억의 침습 증상과 과각성 증상이었다. 그에게는 총소리와 목소리 같은 청각적 기억과 군인들에 대한 시각적 기억이 생생히 떠올랐다. 수십 년이 지난 기억이었지만, 그날의 감각 기억은 조그만 단서만 있어도 긴급 연결망을 통해 그의 의식으로 침투했다.

그럴 때 그의 뇌에서는 어떤 현상이 일어나고 있을까? 트라우마 스트레스가 주어지면 편도체는 활성화되고 전두엽의 공포 반응을 억제하는 기능에는 결함이 생기면서 공포에 '과잉 조건화 overconditioning*' 현상이 발생한다. 또한 편도체의 투쟁-도피 반응이 자그마한 단서에도 자극되어 나타난다.

트라우마를 진료하다 보면 끔찍하게 고통스러운 기억만 골라 도려내 버리고 싶어 하는 이들이 많다. 그런 이들 중 일부는 술을 마시거나, 일이나 게임에 빠지기도 한다. 이는 트라우마를 직접 겪은 생존자나 유가족만 경험하는 것이 아니다. 배가 가라앉는 세월호 장면이나 10·29 참사 때 좁은 길에서 군중이 참변을 당하는 장면, 제주항공 참사 때 항공기가 화염에 휩싸이며 폭발하는 장면 등을 본 기억은 목격자의 의식에서도 반복해서 떠오를 수 있다.

박천만 님은 고문 경험 후 얼마간 자신이 가해자의 행동을 했었다고 괴로워했다. 살아서 나갈 수 없을 거라 느껴지는 잔혹한 고문을 당한 그는 간혹 부인과 아들에게 폭력을 휘둘렀다. 피해자의 가해자 행동은 트라우마 희생자에게서 드물지 않게 볼 수 있는 현상이다. 지그문트 프로이트Sigmund Freud의 딸이자 정신분석가인 안나 프로이트Anna Freud는 이를 '가해자와의 동일시 identification with the aggressor'라고 했다.[58] 이는 '가해자 재현perpetrator reenactment'이라고도 불린다.

---

* 생존을 위한 과도한 학습으로 위험한 상황에서만 나타나야 할 공포·불안 반응이 위험하지 않은 자극이나 맥락으로도 확대 적용되는 것.

박천만 님은 자신이 당한 트라우마를 끝없이 재경험하는 플래시백을 겪는 가운데 가해자의 행동을 재현한 것으로 파악되었다. 그의 부인은 내게, 그가 본디 폭력과는 전혀 관계없던 아주 온순한 사람이었다고 했다. 그래서인지 그는 가족도, 사회도, 그 자신도 용납 못 할 행동을 하고 나서 끊임없이 자책하기를 반복했다.

트라우마로 인해 과도한 스트레스 호르몬(코르티솔, 노르아드레날린)이 분비되면 사건에 시간적·공간적·상황적 맥락을 부여하는 해마의 기능이 억제된다. 그 결과, 트라우마 기억이 상징으로 남거나 하나의 서사를 만들지 못하고 파편화된 기억으로 남아 불쑥불쑥 떠오르게 된다. 이때의 기억은 주로 원초적이고 강렬한 감각 기억이다. 이렇듯 플래시백을 경험하는 동안 투쟁-도피 반응 및 과각성 같은 교감신경 흥분 상태가 되어 자신이 당했던 피해를 가해자 행동으로 재연할 수 있다. 특히, 국가 폭력이나 성폭력 피해자 등 심한 외상 경험자에게서 주먹질, 물건 던지기, 소리 지르기 등 갑작스러운 폭력 행위를 저지르는 플래시백이 드물지 않게 관찰된다.

'흥분 상태'와 반대쪽에 있는 트라우마 반응으로는 부교감신경이 우세한 상태인 얼어붙음과 멍한 상태, 해리 현상이 있다. 박천만 님은 종종 이상한 행동을 했고 자신의 행동을 잘 기억하지 못했다. 견디기 힘든 경험으로부터 스스로를 보호하기 위해 정신이 부분적으로 분리, 차단되는 생존 메커니즘인 해리를 시사하는 현상들이다. 해리 현상 중에 나타나는 분노 폭발은 공격 행동의 일부를 기억하지 못하거나 자신이 아닌 것 같은 느낌 속에서 일어난다. 박천만 님 역시 플래시백을 경험하다가 해리성 분노 폭발 행동을 하고, 그것을 기억 못 하는 경험을 얼마간 했던 것으로 보였다.

그는 최후로 도청에 남을 때 역사적 트라우마에 대한 집단 기억이나 민주주의의 개념을 가지고 있지는 않았다. 군인들이 저지른 충격적인 폭력과 총격으로 이웃이 사망한 것을 가까이서 목격했고, 더 이상의 폭력은 막아야 한다는 선한 의도로 시민군이 되어 죽음을 받아들이고 끝까지 도청에 남아 온갖 고문을 받은 것이었다. 그는 트라우마에 시달렸지만 자신이 어떤 경험을 하고 있는지 이해하지 못했고, 그것을 알려주거나 나눌 친구, 이웃, 치료자 같은 사회적 자원이 없었다. 게다가 그는 5·18 이후 오래도록 권력으로부터 감시와 차별의 대상이 되었다.

그는 아들과 대화 없는 사이가 된 것에 대해 평생 자신의 행동을 아프게 자책하며 살고 있다. 그 모습을 볼 때마다 마음이 무겁고 아프다.

"시신을 보았던 신안 철뚝 쪽으로는 안 가고, 경찰이나 군인들을 피해요. 지금도 그래요. 사람하고 담을 쌓아버렸어요. 늘 숨어서 산길로만 다녀요."

그에게 세상은 위험했고 자신은 위험에 대처할 수 없는 사람이었다. 폭력에 대한 두려움이 심해 남자로 보이지 않도록 여자 옷을 입고 다니기도 했고, 믿을 수 없는 세상 사람들을 피해 인적 없는 길로만 다녔다. 그는 광주를 떠나 해남으로 숨어버렸고, 바닷가에서 종일 멍하니 앉아 있곤 했다. 제빵사가 되고자 했던 그의 꿈은 고문을 받으며 얼어붙어 버렸다.

"트라우마센터가 처음 생겨서 집단 상담을 시작했는데 제가 삐딱했어요. 말도 좋게 안 하고 선생님들을 믿지 못했어요. 그동안 누구와도 말 안 하고 질문에 대답도 안 하고 살았으니까요. 사람들이 나보고 이상한 사람이라 그랬을 거예요. (…) 빨갱이라고 맞았던 것이 생각할수록 분해요. 사람들이 뭔가 꿍꿍이 속이 있는 거 같아서 믿을 수가 없어요."

2012년 광주트라우마센터가 생긴 후로 센터에 자주 들러 마음을 의지하게 된 것은 그에게 천만다행한 일이었다. 센터 선생님이나 여러 생존자 및 유가족 들과도 만나면서 사람에 대한 그의 불신과 경계는 많이 누그러져 갔다. 그는 여러 차례 국제 행사나 학술 행사에 증언자로 나섰다. 그 과정에서 미소와 농담도 늘었다.

12·3 계엄 후 나눈 안부 전화에서, 그는 다시 계엄군을 본 충격과 분노를 이렇게 표현했다.

"계엄군을 보고 멍했어요. 당했던 기억이 하나하나 떠올랐어요.

윤석열 보면 전두환 닮아가는 것 같고 제2의 5·18이 일어날 것 같았어요. 석방돼서 다니는 게 너무 뻔뻔하고 자기 잘못을 뉘우치지 않는 것 같아 화가 났어요. 이제 우리는 다 늙어서 꼬부랑 할머니, 할아버지가 다 되어가는데 어떻게 해야 할까요."

트라우마 치료의 핵심 기제

트라우마 치료는 크게 두 가지 핵심 기제를 갖는다. 그중 하나는 트라우마 재경험 때 자동적으로 일어나는 신체의 과잉 반응과 습관화된 감각 및 운동 기억을 교정하는 것이다. 신체 기반 트라우마 초점 치료가 여기에 해당한다.

트라우마는 언어 이전preverbal단계, 즉 신체 기억somatic memory과 신경계의 과잉 각성 형태로 남는다. 그래서 신체 기반 트라우마 초점 치료는 인지나 언어로는 다 닿지 않는 몸의 기억을 재조율하는 것을 목표로 한다. 몸의 기억에는 트라우마 기억에 수반되는 호흡, 근육 긴장, 심장 박동, 장의 움직임, 갈증, 포만감, 통증, 체온 등 '내수용감각interoception 차원의 기억'과 '오감의 기억'이 있는데, 이를 다시 알아차리고 안정화시키는 작업을 하는 것이다. 이 과정을 통해 자율신경계의 균형과 안전 감각을 회복할 수 있다.

또 다른 트라우마 치료의 핵심 기제는 '몸이 기억하는 고통'을

'말할 수 있는 이야기'로 만드는 것이다. 이것은 "나는 그것을 몸으로 겪었지만 몸으로 겪은 그것만이 내가 아니다"라는 회복적 자각의 과정이기도 하다. 실제로, 내가 겪은 고통이 가진 의미를 찾음으로써 고통으로부터 학습하고 성장한 삶을 사는 사람들이 많다.

트라우마는 '몸의 기억'을 넘어 한 사람의 정체성에 큰 충격과 장기적인 영향을 미친다. 트라우마를 겪은 사람은 흔히 "인생이 사건 이전과 이후로 나뉘게 되었다"라고 말한다. 트라우마 기억은 억압하고 회피해도 사라지지 않는다. 때문에 이를 처리하지 않으면 마음에 문신처럼 남아서 긴 시간이 지나도 바로 어제 일처럼 생생하고 고통스럽게 느껴진다. 이것이 현재 일어나는 경험으로 재현되면서 자기 정체성도 '과거에 묶여 있는 현재'가 되는 것이다.

이렇게 되는 동안 트라우마 기억은 기존의 세계관과 자기 서사를 무너뜨리며 "나는 누구인가" "무슨 일이 일어난 것인가"라는 질문을 계속하도록 만든다. 이는 트라우마 기억을 자기의 서사 안에 의미 있게 통합해 나가는 과정이라 할 수 있다. 이때 트라우마가 주는 고통의 의미를 찾고 그 의미를 통해 변화된 삶을 살면서, 피해자에서 생존자로 혹은 증언자나 치유자로 나아가야 한다. '내 고통이 우리 모두의 이야기 속에 의미 있게 자리한다'는 인식을 갖게 하는 통합의 과정은 정체성을 회복하는 데 큰 도움을 준다.

신체 기반 치료는 '몸의 기억'을 다루고, 서사 중심 치료는 '이야기의 기억'을 다룬다. 치료자의 성향에 따라 두 접근 중 한쪽을 많이 사용하기도 하고, 두 접근을 상호 보완적으로 사용하기도 한다. 나는 우선 몸에서 올라오는 감각과 신체 반응을 안정적으로 재조정하면서 파편적인 기억을 의미 있는 자기 서사로 정리하는 방식으로 둘을 연결하는 것이 바람직하다고 생각한다. 특히 국가 폭력이나 재난 참사와 같은 집단 트라우마의 치료에는 이 두 방향의 접근을 통합적으로 접목하는 것이 필수적이다.

물론 집단 트라우마를 자기 서사로 의미 있게 통합하기 위해서는 진실 규명, 정의, 책임, 공동체 회복, 배상 및 보상, 재발 방지를 위한 개혁, 사회적 기억과 같은 사회적 과제가 이행되는 것이 필수적이다. 집단 트라우마 회복에 사회적 연대와 지원이 필요한 이유다.

그날, 집단 기억은 어떻게 작동했는가

2024년 12월 3일 어디로 가는 줄도 모르고 무장한 채 출동한 계엄 군인들은 순식간에 국회로 달려온 시민들의 강렬한 저항에 부딪혔다. 저항하는 시민들의 나이와 성별, 직업도 다양했다. 현장에 울려 퍼진 애국가와 <님을 위한 행진곡>, 시민들의 구호와 외침, 호소는 군인들이 훈련해 본 적도, 꿈꿔본 적도 없는 실시간 상황이었을 것이다.

그날의 일을 다룬 한 방송에서 30대 직장인은 계엄령 선포를 듣자마자 TV 다큐에서 봤던 1980년 계엄군과 탱크가 떠올랐다고 했다. 그는 SNS로 사람들과 정보를 공유하면서 국회로 달려갔다. 국회 정문 앞에 모인 시민들이 애국가를 부르자 일주일 전 읽었던 《소년이 온다》에서 본 애국가 부르는 장면이 기억났다. 마음이 찡해졌다. 그는 이 무서운 상황에서 저 많은 사람이 공동체를 지키기 위해 달려와 애국가를 부른다는 것이 소설 속 장면과 오버랩되면서 감동적으로 다가왔고, 이렇게 합심해 계엄령을 해제한 승리의 기억이 전승되어 사회에 큰 도움이 될 거라고 말했다.[59]

그날 시민들은 이웃을 위한 선한 에너지를 분출했다. 국회로 달려온 이들 중 중년 이상의 많은 어른은 "나는 살 만큼 살았다"라고 했고, 청년들은 "이번에는 내 차례"라고 했다. 살아남은 이들이 있어야 희생이 의미가 있을 거라면서 지인을 국회 앞으로 오지 못하게 하는 시민들도 있었다. 그 추운 날씨에 국회 앞을 지키며 기말고사 시험 공부를 하던 고등학생들도 있었다. 이 선한 에너지는 서로에게 빠르게 연결되었다. 사람들은 굳이 말하지 않아도 서로가 가진 선한 에너지를 곧바로 읽었다.

역사가 리베카 솔닛Rebecca Solnit은 자신의 저서 《이 폐허를 응시하라A Paradise Built in Hell》에서 재난을 단순히 파괴와 고통의 순간이 아니라 일시적인 유토피아, 즉 자본주의적 축적과 위계질서가 유보되고 인간 본연의 공동체성과 연대가 드러나는 순간임을 조명했다. 그녀는 수많은 재난 현장에서 트라우마에 처한 사람들이 그들 안에 잠자고 있는, 이웃을 위한 선한 에너지를 분출했던 것을 사례로 들어 잘 설명했다.[60]

불교 기반의 의료 인류학자 조안 할리팩스Joan Halifax는 재난이 인간 존재의 가장 깊은 공감 능력을 끌어올리는 순간이라고 지적하면서 '자비로운 공동체' 개념을 제시했다.[61] 5·18 당시 광주가 보였던 선한 공동체도, 12·3 계엄 선포에 국회로 달려오고 광장에서 연대했던 시민들의 행동도 이 이타적인 에너지에 기반했다고 할 수 있을 것이다. 집단 트라우마 기억과 그에 기인한 집단의 정체성을 갖고 있는 사람들의 선한 감정과 의도는 표정과 말, 행동을 통해 신호등이나 깃발처럼 빠르고 강하게 서로에게 전달된다. 그것을 통해 우리가 서로에게 어떤 존재인지, 서로가 무엇으로 어떻게 연결되고 있는지를 짧은 순간에 알아차린다.

동학농민운동에서부터 독립 운동, 5·18과 87년 6월 항쟁 같은 사회·역사적 트라우마가 발생할 때마다, 집단 트라우마 기억은 선한 의지와 함께 시공간을 초월해 사람들을 연결, 반드시 행동하게 했다. 이 기억들은 우리가 누구인지를 말해준다. 시민들은 우리의 정체성을 흔들 수도 있었던 12·3 계엄에 대항해 서로의 손을 잡고 '우리가 누구인지' 힘 있게 응답했다.

트라우마를 말로 표현하기 어려운 이유

세월호 참사 직후, 생존 학생 중 한 명은 내게 이렇게 말했다.
"선생님들도 기자와 똑같아요. 뭘 자꾸 말하라고 하고 캐내려고 해요? 지금은 생각하기 싫고 말하기 싫은데 억지로 말 시키는 게 제일 힘들어요."

이 학생의 반응은 지극히 자연스러운 것이다. 트라우마를 말로 표현하기 어려운 데는 뇌과학적 이유가 있다. 트라우마를 겪으면 편도체가 과도하게 활성화되는 반면 언어 생성의 중추인 좌측 전두엽 언어 영역의 활동은 억제된다. 이 영역의 기능이 떨어지면 충격적인 사건에 대한 기억을 언어로 부호화해서 저장하는 데 문제가 생긴다. 해마의 기능도 현저히 떨어져, 상황을 시간, 공간, 관계의 지도를 그리며 적절히 해석하거나 정리하지 못한다. 이 때문에 트라우마 상황은 이야기 형태가 아닌 맥락 없는 감각적 파편의 형태로 저장된다. 그로 인해 트라우마 기억은 정확히 언제, 어디서 일어난 어떤 일인지가 불분명한 경향을 띤다. 또한, 해마와 브로카 영역의 기능 저하는 트라우마를 '말할 수 없

는 경험'으로 만든다. PTSD를 정보 처리 장애라고도 하는 이유가 여기에 있다.62

홀로코스트 생존자인 엘리 비젤Elie Wiesel은 그의 강연과 저서에서 "내가 설명할 수 없어서 당신이 이해하지 못하는 것이 아닙니다. 내가 설명할 수 없다는 것을 당신이 이해할 수 없기 때문입니다"63라고 하며 트라우마를 말로 표현하는 것이 얼마나 힘든지 강조했다.

실제로, 트라우마 생존자들은 경찰 조사 과정이나 법정 증언에서 흔히 어려움을 겪는다. 사람들은 사건 맥락에 대하여 일관된 진술을 요구하지만 트라우마 기억은 파편화되어 시간, 행위 순서, 관련자 등이 뒤섞이거나 세부 사항이 누락되기 쉽다. 일관성이 없다 보니 신빙성마저 의심받는다. 더구나 플래시백 현상이나 공포, 슬픔, 분노 등 감정적 과부하 현상, 고통스러운 신체 반응을 겪을 수 있어 진술 자체가 어려울 수 있다. 특히, 성폭력 피해자의 경우 수치심으로 인해 일부 사실을 숨기거나 축소하는 등 자기검열을 해가며 민감한 경험을 누락하거나 왜곡할 수도 있다.64

트라우마 생존자에게는 경찰 조사나 법정 증언 과정에서 트라우마 친화적 조사가 필요하다. 한 번에 많은 질문을 하기보다 사건을 여러 세션으로 나누어 조사하고, 경찰이나 검사, 수사관이 생존자의 감정을 판단하지 않고 경청하는 태도가 필요하다.

또한, 생존자가 통제감을 가질 수 있는 안전한 공간에서 조사해야 한다. 이때 심리 전문가가 함께 참여하여 정서 조절이나 기억 회상을 지지해 줄 필요가 있다. 서면 진술이나 비디오 증언, 그림·도표 등을 활용하여 말하기의 부담을 줄이는 등 증언 보조 방법을 사용하는 것도 좋다.[65]

법원이나 경찰은 트라우마에 대한 심리학적 이해가 반드시 필요하다. 피해자의 진술이 단편적이거나 일관되지 않은 이유가 트라우마의 특성에 기인한다는 사실을 충분히 감안하고, 이런 관점에서 모든 증거에 접근해야 한다. 이미 여러 국가에서 트라우마 생존자의 기억 특성과 진술의 한계를 고려하여 이를 법적·행정적 과정에 적용하고 있다.[66]

트라우마를 공감하는 것이 가능한가

트라우마는 흔히 옆구리에 박힌 창에 비유된다. 이는 섣불리 빼낼 수도 없고, 누군가가 건드릴 때마다 고통스럽다. 빼내려면 고통스러운 수술을 해야 하고, 회복하는 데도 긴 시간이 걸린다.

하지만 이것은 직접 그 일을 겪은 이들만이 아는 고통이다. 이에 대해 그저 듣기만 한 이들이 트라우마를 공감하는 것이 가능할까? 공감한다 해도 당사자에게 큰 도움이 될까? 거꾸로 매달려 물고문과 매타작을 당한 경험이라든가 자식이 죽임당한 일을 어떻게 공감받을 수 있을까?

세월호 유가족 학부모들은 국가 폭력에 자식을 잃고 수십 년을 살아온 오월 어머니들 품에 안겨 울음을 터뜨렸다. 고 문재학 님의 어머니 김길자 님의 말씀이다.

"세월호 석이 엄마라고 5·18 전야제 때 왔잖아요. 자식 하나라도 더 있는 사람은 나아요. 아들만 하나 있다가 그랬으니 얼마나 힘들겠소. 같이 얼마나 보듬고 울고 그랬어요. 5·18 닥치면 그 엄마가 전화하고 4·16 닥치면 내가 전화하고. 내가 먼저 겪어 나온 일잉께 '안 먹고는 기운 없어 투쟁 못 해라. 먹고 힘내야 투쟁도 하고 그라재' 하면 '어머니 고마워요' 그래요. 그러면서 저도 울고 나도 울고."

전술한 대로 당시 자녀를 잃은 부모 대부분이 자신의 고통을 덜기 위해 상담받는 것을 주저했다. 그러나 오월 어머니들과 세월호 유가족 학부모들이 금남로에서 처음 만났을 때 그들은 눈빛만 마주치고도 서로를 껴안고 가슴 깊이 위로했다. 같은 아픔을 먼저 겪었던 이들보다 누가 더 큰 공감과 위로를 전할 수 있을까?

팽목항 학부모 천막에서 내가 상담했던 학부모 중 한 명은 이렇게 말했다.

"나 걱정해 주는 주위 말들도 동정인 것 같아서 싫다고 했어요. 상담해 준다는 선생님도 얘기할 때뿐이지 나 같은 경험을 한 게 아니니까. 그냥 이렇게 같은 경험을 한 학부모들이 가장 편해요."

실제로 정신적인 어려움을 경험하고 난 다음, 자신과 비슷한 어려움을 겪는 이들의 회복·적응·자립을 지원하는 일에 투신하는 이들이 있다. '동료 지원가' 다른 말로 '상처 입은 치유자'라고도 불리는 이들은 트라우마 경험자나 자살 유가족, 자살 생존자 등으로, 필요한 교육을 받고 난 다음 자신과 비슷한 처지의 유가족이나 생존자를 돕는다.

제주항공 참사의 한 유가족은 이렇게 말했다.

"유가족들과 공항에 있는 쉼터에서 매일 함께 보내고 있어요. 같은 아픔을 갖고 있는 사람들이기 때문에 서로 이해하고 안아주고 손도 잡아주고. 밖에서는 불편해요. 여기서는 내가 어떤 행동이나 말을 하더라도 눈치를 안 봐도 돼서 편해요."

비슷한 경험, 비슷한 입장을 가진 사람의 공감은 다른 이의 공감보다 강력하다. 그러나 꼭 유가족이나 생존자가 아니더라도 우리는 많은 현장에서 서로에게 동료 지원가와 같은 존재가 될 수 있다. 경찰이나 소방관, 응급구조원, 기자, 의료인 들은 트라우마 생존자나 유가족을 접하면서 대리 트라우마나 소진을 경험할 수 있는 이들이므로, 비슷한 어려움을 공유하면서 쉽게 공감대를 형성할 수 있다. 교사, 사회복지사, 직업 군인 등 다른 직업을 가진 이들도 마찬가지이다. 공감이 충분히 깊은 사람 누구나 좋은 동료 지원가가 될 수 있다는 것이다.

끈기 있는 관심과 주의력

공감은 정서적·인지적·행동적 측면을 포괄하는 다차원적인 개념이다. 정서적 공감은 다른 사람의 감정을 느끼고 감정적으로 반응하는 능력을 말하고, 인지적 공감은 다른 사람이 상황을 어떻게 경험할지 상상하며 그 사람의 생각, 신념, 의도, 관점, 맥락을 통합적으로 이해하는 것을 말한다. 정서적 공감을 '따뜻한 공감'으로, 인지적 공감을 '차가운 공감'으로 부르는 것도 이 때문이다. MBTI의 T 혹은 F처럼 갈라서 보기보다는 두 공감 능력을 보완적이고 통합적인 관계로 볼 필요가 있다.

우리는 흔히 다른 사람의 감정에 잘 전염되어 눈물도 잘 흘리고, 함께 기뻐하는 것도 남들보다 잘하는 이들을 '공감 잘하는 사람'으로 본다. 그런데 이들 중에는 다른 사람이 처한 복잡한 맥락을 이해하는 데는 서툰 이들도 있다. 깊은 공감은 감정적 반응성만으로 충분치 않다. 고통받는 사람 곁에서 그의 괴로움을 깊이 공감하려면 고통의 다양하고 장기적인 맥락을 이해하고 추론할 수 있는 끈기 있는 관심과 주의력이 필요하다.

진화론적 관점에서 공감은 번식과 사회적 유대에 기여하는 요소다.[67] 다른 사람의 감정 상태를 이해함으로써 서로 협력하고 돕는 것이 가능해지는 것이다. 공감 기능이 있어 다른 사람의 경험으로부터 더 잘 배우고 그들의 의도를 더 잘 이해하게 되며, 이로써 사회적 학습과 문화적 지식 전달도 촉진될 수 있다.[68]

다른 사람의 생각이나 욕구, 의도, 감정 등의 마음을 이해하고 예측하는 능력을 '마음 이론theory of mind'이라고 하는데, 이것이 더 정교하게 진화하면서 인지적 공감 역시 발달했다.[69] 다소의 마음 이론 능력을 보여주는 영장류들을 빼면, 포유류는 감정의 즉각적 공감 수준에 머물러 있다. 반면, 인간은 상황 맥락과 과거 경험을 고려하여 타인의 정서를 분석적으로 추론하고 미래를 고려하는 섬세한 공감 능력을 발휘한다. 감정적 반응성만의 공감은 이런 인간의 정교하고 복잡한 공감 능력을 충분히 발휘했다고 볼 수 없다. MBTI의 F만 가지고는 정교한 공감을 할 수 없다는 뜻이다.

트라우마를 겪는 이웃에게 도움이 되고 싶다면 고통에 대해 감정적으로 반응하는 것에 그치지 않고 마음 이론을 활용할 필요가 있다. 이웃의 과거와 현재, 미래의 현실을 고려하여 그들이 처한 상황과 정서 상태를 끈기 있게 이해하고, 내 감정과 상대방의 감정을 구분하고 조절하며 공명해야 한다. 이웃의 고통을 덜어주려는 선한 동기와 행동을 통해 그들이 겪고 있는 트라우마에 대한 더 깊은 공감과 도움을 건넬 수 있을 것이다.

이웃의 고통에 담겨 있는 복잡한 맥락과 정서를 끈기 있게 이해하려는 노력들 중, 지혜원 감독의 영화 <목소리들>은 최초로 여성을 통해 4·3을 조명했다는 점에서 의미가 있다. 영화에는 군인과 의용대가 젊은 여자들을 강간하고 범죄의 흔적을 없애기 위해 이들을 서우봉 절벽에서 총살해 바다에 수장시킨 이야기가 나온다(주로 17세에서 21세의 여자들이 희생되었다). 영화에서 4·3 생존자 김은순 할머니는 누군가 말을 걸면 침묵으로 일관하거나 "나한테 말 걸지 마라"라고 했다. "남자들 보면 무서워"라면서 위아래 이가 딱딱 세게 부딪힐 정도로 몸을 떨었다. 그의 아들은 말했다.

"우리 어머니는 4·3 이후로 혼이 나가버렸어요. 자기가 살아 있는 것에 대해 죄책감을 느껴요."

트라우마의 재경험, 과각성과 저각성, 회피, 죄책감이 느껴진다. 이 생존자들은 치유를 위한 지원을 받지 못했고, 자신의 경험을 시민들과 공유하지도 못했다.

이 영화의 제작자 김옥영 프로듀서는 <목소리들>이 여성들의 피해를 전면으로 바라본 첫 번째 4·3 다큐멘터리라면서 이를 시민들과 공유하고 함께 이야기 나누려고 영화를 만들었다고 했다.[70][71] 할머니들이 말하지 못한 진실에 접근하려는 고마운 노력이었다. 인간의 고통을 심도 있게 조명한 작품들은 하늘의 별만큼이나 많을 것이다. 그러나 사람들이 모르는 집단 트라우마의 복잡한 맥락을 깊이 있고 끈질기게 밝혀 전하는 작품은 흔하지 않다.

항상 '뒷것'을 자처했던 싱어송라이터 김민기 님은 2004년 MBC 라디오 <시선집중> 인터뷰에서 자신이 70-80년대 시대 정신이나 저항의 상징이라는 이야기에 대해 어떻게 생각하느냐는 질문에, 그런 말은 남의 이야기처럼만 들린다면서 자신은 그저 주변의 모습을 노래 등으로 기록한 것뿐이라고 했다.[72] 그는 겸손하게 말했지만, 시대의 상황과 감정을 공유하려는 그의 노력은 큰 힘을 발휘했다. 그저 자기 주변의 모습들을 그렸다는 그의 노래는 군사 독재 시대를 사는 사람들의 정서와 상황을 선명하게 공유했다.

'맥락context'이란 '함께con' '엮여text' 있는 조건들이다. 인간의 기억과 감정은 '맥락 의존적context-dependent'이다. 심리학이나 인지과학에서 말하는 맥락은 주로 정서적 맥락과 사회적 맥락을 의미한다. 예를 들어, 동일한 사건도 내가 어떤 정서적 맥락에 있는가(예: 우월감, 소외감, 위화감, 수치심 등)나 어떤 사회적 맥락(예: 특권, 폭력, 탄압 등)인가에 따라 다르게 느껴지는 것이다.

그런 점에서 김민기 님이 고통을 둘러싼 사회적·정서적 맥락을 노래로 공유했던 것은 그 자체로 비슷한 경험을 하고 있는 시민들에게 공감과 연대 의식을 불러일으켰다고 볼 수 있다. 이것은 위로를 주었고 사람들에게 폭력과 불의에 저항하는 정서를 고양시켰다.

신경과학자이자 심리학자인 리사 펠드먼 배럿Lisa Feldman Barrett 은 감정이란 '뇌가 신체 반응와 과거 경험, 문화적 개념, 현재의 맥락을 종합적으로 해석하여 의미를 부여함으로써 만드는 것'이라고 했다.[73] 그의 정의대로라면 우선 상대가 처한 맥락을 이해하고, 상대가 그 맥락을 어떻게 해석하여 어떤 의미를 부여하고 있는지를 파악하는 것이 상대의 감정을 공감할 때의 기본이라는 뜻이 되겠다.

1980년 신군부는 광주를 완전히 고립시켜 시민들이 국가 폭력의 진실(맥락)을 공유할 수 없도록 차단했다. 당연히, 광주 바깥의 시민들은 당시 광주의 맥락을 몰랐으니 별다른 공감을 할 수 없었을 것이다. 신군부는 오랫동안 광주의 진실이 알려지는 것을 집요하게 방해했다. 시간이 지나면서 위험과 희생을 무릅쓴 여러 사람의 노력이 더해져 한참 뒤에야 광주의 맥락이 많은 사람들에게 알려졌다. 뒤늦게 진실을 알게 된 시민들은 큰 충격에 빠졌고, 그렇게 생겨난 감정들은 오래도록 한국 사회에 민주주의를 만들어가는 강력한 에너지가 되었다.

12·3 계엄은 어땠는가? 국회 현장의 상황은 인터넷으로 곧바로 생중계되면서 고스란히 전 국민에게 전달되었고 국민 대다수가 계엄군의 국회 봉쇄 시도를 인지했다. 한국 사회의 민주주의를 만들어 온 그 강력한 에너지는 그날의 맥락을 생생하게 공유

하면서 주저 없이 폭발했다.

　우리는 위기가 닥칠 때마다 진실과 맥락을 시민 사회에 공유하면서 민주주의와 정의를 향한 높은 시민의식과 연대 행동을 보여왔다. 멀리 3·1 운동에서부터 4·19, 5·18, 긴 민주화 과정과 두 번의 대통령 탄핵까지, 우리 사회의 민주적 에너지에 국제 사회는 물론 우리 스스로도 놀라고 있다. 무엇이 그것을 가능하게 했을까? 그 비결은 바로 우리가 집약적으로 겪어온 크고 작은 집단 트라우마 경험과 그것을 억세게 헤쳐온 시민 사회의 민주적 경험, 그 과정에서 만들어진 공감과 연대의 집단 역동에 있을 것이다.

5장
내란성 울분 장애와 계엄군의 도덕적 손상

"과거를 기억하지 못하는 사람들은 그것을 반복하게 되어 있다."

철학자 조지 산타야나 George Santayana

내란성 울분 장애

12·3 계엄 이후 진료실에 방문하는 많은 이가 스스로에게 진단명을 붙였다. '내란성 불면증' '내란성 불안증' '내란성 화병' 등등. 적응 장애*로 진단 내릴 수 있는 이들도 있었고 이미 PTSD가 있던 이들은 악화 양상이 보였다. 2차 계엄이 언제다, 하는 이야기가 돌면서 사람들은 자다가도 일어나서 바로 핸드폰이나 TV를 켰다. 2차 계엄이 꿈에 나온다는 사람도 있었다. 계엄 포고에서부터 탄핵 찬반 집회, 경호처와 지지자들의 윤 전 대통령 체포

---

* 스트레스 요인에 대한 과도한 정서적·행동적 반응으로 인해 사회적·직업적·학업적 기능이 저하되는 정신의학적 진단 범주.

저지, 부정선거 음모론과 서부 지법 폭동, 윤 전 대통령 석방, 탄핵 심판 공방, 대통령 선거에 이르기까지, 하나하나 고비가 아닌 순간이 없었다. 시민들은 그때마다 매번 가슴 졸이고 혈압 올려가며 감시하고 싸워야 했다. 이는 시민들 모두에게 꼬리를 무는 '스트레스원stressor'이 되었다.

'내란성' 불면증 같은 진단명을 내가 진료실에서 듣게 될 줄은 몰랐다. 하긴 누가 알았을까. 대한민국은 모든 면에서 하루아침에 위기로 떨어졌다. 친위 쿠데타가 일어나는 삼류 국가로 곤두박질쳤고, 민주주의와 안전한 사회에 대한 기본적인 믿음조차 무너졌다. 우리 중에 이 상황들부터 자유로운 사람이 있었을까?

포고령 1호는 "자유대한민국 내부에 암약하고 있는 반국가 세력의 대한민국 체제 전복 위협으로부터 자유민주주의를 수호하고 국민의 안전을 지키기 위해" 정치·언론·출판·집회 등 모든 주요 사회활동을 계엄사가 통제하겠다고 했다. 44년 전 계엄령과 판박이인데 '의료인 미복귀 시 처단'은 추가된 패치였다. 아들을 군대에 보낸 부모들이나 군인과 경찰 가족들도 모두 당혹스러울 수밖에 없었다. 계엄에 동원된 군인과 경찰들은 상상해 보지 않은 자신의 임무에 직면해서 혼란과 도덕적 손상을 경험해야 했다. 이 모든 피해에 대한 위자료를 계산한다면 얼마가 될까?

조직적인 은폐와 부인, 왜곡에도 계엄 준비 과정은 샅샅이 밝혀졌고 '계엄'을 '계몽' 정도로 덮고서 면피하거나 슬그머니 복귀

하려는 권력자들, 그들을 돕는 사회 엘리트들의 면면을 보면서 많은 시민은 잠들지 못하고 울분을 터뜨렸다. 음으로 양으로 계엄 주역들을 돕는 정치인과 사법부, 검찰, 경찰, 고위 관료 들의 행태에 시민들은 '국민을 얼마나 우습게 알면 저런 말을 하고 저런 행동을 하는가' 하며 수없이 뒷목을 잡아야 했다. 상식은 무너졌고, 헌법과 법률은 그들 앞에서 무력했다.

우리 앞에는 계엄이 내준 사회적 과제가 아직 남아 있다. 법적 정의도 제도적·문화적 개선 과제도 여전하다. 다행인 것은 '내란성 불면증'과 '내란성 울분'이 비록 일상을 힘들게 하긴 했어도 그것이 우리에게 가장 필요한 변화를 시작하도록 만드는 생산적인 동기로 작동했다는 사실이다.

12·3 계엄이 불러온 트라우마의 재경험

5·18 생존자와 유가족 들은 12·3 계엄으로 트라우마를 재경험해야 했다. 계엄령 포고 후 고 문재학 님의 어머니 김길자 님에게 안부 전화를 드렸을 때 그는 이렇게 말했다.

"한강 작가의 노벨문학상 수상이 준 위로는 얼마 가지 못했어요. 대통령이 느닷없이 TV에 나와 비상 계엄을 선포한다고 떠들잖아요. 날벼락이었어요. 아들의 희생으로 어떻게 만든 민주주의인데. 머리끝까지 화가 나고 손이 떨렸어요. 대통령이랑 계엄군이 나오는 텔레비전을 나도 모르게 지팡이로 몇 번이나 내려칠 뻔했어요. 장갑차가 도로에 나오고 헬기에서 내린 군인들이 국회 건물로 들어가는 장면을 보다 보니 가슴이 방망이질 쳤어요. 5·18이 다시 일어난 것만 같았어요. 계엄이라고 하면 그날(5월 27일) 아침이 생각나요. 오메! 도청 앞에서 사람 다 죽여 놓고 즈그가 승리했다고 군홧발 쾅쾅 울리면서 군가 부르던 기억이 떠올라요."

그가 떠올린 계엄군의 군가를 나도 기억한다. 그날의 군가 이야기를 듣자 나의 가슴도 방망이질 쳤다. 도청 최후 진압 후에 그 앞에서 공수부대원들이 힘차게 군가 불렀던 영상을 보고 받았던 충격이 떠올랐다.

"안 되면 되게 하라, 특전부대 용사들. 아아 검은 베레 무적의 사나이."

이 장면은 김길자 님 같은 유가족과 생존자, 광주 시민들에게 큰 충격을 주었다. 다만 12·3 계엄군의 도덕적 손상도 우려가 되는 지금은 그 장면에 대해 복잡한 생각이 뒤를 잇는다. 특전부대 군인들은 그동안 자부심과 전우애를 드높이며 그 노래를 수없이 불렀을 것이다. 그랬던 이들이 그때의 영상을 본다면 어떤 마음이 들까.

2025년 3월 윤 전 대통령이 석방되어 관저로 돌아간 후 김길자 님이 걱정되어 다시 전화를 드렸다. 예상했던 대로 그는 무척 힘들어했다.

"내란을 일으킨 사람을 어째서 석방시킨대요. 그 사람 나온다고 하니 심장마비 올 것 같애요. 내 마음을 어떻게 할 줄 모르겠어요. 이 나라가 어떻게 될까요."

김길자 님은 지팡이를 짚고 옛 도청 앞 민주 광장 집회에 자주 나갔다. 김길자 님과 매일 연락을 나누고 집회에도 같이 나가던 박유덕 님에게도 몇 차례의 안부 전화를 했다. 그 역시 반가워하면서도 목소리에 불안이 역력했다. 그도 12·3 계엄 이후 겪은 1980년의 트라우마 재경험과 국가 폭력 가해자에 대한 두려움을 호소했다.

"심장약을 먹고 있는데, 뉴스를 보면 심장이 아파서 못 봐요. 내가 요새 많이 아픈 거 같아요. 깜짝깜짝 놀라고 아무 정신이 없어요. 뉴스 보면 5·18 때 남편 잡아 가두고 고문하고, 나 잡아다가 감옥에 가두고 윽박지르고, 그런 기억이 필름같이 떠올라요. 끝끝내 잘했다고 하는 것이 전두환하고 어쩌면 그렇게 똑같은지 모르겠어요. 탄핵이 될까요. 그 사람 잡아다가 가둬만 놔도 마음이 놓일 거 같아요. 관저에 있으면서 끝끝내 조사도 안 받고 버티니 불안해서 죽겠어요. 탄핵이 돼야재. 안 되면 어쩌까요. 국민들이 피 흘릴까 봐 조마조마해요."

평생 투쟁과 험한 길을 걸어온 그들이 다시 불안해하고 분통을 터뜨리는 상황은 지금 우리에게 무슨 일이 일어나고 있는지를 실감하게 했고, 송구한 마음이 들게 했다. 그들은 하나 같이 윤 전 대통령에게서 전두환을 보았다.

고1이던 80년 5월 오빠를 찾으러 시내에 나섰다가 귀가하던 버스에 가해진 총격으로 승객 열여덟 명 중 유일하게 생존한 홍금숙 님*은 안부 전화를 했더니, 암으로 수술하고 병원에 입원해 있다고 했다. 그는 계엄을 접한 날 밤에 5·18 생존자 및 유가족들과 통화하며 놀라고 불안한 마음을 나누기는 했지만 크게 걱정하지는 않는다고 했다. 그런데, 얼마 후 다시 전화를 했을 때는 그도 결국 울분을 터뜨렸다.

"생각지도 않았는데, 윤석열이 풀려나니 성질 나서 한숨도 못 자겠어요. 적혈구, 백혈구 수치가 낮아서 저 스트레스받으면 안 된다고 해요. 뉴스를 안 봐야 되는데 안 볼 수가 없어요. 국민들에게 사과 없이 자기 지지자들만 챙기잖아요. 다른 국민들은 뭐예요. 전두환과 다를 바 없어요. 저는 윤석열을 사형시켜야 한다고 생각해요. 풀어준 검찰은 한통속이죠. 국민들을 갖고 노는 거예요."

그들은 12·3 계엄이 말해주는 위험을 누구보다 일찍 강하게 감지하고 오랫동안 알리는 파수꾼 역할을 하고 있었다. 우리는

---

* 광주트라우마센터 집단 증언 치료 '마이 데이' 스무 번째 주인공, 2022년 8월 4일, 장소 광주도시공사 강당, 정찬영 진행.

파수꾼들의 소리를 듣거나 그들의 경험을 기억해 위험에 대처할 수 있었다.

그들은 트라우마를 재경험하면서도 한결같이 나라와 미래 세대를 걱정했다. 나이나 건강 상태를 불문하고 무언가 도움이 되려고 행동했으며, 자신들이 싸워왔던 의미가 무너져 내리는 것에 분노했다.

그들은 과거 한때 국가 폭력에 저항했던 기억 속 존재가 아니다. 현재도 광장의 맨 앞에 있다. 어쩌면 그들은 45년 전보다 더 무거운 의미를 등에 지고서 그 자리를 지키고 있을지 모른다.

부당한 명령에 의한 도덕적 손상

'도덕적 손상moral injury'은 본래 전투에서 비윤리적 경험을 한 군인들에게 사용되던 개념이다. 현재는 국가 폭력, 학살, 의료, 구조적 폭력 등의 상황에도 널리 사용된다. 이는 사람을 죽인 직접적인 가해자가 되었을 때, 살인이나 폭력을 저지할 수 있었음에도 방조하거나 침묵했을 때, 군대·국가·종교 등 자신이 신뢰했던 권위나 조직이 윤리적 책임을 저버렸을 때 나타난다. 전쟁과 같은 극한 상황에서 더 잘 발생하지만 자연재해·성폭행·빈곤과 같은 상황에서도 발생할 수 있다. 군대 이외의 직업과 환경에서도 발생할 수 있는데, 코로나로 많은 사람이 죽어나갈 때 치료의 기회를 제대로 제공하지 못하고 많은 목숨이 희생되는 것을 목격해야 했던 의료인들에게도 도덕적 손상이 컸다.

이는 장기적으로 심한 죄책감과 자기혐오, 회의감, 도덕적 붕괴감, 분노와 냉소주의, 수치심, 자학, 사기 저하로 나타날 수 있다. 또한 PTSD에서 잘 나타나는 분노, 우울, 불안, 불면, 악몽, 불신, 자기 파괴적인 행동을 흔하게 보인다. PTSD가 과각성, 두려움, 플래시백, 기억 상실 같은 공포 네트워크 활성 징후가 두드러지는 반면, 도덕적 손상은 죄책감 기반의 정체성 손상과 더 관련이 있다. 즉, 트라우마가 안전이 무너진 것이라면, 도덕적 손상은 신뢰가 무너진 것이다. 이런 특성 때문인지 도덕적 손상은 잘 진단되지 않는다.

12·3 계엄군이 경험한 도덕적 손상은 어떤 것일까. 그들의 도덕적 손상을 이야기하기에 앞서 그들이 그날 얼마나 신중하게 시민들의 안전을 걱정하고 원칙을 지키려 했는지 엿볼 수 있는 사례들을 살펴보려 한다.

국회에 파견되어 순식간에 항명죄와 내란죄 사이에 노출되는 급박한 위기를 맞은 계엄군들은 시민들의 간절한 외침을 들었다. 그들은 상부의 압박에도 인내심을 발휘했고 시민들을 보호했다. 동시에 시민들은 온몸으로 저항하는 한편 그들을 끈질기게 설득함으로써 계엄군을 도덕적 손상으로부터 보호했다.

수도방위사령부 김문상 대령은 여러 번의 압박에도 707 특임단 헬기의 서울 상공 진입 승인을 보류시켰다.[74] 국회 봉쇄를 막고 탄핵 의결이 가능하게 한 매우 중요한 조치였다. 국회에 도착한 1공수 여단 김형기 대대장은 국회의원을 끌어내라는 명령이 이상하다고 생각해 부하들에게 그 임무를 부여하지 않았다. 그는 부하들까지 항명죄로 처벌받을 것을 걱정해 혼자 감당해야겠다 생각하고 아예 임무를 전달하지 않았다. 그는 2025년 4월 14일 재판에서 부대원들이 임무가 뭔지도 몰랐고 국회로 들어가면서 마음의 상처를 많이 받았다며 부하들을 걱정했다.[75] 2025년 4월 21일 윤석열 전 대통령 내란 혐의 재판에 증인으로 출석한 그는 상부의 지시를 따르지 않는 게 항명이라고 하지만 군인은 국가와 국민을 지키는 임무가 있고 그 범위 내에서 명령을 따라야 한다고 강조했다.[76]

조성현 수방사 제1경비단장은 국회로 이동하는 부대원들에게 시민 안전 확보에 중점을 두라고 강조했다. 민간인과의 충돌을 주의하고 총기는 다 차량에 두고 방탄 헬멧과 방탄복만 착용하라는 자체 지시를 내렸다. 그는 국회에 도착해 고민하다가 사령관에게 연락해 임무 재검토를 요청했고 이것이 받아들여져 그의 부대원들은 국회에 진입하지 않았다. 그는 국회로 달려오는 후속 부대를 서강대교 북단에 멈춰 세웠다. 그 이유에 대해 2025년 2월 13일 헌법재판소 탄핵 심판에서 "상황이 이례적이었고 임무의 목적이 불분명"하다고 생각했다면서 "군인 누구도 국회를 통제하라는 말이 정상적이라고 생각하지 못했을 것"이라고 말했다.[77]

이런 노력들에도, 12·3 계엄 후 계엄군들은 수치심과 좌절, 죄책감, 분노를 경험하는 것으로 나타났다.[78] 만약 이들 군인이 도덕적 손상 당시의 기억을 의미 있는 자서전적 기억으로 통합하는 데 실패한다면, 사회적으로 위축되기도 하고 스스로에게 행복할 자격이 없다고 느낄 수 있다.

심지어, 도덕적 손상은 우울증의 심각도를 높이기도 하는데, PTSD와 도덕적 손상이 동시에 있으면 자살 사고나 자살 행동의 가능성이 높아진다. 도덕적 손상은 사건 직후에 나타날 수도, 오랜 시간이 지나고 나타날 수도, 장기적으로 지속될 수도 있어서 자신에 대한 용서가 이루어지지 않으면 자살로까지 이어질 수 있다. 타인에 대한 불신과 소외감으로 사회적 관계가 어려워지는 것은 물론, 가족과의 친밀감이나 공동체 소속감을 잃기도 한다.

도덕적 손상은 치료나 도움이 필요한 상태로, 이 사실을 부대와 국가, 사회로부터 인정받을 필요가 있다. 도덕적 손상의 치유는 자신의 취약성을 이해하고 받아들이는 과정과, 동료의 지지와 인정, 공동체 안에서 가능하다.

베트남전의 악몽과 회복적 정의

우리는 살인을 두려워한다. 살인은 생명의 존귀함과 살 권리에 대한 우리의 뿌리 깊은 믿음을 침해한다. 전투 상황이라 하더라도 그렇다. 비록 명령에 따라 행한 일이라 해도 살인과 폭력 행위에 가담했을 때 우리는 도덕적 손상을 경험하게 된다.

적을 죽이지 않으면 목숨이 위태로운 전장에서도, 군인들은 살해 행위에 거부감과 두려움을 보인다. 실제로, 제2차 세계대전 당시 실제 총을 쏜 소총병은 15~20퍼센트밖에 되지 않았다고 한다. 살아 숨 쉬는 적과 마주하게 되면 군인의 상당수는 적을 향해 총을 쏘지 못한다. 쏜다 하더라도 대부분은 적의 머리 위로 총을 쏜다고 한다. 살인에 대한 두려움과 도덕적 손상이 군인들의 살해 행위를 막는 것이다.

내가 일하는 병원에서는 뇌졸중이나 사고로 척수 마비가 있는 이들 다수가 재활 치료를 받고 있다. 그중에는 베트남전에 파병되었던 이들이 더러 있는데, 하나같이 전쟁 때 사람을 많이 죽여 자신이 이렇게 벌을 받는 것 아닌가 하고 토로하곤 한다. 종교적 신념에 어긋난 행동을 벌였다고 괴로워하는 이들도 있다. 이와 같이 사람들은 살인이나 폭력 행위에 가담한 후에 자신의 행위를 종교적 혹은 철학적 신념과 조화시키려고 애쓰는 과정에서 영적 고통을 느끼게 된다.

한국군은 베트남전에서 민간인 학살을 저지른 바 있다. 여러 구술 기록과 조사 자료에 의하면 한국군에 의한 학살 사건은 총 80여 건으로, 이때 베트남인들 수천 명 이상을 학살한 것으로 추정된다. 학살당한 이들은 여성과 노인, 어린이를 포함한 비무장 민간인들이었다. 이뿐 아니라 한국군은 방화와 강간, 고문도 자행했다. 미군 정보 보고서에는 한국군의 과도한 폭력성이 언급되기도 했다.[79 80 81 82]

기독교 평화운동가인 구수정 님은 1990년대 초 베트남의 피해 마을을 직접 찾아가 유족의 증언을 듣고 기록했다. 그는 학살 생존자들과 관계를 맺으며 진실을 조사하고 구술사 자료를 구축하고, 평화 및 인권 NGO들과 함께 학살터 추모비를 설치했다. 이후 한국의 대학생과 교회 단체, 참전 군인 일부가 베트남을 방문하여 과거의 만행에 대해 사과했다.

2015년과 2018년에는 서울에서 베트남 피해자를 초청해 증언 행사를 개최했다. 1968년 12월 2일 당시 아홉 살이던 응우옌 티탄 님은 한국군 총격으로 배에 큰 부상을 입었고 어머니와 형제를 포함한 가족 여러 명이 숨졌다고 했다. 한국 법원은 이 사건에 한국군의 민간인 학살 책임을 인정하고 배상 판결을 했다. 그러나 아직까지 민간인 학살에 대한 정부 차원의 공식적인 사과는 없는 상태다.

대한민국은 한국군에 의해 베트남인들이 입은 집단 트라우마의 '회복적 정의restorative justice*'를 위해 노력할 용의가 있는가? 우리의 학살과 폭력으로 고통받은 그들과 용서와 화해로 나아가기 위해, 우리는 기억하고 사과하고 있는가? 묻지 않을 수 없다.

사람이 사람을 살해한다는 것

사회심리학자 제임스 월러James Waller와 어빈 스타웁Ervin Staub, 허버트 켈만Herbert Kelman 등이 정립한 '살해 단계homicide stages'는 인간이 다른 인간을 살해하는 과정에서 거치는 심리·사회적 단계를 설명한다.[83][84][85]

이들의 설명을 종합하면, 살해를 위한 1단계는 '도덕적 거리두기'다. 대상 집단을 비인간화하거나 악마화함으로써 살인에 대한 심리적 저항을 약화시키는 것이다. 이때 도덕적 손상이 잠재적으로 시작된다. 2단계는 '정당화 논리 구성'이다. 정화, 복수, 국가 생존, 정의 실현 등 이데올로기적 혹은 정치적 정당화를 살해 동기에 부여하는 것이다. 이때 도덕적 경계가 약화되면서 자기합리화가 이루어진다. 3단계는 '제도화 및 분업화'다. 명령 체계 속에서 살해 행위가 일상적 업무로 정착되어 책임감이나 양

---

* 범죄·갈등 상황에서 가해자에게 단순히 처벌을 가하는 대신, 피해자·가해자·공동체가 함께 참여하여 피해의 회복, 책임의 인정, 관계의 회복을 지향하는 정의.

심의 개입이 약화되도록 하는 것이다. 가장 심각한 도덕 손상이 발생 가능한 시점이다. 4단계는 '살해의 실행과 반복'이다. 반복되는 살해 속에서 심리적 무감각과 기술적 효율성이 증가하기도 하지만 동시에 내면의 균열이 누적되기도 한다. 5단계는 '후속 정당화 및 침묵'이다. 학살 이후에도 '우리는 옳았다' '피해자도 죄가 있다'는 후속 담론이 만들어진다. 이때 자기혐오와 배신감이 뒤늦게 폭발할 수 있다.

군대는 무력 사용의 법적 근거와 교전 수칙을 반복해서 병사들에게 교육하고, 이를 통해 살상 행위의 정당성을 인지하도록 기반을 마련한다. 리허설을 벌여 실제 상황의 충격을 완충하는 한편 상관들은 병사들에게 의심 질문*을 지속한다. 또한, 동료나 집단의 압력을 활용하기도 하며 최고 권위자의 명령을 이용하기도 한다. 병사에게 도덕적 손상이 발생할 시 이에 개입하는 것은 물론이다.

무기가 발달하면서 적과의 물리적 거리를 확보하여 공격하는 방식이 선호되는 경향은 군인들의 심적 갈등을 교묘히 완화한다. 즉, 드론이나 로봇, 원거리 공격으로 살인 행위에 대한 심리적·도덕적 부담을 우회하는 것이다. 이로써 '살아 있는 인간을

---

* 심리적 통제나 위계적 복종 관계를 위해 상관이 병사들에게 쓰는 질문을 말하는데, 질문을 통해 병사들이 일관된 '자기 서사'를 유지할 수 있는지 시험한다. 주로 인지적 압박을 주거나 도덕적 수치심, 복종적 관계를 자극한다. 반복적 의심 질문은 자아존중감이나 상호 신뢰를 약화시킬 수 있고, 학습된 무기력을 낳을 수 있다.

죽인다'는 감각이 흐려지고 살상이 데이터 처리나 게임처럼 인식되는데, 이는 결국 타자의 죽음에 대한 공감 능력을 희박해지도록 유도한다.

전장의 언어에는 '죽인다'는 직접적인 표현이 잘 등장하지 않는다. 그 대신 '치우고, 쓸고, 닦고, 제거하고, 발라내고, 지운다'고 표현한다.[86] 12·3 계엄의 핵심 인물로 알려진 노상원의 수첩에는 '수거'라는 표현이 있었다.[87] 살인에 대한 두려움과 도덕 손상의 딜레마에 빠지지 않기 위해 '적'은 흔히 사람이 아니라 혐오스러운 벌레나 짐승으로 묘사된다. 5·18 계엄군은 시민들을 정상적인 시민이 아니라 폭도나 빨갱이로 인식하도록 엄격한 정훈 교육과 진압 훈련을 받았다. 모두 병사들의 도덕적 손상을 흐리게 만드는 전략이다.

군인들이 도덕적 손상을 회복하기 위해서는 어떻게 해야 할까? 우선 '증언'을 통해 진실을 이야기하고 자신이 행한 일을 인정하는 것이 도움이 된다. 말하지 못한 도덕적 상처를 동료나 사회가 들어주고 함께 감당할 때 회복이 촉진된다. 그럼으로써 도덕적 고통을 느끼는 것이 혼자가 아니라는 점을 인지하고, 자기감정과 괴로움을 인정받을 수 있다.

12·3 계엄군 중 죄책감과 수치심, 자긍심의 손상으로 고통받고 있는 이들이 있다면 대다수의 국민이 그날 계엄군이 보여준 인내심과 노력에 진심으로 고마워하고 있다는 것을 실감할 필요

가 있다. 이를 위해 그들을 지지해 주는 시민들과 집단 증언 치유나 연대 활동을 함께한다면 수치심과 죄책감 완화에 큰 도움이 될 것이다.

또한, 자신에게 주어진 강제적 상황과 맥락을 이해하고 책임을 재배치하는 것이 도움이 된다. 12·3 계엄의 경우 군인에게 잘못된 명령을 내린 상관이 있었던 반면, 부하와 시민 들을 보호하려고 분투한 상관도 있었다. 죄책감과 수치심은 많은 사람의 책임과 수많은 원인이 숨어 있는 복잡한 문제를 지나치게 자신에게만 향하게 한다. 하지만 대치 상황에서 모두가 곤두서 있었고, 우발적인 요인으로 사태가 충분히 위험해질 수 있었다. 일촉즉발의 위기에서도 군인과 시민 들은 서로를 해치지 않고 지혜롭게 위기를 넘겼다.

또한 군인들을 향한 시민들의 분노는 현장에 있던 군인보다는 대통령과 계엄 주역들을 향해 있었음을 차분히 이해해 보면 좋겠다. 이로써 그날의 자신과 화해하고 동료나 공동체, 사회와 다시 연결되는 경험을 할 수 있을 것이다. 이번 경험을 통해 얻은 가치나 통찰을 잘 정리해 보거나 함께 나누는 것도 회복의 한 방법이 될 수 있겠다.

12·3 계엄 군인들은 누가 뭐라 해도 실패하기 어렵다는 친위 쿠데타를 민주 시민들과 합심하여 좌절시킨 '제복 입은 시민'들이다. 죄책감과 수치심은, 어디로 가는 줄도 모르고 출동한 군인

들의 몫이 아니다. 세계가 그들에게 경의를 표하고 있다. 그날 그들의 이성과 인내심이 없었다면 계엄 저지는 불가능했다. 전문가와의 상담도 좋지만, 동료 군인들, 자신을 지지해 주는 시민들과의 공감적 대화나 상호 증언, 연대의 자리야말로 단절감과 수치심을 완화하는 데 큰 힘이 될 수 있음을 기억했으면 한다.

6장
우리 곁의 나르시시스트들

> "그대의 선량함에는 반드시 '가시'가 있어야 한다.
> 그렇지 않으면 그 선량함은 없는 것이나 마찬가지다."
>
> 시인 랄프 왈도 에머슨Ralph Waldo Emerson

어둠의 삼위일체

국가 폭력은 사회의 구조적 오류나 정책적 실패만으로 온전히 설명하기 어렵다. 우리는 역사를 통해 권력자 개인이나 권력 집단의 성격, 심리적·문화적 특징이 국가 폭력에 결정적인 역할을 하는 것을 보아 왔다. 이런 맥락에서, 나는 집단 트라우마의 발생과 12·3 계엄을 비롯한 국가 폭력의 발생을 이해할 때 빼놓을 수 없는 존재가 '나르시시스트'라고 생각했다.

우리 일상에 스며 있는 지배와 조종의 역동에서부터 나르시시스트 연합, 조력자, 집단 나르시시즘을 이해하는 것은 작게는 내가 속한 집단에서의 관계 역동학과 문제들을 파악하는 데 혜

안을 제공할 것이다. 또한 크게는 12·3 계엄과 같은 우리 정치사의 오점이 될 만한 일이 두 번 다시 반복되지 않도록 하는 데 감시의 눈을 제공할 것이다.

인간 세상 외의 자연 현상 중 악이라고 할 만한 게 있을까? 이제 많은 사람은 자연에 대한 과학적 지식이 발전함에 따라, 두렵거나 생존에 가혹한 자연 현상을 초자연적인 존재의 의도나 악이라고 해석하기보다 적응해야 할 자연환경으로 본다. 홀로 깊은 산속에서 야간 산행을 해본 적이 있는가? 우연히 마주치는 가장 두려운 존재 중 하나가 낯선 인간일 것이다. 사회의 모든 악은 결국 인간으로부터 나온다.

인간을 악의 근원으로 만드는 '어둠의 삼위 일체 dark triad'가 있다. 바로, 나르시시즘, 사이코패스, 마키아벨리즘이다.[88] 이는 모두 부정적인 성격 특징들로, 이러한 성격 유형의 인간은 필히 타인에게 해를 끼친다. 구체적으로, 나르시시스트는 과시하고, 조종하고 착취한다. 사이코패스는 공감 능력과 죄책감이 없고, 법과 규칙을 위반하며, 충동적이다. 마키아벨리스트는 자기 이익을 위해 다른 사람을 속이거나 조종한다. 이 세 가지 요소에 사디즘과 편집성이 추가되기도 한다. 사디스트는 다른 사람에게 고통을 주는 행위를 즐기고, 편집성 성격 장애를 가진 이는 남을 쉽게 의심하며 공격적인 성향을 띤다.

이들은 솔직함이나 겸손함, 성실성, 친화성이 낮고 정서적으로 불안정한 공통점을 지닌다. 이들 성격 특성이 가진 강인함이나 야망, 도전성, 주도성 등은 특정 상황에서 유리할 수 있지만 결국 이들은 조종이나 공감 능력 부족, 비윤리성, 공격성 등으로 인해 개인과 사회에 해를 끼친다. 공교롭게도 이들은 남들보다 정치 활동에 더 참여하는 경향이 있는데, 남을 지배하려 하며 소수자나 약자에 대한 편견을 잘 갖는 편으로 정신건강 문제가 많고 흔히 집단 괴롭힘의 가해자가 되기도 한다.

어둠의 요소 중 가장 흔하게 볼 수 있는 것이 바로 자기애가 과도한 '나르시시스트'이다. 이들 중에는 사회적 성공을 거둔 이들도 꽤 많다. 인류 최악의 살인마라 불리는 아돌프 히틀러Adolf Hiitler가 그 대표적인 사례다.

전문가들은 히틀러에게서 '자기애적 성격 장애narcissistic personality disorder'의 징후들이 보인다고 지적한다. 그는 아리아인의 우월성을 강변하고, 강렬한 증오로 자신에게 반대하는 사람이라면 누구에게나 폭력을 행사했으며, 인명을 경시하는 태도로 유대인을 포함한 수백만 명을 학살했다. 그런가 하면 자기애적 민감성이 높았고 비판에 대한 관용이 없었다. 자신의 그림에 대한 어떤 비판도 받아들이지 못했고, 과시하길 즐기며 인정 욕구가 높아서 관심과 박수에 대한 요구가 과도했다. 그의 저서 《나의 투쟁Mein Kampf》에는 유대인이 독일인이 아니라는 것을 깨달았을 때 내적인 행복감을 느꼈다는 대목이 나온다. 우월감을 느끼면서 상대를 증오하고 부정한 것이다.

무엇이 세상을 정글로 만드는가

나르시시스트는 정계뿐 아니라 재계, 법조계, 방송계, 관료계, 문화계 등 분야를 막론하고 전 사회에서 맹활약하고 있다. 그럼에도 아직 실생활에서 나르시시스트를 제대로 알아보고 적절히 대처하는 사람은 많지 않아 보인다.

나르시시스트 전문가인 캘리포니아 주립대학교 교수 라미니 더바술라Ramini Durvisula는 지역과 문화에 따라 다르지만 대략 전 인구의 여섯 명 중 한 명이 나르시시스트라고 했다.[89] 여기서 말하는 나르시시스트는 임상적 진단인 '자기애적 성격 장애'를 의미하는 것이 아니라 과도한 자기애 성향을 가진 '자기애적인 사람들narcissistic people'을 말한다. 과도한 자기애 성향이란 지속적인 공감 결핍, 과대한 자존감, 특권 의식, 조작과 통제, 책임 회피와 같은 성향을 말한다.

반면, 임상적으로 진단하는 자기애적 성격 장애의 기준은 조금 더 엄밀해서 아홉 가지 성격 기준 중 다섯 개 이상이 충족되어야 하고, 이 특성이 성인 초기에 시작되어 다양한 상황에서 나타나야 하며, 사회적·직업적 기능에 임상적으로 현저한 손상을 초래해야 한다.[90] 나르시시스트가 자기애 성향이 과도한 사람들이라면 자기애적 성격 장애는 임상적 진단을 내릴 만큼 과도한 자기애 문제가 심각한 상태인 것이다.

자기애적 성격 장애의 점 유병률point prevalence*은 대개 0.5~1퍼센트로 조사된다. 평생 유병률lifetime prevalence**은 전체 성인 인구의 약 6.2퍼센트로 보고되었는데, 이중 남성이 7.7퍼센트, 여성이 4.8퍼센트였다.[91] 우리는 여섯 명 중 한 명 꼴인 나르시시스트를 마주치고, 100명 중 여섯 명 꼴의 자기애적 성격 장애자를 마주치며 살고 있는 것이다.

그런데 나르시시스트의 모든 면이 해로울까? 사실, 우리는 카리스마 있고 흥미 있는 것을 많이 알며 언변과 능력이 좋고 매력적인 나르시시스트들에게 종종 매료되곤 한다. 실제로 나르시시스트는 영리함, 창의성, 목표 지향성, 강인함을 갖고 곧잘 리더가 되기도 한다. 특히 과대성과 몽상가적 기질이 창의성으로 나타나는 경우가 있는데, 예를 들어 나르시시스트 기질을 보인 발명가 토머스 에디슨Thomas Edison은 인류의 삶을 편리하게 하는 데 크게 기여했다.

다만 우리가 알아야 할 것 중 하나는 그들과 지내는 데는 대가가 따른다는 것이다. 실제로 나르시시스트와 지내는 어려움으로

---

* 특정 시점에 질병을 가진 사람의 비율.
** 평생 해당 질병을 한 번이라도 경험한 사람들의 비율.

불안과 울분을 호소하며 진료실을 방문하는 사람들이 적지 않다. 그중 한 명의 이야기를 들어보자.

"가슴이 두근거리고, 손이 떨리고, 잠을 못 자요. 그분은 저를 후배 기자가 아니라 종 취급했던 것 같아요. 일단 모바일 메신저로 지시가 너무 많이 와요. (…) 저는 그 상사와 대화를 해서 어려운 마음도 풀고 싶고 일도 배우고 싶은데, 그 상사는 제 말을 자르고 한두 마디로 '이거 해라 저거 해라'라고 지시만 해요. 그리고 후배들을 무시해요. 기사 쓰는 걸 보면 실력은 있어요. 그래서 그런지 자기보다 글 잘 쓰는 사람은 없다고 생각하는 것 같아요. '나는 특별하다. 너희는 내 지휘 통제를 따라라. 나를 가로막는 것은 가만둘 수 없다'라고 생각하는 게 느껴져요. 그러면서 강자한테는 잘해요. 높은 분들이랑 친분 있다는 걸 많이 과시하죠. 그런데 공감 능력은 없어서, 정년퇴직하면 주변에 아무도 안 남을 것 같아요."

그는 성실한 기자였지만 상사가 나르시시스트라는 것을 몰랐다. 자신이 겪는 어려움을 다른 직원들과 나누거나 공동으로 대처하지도 못했다. 그러다 울분과 공황 발작, 건강 염려증으로 진료실을 찾았다. 이후 나르시시스트에 대해 공부하면서 그는 자신이 나르시시스트와 거리를 두지 못하고 끌려다니는 '에코이스트'라는 것을 알게 되었다.

에코이스트는 문학 박사이자 상담사인 도나 크리스티나Donna

Christina가 최초로 제안한 개념이다.[92] '에코이즘echoism' 성향이 있는 사람을 가리키는 말로, 나르시시스트와 반대되는 성향을 가진 이들을 말한다. 그리스 신화에서 여신 헤라에게 저주받아 자기 목소리를 내지 못하고 남의 목소리를 따라 하게 된 비련의 요정 에코Echo에서 유래한 단어다. 에코이스트는 착한 사람이라 인정받는 것으로 자신의 존재감을 확인하고, 자신의 욕구보다 타인의 욕구를 우선순위에 둔다. 이기적으로 보이거나 남에게 폐 끼치는 것을 극도로 싫어한다. 에코이스트는 나르시시스트가 주도하는 집단 따돌림에 취약한데, 나르시시스트는 에코이스트를 멀리서도 알아보고 먹잇감으로 삼는다.

이 기자는 상사가 자신을 싫어할까 봐 두려워 거절하지 못하고 애써 비위를 맞추면서 자신이 욕구와 의견, 정체성이 없이 살아왔다는 것을 뒤늦게 깨달았다. 그는 자신과 자신의 대인 관계를 천천히 들여다보았다. 그 과정에서 거절하는 법과 거리 두는 법을 익혔고, 자기 욕구와 취향에 주목했으며, 단단하게 자기주장 하는 법에 집중했다. 그는 다니던 직장을 그만두었고, 새 직장에서 일할 준비를 하고 있다.

이번엔 한 교사의 좀 더 심각한 사연을 살펴보자.

"저는 몇 년 전부터, 정신과 몸이 따로 놀아요. 시간 감각도 없어지는 거 같아요. 두렵고 자주 멍해져요. 가슴이 두근거리고 머리가 아프고 입맛도 없어요. 귀가 계속 아픈데 이비인후과에서 검사하면 이상이 없대요. 대상포진도 왔어요. (…) 꿈에 상사가 나와요. 나를 뭐 묻은 것처럼 혐오스럽게 보고, 한참 신분이 아래인 사람처럼 대해요. 비아냥거리거나 인사를 받아주지 않는 장면도 나오고. 꿈에서도 나는 늘 위축되어 있어요. 그 상사 때문에 힘들어서 직장을 그만두고 싶어요. 그 상사는 사람을 힘으로 누르고 조종하려 해요. 시켜선 안 되는 일을 시키고 그것을 거부하면 늘 '배신'이라는 표현을 써요. 격노해서 야단친 후엔 꼭 비아냥거리면서 조소해요. 아직도 주제 파악을 못 하느냐는 느낌으로. 그러면 내 존재가 한없이 작아져요. 그 사람은 자기 문제를 알지 못해요. 자기애 척도로 그 상사를 체크해 봤는데 10점 만점에 9점 나왔어요. 최근에는 저에게 시말서를 쓰라고 크게 화를 내며 소리를 질렀어요. 그 사람이 소리 지를 때마다 숨이 안 쉬어지고 물속에서 얘기 듣는 것처럼 말소리도 안 들리곤 했는데 이번에 결국 실신해 버렸어요. 병가를 냈어도 학교에서 계속 연락 오는 것 때문에 노이로제예요. 그 상사가 주도하는 왕따에 동조하는 선생님들한테도 섭섭해요."

그는 장기간 계속되는 직장 상사의 가스라이팅과 격노에 울분과 수치심, 무기력과 침습적 사고, 회피, 실신, 과각성, '이인증depersonalization*' 같은 트라우마 반응을 보였다. 실신은 '셧다운

---

* 자신으로부터 분리된 듯하거나 자신이 낯설게 느껴지는 경험. 여기서는 나 자신이 아닌 것 같은 느낌 등이 해당된다.

shutdown' 현상*이다. 이는 압도적인 위협이나 스트레스 상황에서 교감 신경의 과각성이 한계를 넘어설 때 심리적·신체적 기능이 급격히 억제되는 상태를 말한다. 셧다운 현상이 시작되면 어지럽거나 복시 현상을 보이거나 근육에 힘이 없어진다. 우리 몸의 모든 감각 신호는 뇌의 시상으로 모아져 지각되고 해석되는데, 셧다운 현상이 있으면 입력되는 감각 자극들이 시상의 관문을 넘어서지 못한다. 그 결과, 자극은 미약하면서 멀고 비현실적인 것으로 지각된다. 이 교사가 '물속에서 얘기를 듣는 것처럼 소리가 안 들렸다'고 했던 경험이 이에 해당된다.

나르시시스트는 온순하고 말 잘 듣는 대상에게 더 편하게 공격성을 보이는 경향이 있다. 온순한 성격의 이 교사는 처음부터 나르시시스트 상사를 거스르지 못했고, 결국 그 상사에게 수년간 에코이스트가 되었다. 나르시시스트는 특유의 예측 불가능성과 지배 전략으로 에코이스트가 독립성을 발휘할 수 없게 만든다. 이에 따라 나르시시스트가 지배하는 동안 에코이스트에게는 커다란 울분이 쌓인다.

주변에, 겉으로는 친절하지만 자세히 보면 공감 능력 없는 사람이 있는가? 말도 잘하고 매력적이긴 한데, 오래가는 친구는 없는 사람이 있는가? 성적인 접촉에는 집착하는데, 장기적인 커플

---

* 부교감신경(특히 배측 미주신경)이 과도하게 활성화되면서 생기는데 무기력, 멍해짐, 감정·감각의 둔화, 반응 지연, 언어적 표현의 어려움, 몸이 굳거나 힘이 빠지는 느낌, 주변 현실로부터 단절감 등이 나타난다.

관계에는 취약한 사람이 있는가? 아이들을 보면 예뻐하지만, 양육에는 소질이 전혀 없는 사람이 있는가? 권력을 잡는 데는 재능이 있는데, 사람들을 위해 권력을 잘 사용하는 능력이 절망적일 만큼 없는 사람이 있는가? 편하게 되면 주변 사람을 무수리나 엑스트라로 만드는 사람이 있는가? 끝없는 자랑을 하고 비위를 맞춰야 해서 기가 다 빠져 나가는 에너지 뱀파이어가 있는가? 똑똑하고 능력은 있는데, 자기 뜻에 반하면 분노 조절을 못 하는 사람이 있는가?

이런 특징을 지속적으로 보인다면 나르시시스트가 아닌지 의심해 봐야 한다. 그러나 나르시시스트를 감별하고 그에 적절히 대처하기 위해서는 상당한 공부와 성찰이 필요하다.

나르시시스트의 유형

나르시시스트의 내면에는 엄청난 질투심과 수치심이 깔려 있다. 그로 인해 이들은 진심으로 감사하거나 사과할 줄 모른다. 공허함과 지루함, 정서적인 불안정성과 외로움도 이들의 특징이다. 겉모습만 보고 이들을 좋아하는 사람이 있을 수 있지만, 이들이 다른 사람과 진정으로 친밀해지기는 어렵다.

대신 이들은 권력이나 돈, 종교, 이데올로기, 명품에 쉽게 집착한다. 이런 것들을 통해 다른 사람을 조종, 통제하고 스스로를 과시하며 찬사를 즐긴다. 거짓말과 말 바꾸기, 가스라이팅도 잘하는데, 타인이 자신의 바람을 들어주지 않을 때 흔히 분노하고 복수하려 한다.

이들은 장기적인 계획보다 즉각적인 만족에 더 중점을 두는 경향이 있다. 인정과 관심 자체가 주요 목표이다 보니 거짓말을 잘할 수밖에 없다. 특히, 자신의 업적과 재능을 실제보다 더 크게 부풀리는 데 능하다. 성공, 권력, 뛰어난 재능, 아름다움, 완벽한 배우자에 대한 환상에 사로잡히고, 끊임없는 인정 욕구로 심미적으로나 직업적으로 완벽함을 추구하는 경향을 보이기도 한다. 다른 사람들을 부러워하면서도 다른 사람들이 자신을 부러워한다고 생각하는 일도 흔하다.[93]

이런 나르시시스트들도 조금씩 다른 특징을 가지고 있어서, 몇 가지 유형으로 나눠볼 수 있다. 나르시시스트를 연구하는 학자들은 그들이 보이는 정서와 행동 양상에 따라 총 다섯 가지 유형을 제시했다.[94][95][96]

첫째, 취약형 나르시시스트는 은밀한 나르시시스트라고도 불린다. 이들은 과도한 자기 중요성, 존경에 대한 욕구와 취약성, 즉 불안감, 낮은 자존감, 비판에 대한 민감성이 혼재된 특성을 띤다. 특히 집착형 애착 특성을 나타내는데, 이로 인해 끊임없이 인정을 구하려 하고 상대에게 버림받는 것을 두려워한다. 그러면서도 다른 사람과의 깊은 상호주관적 경험이 수치심을 만들어낼 것이라고 두려워하고, 타인과 정서·주의·의도를 공유하는 것을 위협으로 느낀다. 그래서 수줍음이 많고 내성적으로 보일 수도 있지만, 사실 이들은 공감에 어려움을 겪으며 수동 공격적이거나 통제적인 행동을 보이는 것이다. 평가나 비판에 취약하여 뜻대로 안 되면 자기 비하를 하거나 위축된 모습을 보일 수도 있다.

이들은 자기애적 경향을 잘 위장하기에, 자가 척도나 전문가 면담에서도 진단을 놓칠 수 있다. 어느 곳에서나 가장 쉽게 볼 수 있는 유형이다.

둘째, 공동체 나르시시트는 사회적 나르시시스트라고도 하는데, 보수 진보 할 것 없이 어느 조직에나 있을 가능성이 크다. 주로, 이타주의적으로 행동하고 친절한데 실은 사회적 지위와 존경, 통제권을 얻는 데 열중하는 사람들이다. 이들은 집단 내에서 자신의 중요성에 대해 비현실적인 견해를 가지고 있다. 자신의 이타적인 행동이 스스로를 내세우고 타인을 조종하기 위한 것임에도, 자신이 뛰어난 사회적 기술과 도덕성을 가지고 있고 매우 훌륭하거나 호감 가는 존재라고 믿는다. 실제로, 다른 나르시시스트에 비해 친사회적인 활동으로 성공도 많이 한다. 도덕적으로 쉽게 분노하고 불공평한 상황에 강하게 반응할뿐더러 커뮤니티에서도 매우 활동적이다. 그러다가 어떤 계기로 이들의 본질이 드러난다. 사실은 처음부터 일관되게 자기중심적으로 행동했는데도 조직을 위해 열심히 활동하는 사람으로 인식하다가 이를 나중에야 알아차리게 된 사람들은 "○○이 저런 사람이었어?" 하며 혼란스러워하고 충격을 받는다.

이들은 취약형 나르시시스트와 달리 자기비하적인 행동을 하는 경향은 없다. 또한 조직 활동에 열심이므로 조직 입장에서는 양날의 검 같은 존재인데, 장기적으로는 조직의 건강한 성장을 저해할 위험이 크다. 읽으면서 생각나는 인물이 있는 분들도 많을 것이다.

셋째, 독선형 나르시시스트는 함께 있기 불편한, 구제 불능의 꼰대 유형이다. 이들은 자신의 생각과 방식이 유일하게 옳다고 믿으며 타인의 의견이나 감정을 무시한다. 타인에 대한 배려나 공감은 거의 없고 자신의 주장이 무엇보다 중요하며 자신의 의견이나 계획에 맞지 않는 행동, 상황에 강한 불쾌감을 표현한다. 자신을 특별하고 뛰어난 존재라고 여기고 타인보다 우위에 있다고 생각하는 것은 물론이다. 또한 타인의 어려움이나 고통에 대해 공감하지 못하고 자신의 이익을 위해 타인을 이용하려고 든다. 주변 사람들은 이들의 잦은 비난과 무시로 인해 정서적 고통을 겪을 수밖에 없다.

이들은 자신의 주장이 무시되거나 비판을 받으면 보복 행위를 하거나, 관계를 단절할 수 있다. 어느 동네에나 한 명 이상은 있는 듯하다.

넷째, 과대형 나르시시스트는 우리가 흔히 머릿속으로 그리는 나르시시스트의 전형이다. 명백히 과시적이며 자신감과 카리스마가 있다. 언변이 좋고 불안감이 적어 매력적으로 비치기도 한다. 이들은 특권 의식이 강해 타인에게 많은 것을 요구하는 한편, 거절형 애착 특성을 나타내어 친밀한 관계를 무시하고 독립적인 행동을 하는 것으로 정서적 취약성을 방어한다. 종종 희생을 무릅쓰거나 피해자 역할을 함으로써 간접적으로 인정을 추구하는 취약형 나르시시스트와 달리, 이들은 좀 더 관심과 성취를 통해 외적 인정을 추구한다. 이들이 지위가 크게 추락하고 사람들로부터 고립되면 취약형 나르시시스트 특징을 보이기도 하는데, 그렇다고 성향 자체를 벗지는 못한다.

다섯째, 악성 나르시시스트는 나르시시스트 중 가장 멀리 해야 할 해로운 유형으로, 폭력적이고 범죄에 가까이 있다. 나르시시즘적 특성에 반사회적이고 편집적이며 가학적인 경향이 결합되어 있어 악랄하고 잔인하다. 충동적이고 무책임하며, 다른 사람에게 서슴없이 육체적·정신적 피해를 주고도 죄책감이나 후회를 느끼지 않는다. 이로 인해 사회적 기능과 일상 생활에 문제가 있기도 하지만 도리어 강인함을 인정받아 조직의 리더가 되기도 한다. 악성 나르시시스트가 리더가 되는 경우 이들의 특징인 반도덕성과 가학성, 편집성이 조직 전체에 퍼질 수 있다. 이들은 구성원을 선한 부류와 악한 부류, 지지자와 반대자로 이분화

한다. 그 결과, 구성원들은 자기 능력을 펼치지 못하고 더 수동적이고 무능력해진다.

이들은 사이코패스에 비해 실패나 비난에 취약하여 감정 기복이 있고 분노와 불안으로 반응하면서 자신의 문제 행동을 부정하고 되려 공격한다. 어느새 자신을 피해자로 만들고, 피해자는 죄지은 사람이 되곤 한다. 또한 숙달된 조종과 가스라이팅의 마술을 부리는 바람에 사람들은 고통받으면서도 계속 이들에게 속는다. 당연하게도 이들은 자기 인식이 결핍되어 있어서 다른 사람의 마음도 이해하지 못한다. 민주적 제도보다 권력에 대해 맹종하고 집단 갈등을 부추기며 폭력을 정당화하는 이들은 집단에 지나치게 동일시하면서 파시즘의 리더나 영적 나르시시스트가 되기도 한다.

현실에서 이들 유형은 상황에 따라 뒤바뀌기기도 하고, 두 가지 이상의 유형을 동시에 나타내기도 한다.

나르시시스트가 만들어지기까지

이들이 만들어지는 심리적 발달 과정에 대한 이해는 나르시시스트 자체에 대한 이해뿐 아니라 예방에도 중요한 주제다. 생후 영아는 부모의 목소리, 억양, 표정, 시선, 제스처, 터치 등 비언어적 표현의 정서적 교감을 통해 자신의 감정 상태를 '동기화motivation synchronization*'한다. 아이와 부모가 현재의 감정 상태를 공유하는 순간적 연결 능력이 발달하는 것인데, 이것이 1차 '상호주관성inter-subjectivity**'이다.

아기가 보내는 비언어적인 신호를 부모가 이해해서 그에 따라 적절한 보살핌을 제공하면 아기는 부모가 자신의 정서에 공명하고 있다는 것을 알게 된다. 아이는 엄마가 표현하는 눈빛이 자신에 대한 반응을 나타낸다는 것을 깨닫고, 자신 속에 부모에게 깊은 영향을 미치는 어떤 것들이 들어 있다는 것을 되풀이해서 발견하게 된다. 이것은 부모와 아이 모두에게 상호주관성 경험이 된다.

이런 경험은 '나는 연결되어 있다'는 기본 감각을 형성하여 안전감, 정서적 안정, 기초적 자기감을 마련하고, 초기 자기애의 토대가 된다. 이런 1차 상호주관성에 결함이 생기면 기본적 신뢰감이 부족해지고 정서 조절에 어려움이 생기며, 불안정 애착 유형이 될 수 있다.[97]

생후 9~18개월이 지나면서 아이와 부모는 외부 대상이나 사건에 대해 공동으로 주의를 기울이는 경험을 한다. 제3의 대상을

---

* 아기와 부모가 서로의 감정 상태를 비언어적 신호로 교환하고, 내적 의도와 행동을 조율하는 과정.
** 두 사람 이상이 서로의 감정, 생각, 의도와 같은 정신적 상태를 공유하고 이해하는 과정.

함께 바라보며 정서적 교감을 갖는데, 이것을 2차 상호주관성이라고 한다. 이때 아이는 엄마가 손가락으로 가리킨 방향을 따라 같은 대상을 주시하고, 낯선 상황에서 타자의 표정을 참고해 자신의 반응을 조절한다. 이를 통해, 타인의 행동 뒤에 있는 의도를 유추하는 능력이 발달한다. 의사소통이 정서 중심에서 점점 인지적·상징적 공유로까지 발전하여 사회적 인지 능력, 언어 습득 능력, 도덕성, 공감의 토대가 생겨나는 것이다. 그 결과, 2차 상호주관성이 발달하면서 다른 사람의 마음을 읽는 능력, 즉 마음 이론이 생긴다.

자기 자신과 타인의 마음에 대해 이해하는 능력은 사람마다 각자의 정신세계를 갖고 있다는 믿음에 의해 생긴다. 2차 상호주관성에 결함이 생기면 타인의 의도를 파악하는 데 어려움이 생기고 사회성 발달이 지연된다.[98]

1차 상호주관성에 결함이 생긴 나르시시스트는 자신의 감정을 느낄 수 없고, 2차 상호주관성에 결함이 생긴 나르시시스트는 타인의 마음을 느낄 수 없다.[99] 결국 충분한 상호주관성을 경험하지 못한 아이는 자기감을 형성하지 못하게 되면서 끊임없이 타인의 반응이나 인정을 통해 존재를 확인하거나 타인을 조종하여 자기애를 유지하려 애쓰게 된다.

나르시시스트가 느끼는 위험은 자신이 사랑받을 만하지 못하다는 수치심과 거절에 대한 두려움에서 나온다. 이를 보상하기 위해 외부의 인정과 과대성을 추구하고, 타인을 통해 애착 결핍으로 생긴 내적 공허를 채우려고 시도한다. 그 결과, 타인의 마음을 이해하지 못해서 공감 능력이 부족하게 되고 타인을 자기 욕구 충족을 위한 도구적 대상으로 축소한다. 자기 자신에게만 초점을 맞추게 되는 것인데, 결국 상호주관성에는 더 문제가 생긴다. 정리하면, 나르시시즘은 사랑을 충분히 받지 못하고 상호주관성 경험이 부족한 자아가 그 결핍을 '나는 특별하다'는 자기기만으로 포장하고 견뎌내는 고독한 방어 전략이라 할 수 있는 것이다.100 101

상호주관성이 결핍된 상태에서는 자기 보호를 위해 '타인은 믿을 수 없는 존재'라는 인식의 틀이 '내적 작동 모델*'에 적용되기 쉽다. 즉, 타인의 의도를 악의적·적대적으로 해석하는 것이다. 또한, 타인이 독립된 주관성을 가진 존재라는 인식이 부족하면 쉽게 내 상처를 타인에게 투사하여 조절하려는 심리적 메커니즘을 사용할 수 있다. 이런 공감 결여와 분노 조절의 실패는 신체나 언어 폭력으로 이어지기도 한다.

상호주관성이 결여된 사람은 다양성과 다원성을 감당하지 못하고 '절대적 권위자'를 통해 이것을 해결하려 한다. 상호주관성

---

* 자기와 타인 그리고 이들 간의 관계가 어떻게 작동하는지 내면화된 인지적·정서적 표상. 어린 시절 주 양육자와의 상호작용 경험이 원형으로 자리잡아 이후 타인과 관계를 맺을 때의 기대, 감정 반응, 해석, 행동 양식에 영향을 미친다.

결핍으로 집단적 동일시와 권위주의자에 대한 복종에 빠지면 파시즘이 될 수 있다. '세계는 이해할 수 없고, 누군가 세상을 조종한다'는 불안정한 내적 작동 모델은 권위주의자의 음모론에 쉽게 영향받는다.

만약 한쪽 혹은 양쪽 부모가 나르시시스트라면 자녀는 어떤 사람으로 자라나기 쉬울까? 우선, 자연히 나르시시스트 자녀가 만들어질 가능성이 커진다. 상호주관적인 경험을 제공하지 않는 냉담한 부모의 관심을 끌기 위해서, 아이는 본능적으로 인정받기 위해 더 많이 노력하게 된다. 나르시시스트 부모의 사랑은 아이가 잘해서 부모를 빛내줄 때에야 비로소 건네주는 조건적인 사랑이다. 따라서 나르시시스트 부모는 자녀를 조종하고 통제하여 죄책감이나 부채감을 느끼게 만드는데, 이런 끊임없는 비판, 평가절하, 정서적 방치는 아이의 자존감에 심각한 영향을 미쳐서 아이가 스스로를 의심하고 우유부단하게 행동하도록 만든다. 결국 이런 아이는 다른 사람에게 자신의 감정을 털어놓지 않는 사람이 된다.

여기까지 읽으면서, 자신의 부모 중 한쪽 혹은 양쪽 모두가 나르시시스트였다는 것을 알게 된 사람도 있을 것이다. 자신의 감정 세계를 이해하는 계기가 되었으면 한다. 나르시시스트 부모 역시 그런 양육 과정을 거친 자녀였다는 점도 염두에 둘 필요가 있겠다.

전문가들은 나르시시스트 부모의 아이들이 '희생양scapegoat' '골든 차일드golden child' '투명 아동invisible child' '진실을 말하는 아이truth teller' 중 하나 혹은 둘이 된다는 것을 발견했다.[102][103][104][105]

우선, '희생양'은 나르시시스트 부모의 주요 타깃으로 모든 가족 문제와 부정적인 행동에 대해 비난과 문제아 취급을 받는 자녀다. '골든 차일드'는 나르시시스트 부모의 자기애를 채워주는 완벽한 아이로 여겨져 칭찬과 보상을 받으며 높은 기대와 사랑을 받는 자녀다. 이들은 희생양 아이를 보며 부모의 기대에 부응해야 한다는 압박감을 느끼고 정서적·신체적 학대를 경험할 수 있다. '투명 아동'은 방치되고 잊힌 아이로 종종 가족에서 자기 자리가 없다고 느끼는 자녀다. '진실을 말하는 아이'는 문제에 대해 말하거나 진실을 지적함으로써 가족의 역기능을 인식하고 해결하려고 시도하지만 배척당하고 처벌받으면서 희생양이 될 위험이 있다. 자신의 부모가 나르시시스트였다고 느끼는 사람들은 자신과 형제들이 이 중에서 어떤 존재로 컸는지 생각해 볼 것이다. 이들 모두 상호주관성 경험이 부족하다는 공통점이 있을 수 있겠다.

부모가 나르시시스트가 아니더라도 나르시시즘은 발달할 수 있다. 특히 안전감과 나르시시즘 사이에는 강한 연관 관계가 있다. 어린 시절의 방치, 학대, 심각한 비난 같은 트라우마는 안전감과 자존감에 큰 영향을 미친다. 이런 경험을 한 아이는 취약성과 수치심에 대처하기 위해 나르시시즘을 포함한 보상 메커니즘을 생존 전략으로 택할 수 있다.[106] 자신이 불안하거나 우울한 부모는 아이의 내적인 경험에 관심을 갖기 힘들다. 중독이 있거나 부부 갈등이 심하거나, 부채나 가난, 질병, 과로에 시달려도 상호주관성을 제대로 제공하지 못한다.[107]

이미 느낀 이들도 있겠지만, 여기에 나르시시즘에 대한 인간적인 연민의 틈새가 있다. 나르시시스트의 과거를 자세히 알고 보면 그들에게는 각기 애처로운 사연이 있다. 게다가 나르시시즘은 여러 세대에 걸쳐 지속될 수 있어 직계 자녀뿐만 아니라 미래의 자손에게도 영향을 미칠 수 있다.

상대적으로 적지만 나르시시스트의 자녀 중 공감 능력이 뛰어나고 배려심 깊은 아이가 생기기도 한다. 부모의 문제를 깨닫고 좋은 어른을 만나 친밀한 관계를 이루면서 충분한 상호주관성을 경험한 아이는 서서히 안정 애착으로 변해가면서 회복 탄력적인 사람으로 자라날 수 있다. 그것을 가능하게 하는 어른의 역할을 누군가가 혹은 사회가 할 수 있다면 그것은 분명 고귀하고 고마운 일일 것이다.

충분한 상호주관성을 경험하고 자라난 건강한 나르시시즘은 겸손하고 다정하며 자존감이 높다. 상호 호혜성과 상호 존중을 기반으로 자신뿐만 아니라 다른 사람도 행복하게 한다. 이를 이루어낸 사람은 성취를 추구하고 즐길 수 있는 능력을 지니게 되며, 감정을 온전하게 느끼고 타인의 삶을 정서적으로 공유할 수 있다.[108] 상호주관성을 유지하고 갈등이 생겼을 때 회복할 수 있는 능력이 중요한 이유는 그것이 소통하고 공감하고 협력하고 연대하는 능력, 사회적 문제 해결 능력의 기초이기 때문이다. 이는 민주주의 사회를 가능하게 하는 필수 능력이기도 하다.

완전히 피할 수 없다면

하나 알아야 할 것은 자기애적 성격 장애는 궁극적으로 정신건강 문제라는 사실이다. 그러나 이 문제를 가진 이들은 정신건강 전문가에게 오지 않는다. 이들의 피해자만 줄줄이 상담센터나 진료실을 찾는다. 이것이 현실적인 어려움이다.

자기애적 성격 장애는 인생 초기 건강한 애정의 결핍과 역경에 대한 생존 전략의 결과물이다. 그런 점에서 나르시시스트는 피해자이자 가해자라 할 수 있다. 이들을 의미 있는 수준으로 상담하는 데는 많은 시간과 에너지가 든다. 전문적으로 도움받을 수 있는 상담 자원도 부족하다. 거기에 당사자가 문제를 부인하고 도움을 거절하면 변화는 더 어렵다.

때문에 우선 현실적으로 고민해 볼 수 있는 것은 우리 자신을 나르시시스트로부터 보호하는 방법이다. 가장 좋은 것은 이들과

적절한 거리를 두는 것이다. 시인 랄프 왈도 에머슨은 우리의 선량함에는 반드시 '가시'가 있어야 하며, 그것이 없으면 선량함은 없는 것이나 마찬가지라고 했다.[109] 가시 없는 선량함이란 무기력한 착함을 의미한다. 단지 '좋은 사람'으로 보이려다가는 도리어 먹잇감이 될 수 있으며, 결국 선량함 자체를 발휘하지 못하게 된다는 말이다. 가시를 가진 선량함만이 자기 경계를 지키면서 스스로를 방어하고 부당함에 저항하게 하며 진정한 이타적 행동을 가능하게 한다는 사실을 잊어선 안 된다.

이들을 완전히 피할 수 없다면 행동 원칙을 정하자. 유창한 말솜씨와 유머, 신체적 매력, 호감을 주는 인상을 가진 데다 성공적으로 보이는 그들을 접하면서, 우리는 마음을 빼앗길 수 있다. 이때 정신 차리고 그들이 상호주관성이 있는 사람인지 자신의 욕구를 충족하는 데 초점이 맞춰진 사람인지 잘 관찰하자. 그들이 나르시시스트가 맞다면 인정 욕구를 충족시켜 주지 말자. 나르시시스트에게 칭찬, 시간, 관심을 주지 말고, 그들의 정서적 호구, 에코이스트가 되는 것을 거부하자. 그러면 그들은 관심을 잃고 다른 대상을 찾을 것이다.

시작이 중요하다. 하나를 주는 순간, 바로 그들의 다음 수가 들어온다. 그들의 질투심을 자극하지 말자. 나르시시스트가 질투하는 것을 완전히 막을 수는 없지만 그들과 의도적으로 경쟁하거나 우위를 점하기 위한 행동은 피하는 것이 현명하다. 그렇지 않으면 나르시스트의 표적이 될 수 있다.

나르시스트와 어울리지 않으려고 일부러 흥미 없고 지루한 사람으로 보이려는 것을 '그레이 로킹gray-rocking'이라고 하는데, 이것도 효과적인 전략이 될 수 있다. 그들은 우리의 개인 정보를 자기 목적에 따라 이용할 수 있으므로, 무언가 도와주겠다고 먼저 제안하지 않는 것이 좋다. 도와주는 순간 앞으로 더 큰 부탁을 받을 가능성이 크다. 상호주관성이 가능한 보통의 사람들과 잘 지내고 연대하자. 세상에는 건강한 나르시시즘을 가진 더 좋은 사람들이 많다.

나르시스트의 고질적인 특성에도 불구하고, 그들과 담을 쌓고 자기 보호에만 집중하는 것이 우리 모두에게 최선일까를 여러모로 고민하게 된다. 최근 나르시스트가 바뀔 수 있는지에 대한 여러 연구는 같은 결론을 보여주고 있다. 배려심과 동정심을 갖도록 격려하면 나르시시즘을 줄일 수 있다는 것이다. 보다 장기간으로 추적 관찰한 연구들이 필요하지만 이런 연구 결과들은 과잉 경쟁 교육과 권위주의적 문화를 개선하고 배려심과 동정심을 격려하는 상호주관적 경험을 늘려간다면 사회적으로 나르시시즘 발현이 줄어들 수 있다는 힌트를 주고 있다.

이 장의 사례에 등장했던 상사들이 더 큰 성공을 이루어 더 중요한 자리에서 우리들의 정치적·사회적 리더가 된다고 가정해보자. 12·3 계엄은 그것이 우리에게 어떤 의미인지, 그것을 예방하기 위해서 무엇을 해야 하는지 고민하라고 말해주고 있다. 이미 세상의 많은 리더 자리는 그런 사람들이 차지하고 있다. 다음 장에서 그 리더들에 대해 본격적으로 다루어보려 한다.

2부

과거가
우리를
돕는다

7장
정치인 나르시시스트와 영적 나르시시스트

> "인간이란 잘 대해주거나 아니면 끝장을 내야 한다.
> 인간은 작은 피해에 대해서는 복수를 하지만
> 큰 피해에 대해서는 복수를 하지 못하기 때문이다."
>
> 정치철학자 니콜로 마키아벨리 Niccolò Machiavelli

권력은 나르시시스트의 치트 키

사람들은 왜 서로 권력을 가지려고 경쟁할까? 우리는 사회적 위치가 높은 사람이나, 돈이 아주 많은 사람, 올림픽 금메달리스트처럼 치열한 경쟁의 승리자를 대면할 때 친절해지는 경향이 있다. 실제로 그런 사람을 만날 때 우리의 뇌가 다르게 반응한다는 것을 증명한 연구 결과도 많다.[1] 우리 뇌의 해마는 공간 정보를 처리할 때처럼 사람을 저장할 때 중요도에 따라 관계의 지도를 그려 저장한다. '관계의 거리social distance, rank distance'와 '사회적 위계hierarchy'가 뇌의 '인지 지도cognitive mapping'에 반영되는데, 이때 권력 혹은 순위 정보가 강조된다. 우리의 뇌도 그들의 '영향력'을

공증해 주고 있다 하겠다.[2]

물론 자기과시보다는 공익적 가치에 헌신하기 위해서 권력자가 되려는 사람들도 많다. 동시에 겉으로는 가치를 말하지만 과도한 자기애로 권력자가 되려는 이들도 많다.

1971년 사회심리학자 필립 짐바르도Phillip Zimbardo는 그 유명한 스탠퍼드 교도소 실험을 했다. 그 결과, 참가자들의 역할을 임의로 나누어 진행한 죄수-간수 관계 실험에서 학대 행위가 만연했고, 이것은 인간의 파괴적인 본성과 '악의 평범성'을 설명한 유명한 실험이 됐다.[3]

그런데 악의 평범성을 다르게 설명해 볼 수 있는 매우 의미 있는 후속 실험이 있었다. 2007년 웨스턴켄터키대학교 연구진은 '감옥 생활에 관한 심리학 연구'와 '심리학 연구'라는 두 가지 서로 다른 제목으로 서로 다른 대학가에 실험 참가자 모집 광고를 붙였다. '감옥 생활'이라는 단어가 붙은 모집에 지원한 사람은 그냥 '심리학 연구'에 지원한 사람에 비해 유의미하게 높은 공격성, 권위주의, 권모술수주의, 자기도취, 사회 지배성을 보였고 유의미하게 낮은 기질적 연민, 낮은 이타성을 보였다. '감옥 생활'이라는 단어가 사용된 모집 광고가 평균적인 사람들보다 더 힘과 권력을 지향하는 사람들을 불러들인 것이다.[4]

권력은 악한 사람을 더 끌어당기는 자석과 같다. 권력자가 되고자 모이는 집단은 평균적인 집단에 비해 앞서 지적한 어둠의 3요소(나르시시즘, 사이코패스, 마키아벨리즘)를 가진 사람의 비중이 확연히 더 높다. 농구부를 모집하면 평균보다 신장이 큰 사람이 더 많이 지원하듯이, 권력자의 자리에는 나르시스트가 더 많이 지원하는 것이다.[5] 우선, 이 사실을 염두에 두자.

그렇다면, 우리는 어떤 리더를 선호할까? 사람들은 지도자를 선택할 때 충분히 합리적일까? 2008년 스위스의 한 연구진은 어린이 681명을 모집해서 실험을 진행했다. 낯선 두 얼굴을 제시하고 '배를 효과적으로 이끌 좋은 선장'으로 보이는 사람을 선택하는 실험이었다. 두 얼굴은 실제로 지난 프랑스 총선에서 당선된 사람과 2위를 한 사람의 얼굴이었다. 아이들 중 71퍼센트가 당선자의 얼굴을 골랐다. 성인을 대상으로도 같은 실험을 했는데 거의 똑같은 결과가 나왔다.[6]

우리의 뇌는 아직 석기 시대에 어울릴 만한 강한 리더를 무의식적으로 선호한다. 사람들은 카멀라 해리스Kamala Harris보다는 도널드 트럼프Donald Trump를, 이재명보다는 윤석열을 더 많이 지지했다. 정치인 선택의 이유를 한 가지만으로 환원할 수는 없지만 '강한 리더'를 무의식적으로 선호하는 성향 역시 그중 한 요인으로 작용하는 것은 틀림없어 보인다. 그러나 그것은 현대 사회에 맞지 않는 리더에게 권력을 주는 결과를 초래한다.

웃통을 벗고 말을 탄 러시아 대통령 블라디미르 푸틴Vladimir Putin, 백마를 탄 북한의 최고지도자 김정은의 사진을 한번 찾아보라. 트럼프는 그들을 좋아하고 그들과 닮아 있다. 우리 뇌의 오래된 선호도를 무시한다면 이들은 현대 사회와 석기 시대 중 어느 사회에 더 어울리는 지도자일까?

살다 보면 '그러지 않았는데, 권력 맛을 보더니 사람이 바뀌었다'라는 식의 이야기들을 꽤 듣게 된다. 미국의 제16대 대통령 에이브러햄 링컨Abraham Lincoln이 "한 사람의 인간성을 시험하려면 그에게 권력을 주어보라"라고 한 것도 이와 같은 맥락일 것이다. 실제로 유니버시티칼리지런던UCL 국제정치학과 부교수 브라이언 클라스Brian Klaas는 자신의 저서 《권력의 심리학Corruptible》에서 더 많은 권력을 가지고 더 오래 권력자의 위치에 있을수록 공감 능력이 적어지고 '대인 조망 능력interpersonal perspective-taking*'이 줄어드는 경향이 있다는 연구 결과들을 소개했다.[7]

권력자가 되고 나면 자신이 중요한 인물이라는 느낌과 특권 의식이 생기면서 자기 확신이 커진다. 자기 실수에 둔감해지고 합리화 경향이 증가해 선을 넘는 행동까지 스스로 허용하면서 윤리적인 문제가 불거지기 쉬워진다. 한편 선거를 앞둔 정치인이나 조직 내 지지를 확보하려는 리더와 같이 권력이 불안정한 이들의 경우, 타인의 감정이나 여론에 더 민감해지기도 한다.[8]

이 연구들은 권력이 자기애를 키우고 공감 능력을 떨어뜨릴 수 있다는 것을 시사한다. 권력은 자기애를 만족시키는 최고의

---

* 다른 사람의 생각, 감정, 신념, 욕구, 의도 등을 이해하고 예측하는 능력.

수단이다. 나르시시스트 리더는 권력의 위대함에 대한 환상을 키우고, 과대한 자기와 권력이 서로를 강화한다. 따라서 현실의 필요보다 자기애를 권력 행동의 기준으로 삼는다. 권력은 자기 도취적이고 독선적이며 의심 많고 예측 불가능한 인간을 만들어 내고, 더 큰 권력욕을 불러일으킨다.

정치인 나르시시스트는 그들의 특기인 조종과 통제 능력을 발휘해 사람들의 지지를 얻고, 경쟁자나 반대자에게 손상을 입히기 위해 사실을 조작하거나 선동한다. 그들의 이런 전략은 '우리'와 '그들'의 내집단 구도를 강화해 정치적 양극화와 권위주의를 낳는다. 그래서 우리는 큰 권력자가 되고자 나서는 후보들이 작은 권력을 가지고 있던 시절 실제로 어떻게 권력을 사용했는지 잘 살펴보아야 한다. 그렇지 않으면 뒤늦게 나르시시스트 정치인이 부리는 노련하고 드센 지배의 마법과 힘겨운 씨름을 해야 할지 모른다.

나르시시스트가 왕국을 만드는 법

강력한 나르시시스트 리더 주위에는 항상 그를 따르는 측근이 있다. 나르시시스트가 측근을 대하는 방식은 민주적인 리더의 방식과 한참 다르다. 나르시시스트 연예인의 팬클럽, 영적 나르시시스트가 이끄는 종교 집단, 정치인 나르시시스트와 그들의 측근이 만들어내는 관계는 아주 특별하다. 주위를 돌아보면 이런 관계의 역동이 있는 나르시시스트 왕국을 어딘가에서 발견할 수 있을 것이다.

그들을 이해하기 위해서는 우선 나르시시스트의 조력자, 즉 '인에이블러enabler'가 어떤 존재인지 알아야 한다. 인에이블러는 나르시시스트 리더가 리더로서 지배력을 유지할 수 있도록 돕는 자들을 말한다.9

나르시시스트는 자존감 회복을 위한 외부의 인정과 찬사에 중독된 상태이므로 이 중독 행동을 지속하기 위해 조력자들을 끌어들인다. 나르시시스트와 조력자의 이와 같은 관계를 '공동 의존codependence' 관계라고 부른다. 이는 본래 중독 행동을 지속하도록 돕는 조력자와 중독자가 이루는 관계를 지칭하는 말이다.

예를 들어, 알코올 중독자가 매일 술을 마시고 건강과 직업 기능이 다 무너지고 있는데도 아내가 직장에 전화해서 대신 변명해 주고, 가족과 이웃에게도 괜찮다고만 하면서 남편의 중독 행동을 감추어준다고 생각해 보자. 이런 경우, 아내가 남편과 함께 술을 마시는 것은 아니나 알코올 중독자 남편이 자기 파괴적인 행동을 지속할 수 있도록 지원하는 역기능을 하고 있으므로 아내가 공동 의존되어 있다고 표현한다. 나르시시스트의 인정 중독과 과도한 자기애를 옆에서 지지하고 수습하는 조력자도 비슷한 역기능을 하고 있으므로 이렇게 표현하는 것이다.

나르시시스트는 누가 자신의 조력자가 될 만한 사람인지를 잘 알아본다. 조력자가 될 만한 사람은 타인과의 경계 설정이 모호하고 자존감이 낮으며 자기주장이나 거절을 어려워하는 외로운 사람들이다. 학대 경험이 있거나 애착 트라우마가 있는 이들도 조력자로 걸려들기 쉽다. 나르시시스트가 통제하기 쉽기 때문이다.[10]

이 정도만 설명해도 떠오르는 사람들이 있을 것이다. 여느 조직에서도 나르시시스트 리더와 핵심 추종자들의 유대를 쉽게 찾아볼 수 있다. 나르시시스트는 조력자들을 특별한 애정 표현이나 칭찬, 분노나 수치심 혹은 죄책감 유발, 학대, 가스라이팅 등으로 조종한다. 조력자는 나르시시스트의 측근으로 있으면서 일시적으로 나르시시스트가 소중히 여겨주는 경험을 하게 되는데, 특히 연애 초기의 나르시시스트는 로맨틱한 사랑을 폭탄처럼 퍼붓기도 한다. 또한 조력자들은 매력적이거나 성공적인 삶을 사는 듯 보이는 나르시시스트를 곁에 둠으로써 자신도 실제보다 더 성공적이고 중요한 사람인 것처럼 느낀다.

그 결과, 조력자들은 나르시시스트의 경비원, 공격견, 수습 요원, 응원단, 청소부 등의 역할을 한다. 나르시시스트가 타인의 인정에 중독되어 있다면 조력자는 나르시시스트에 빠진 중독자라 할 수 있다. 이들이 나르시시스트를 사랑하면서 겪는 감정의 극심한 기복은 여느 중독자의 감정 기복과 비슷하다. 이들은 자신보다 나르시시스트를 우선하며, 사심을 가지지 않고 자기희생적으로 행동한다. 또한 누군가가 예민한 나르시시스트에게 실망을 주거나 이들을 화나게 할까 봐 마음 졸인다. 여기까지의 설명에, 좀 더 구체적으로 떠오르는 대상이 적지 않을 것이다.

사이비 종교나 극단주의 집단에서도 나르시시스트 리더와 조력자들을 쉽게 찾을 수 있다. 조력자는 나르시시스트의 잘못이 있어도 그것을 부인하거나 합리화하거나 축소하고 다른 사람에게 책임을 전가한다. 또한 나르시시스트의 행동을 모방하여 가스라이팅, 강압, 삼각관계*, 투사와 같은 전략을 타인에게 사용한다. 이로써 나르시시스트의 분노로부터 자신을 보호하고, 이익을 추구한다.

조력자들은 경계가 건강하게 서 있는 독립적인 관계보다 의존적인 관계를 더 안전하다고 느낀다. 조력자가 나르시시스트의 배우자이거나 경제적·사회적·정치적으로 나르시시스트에게 의존하고 있다면 더 그렇다. 나르시시스트들이 복수를 잘하는 것을 알기 때문에 보복이 두려워서 독립하지 못하는 경향도 있다. 물론 어떤 조력자는 환멸을 느껴 나르시시스트를 떠나기도 한다. 영적 나르시시스트가 이끄는 종교에 한참 빠졌다가 많

---

* 두 사람 간의 직접적 관계가 불안정할 때, 제3자를 끌어들여 균형을 맞추거나 권력을 강화하려는 나르시시스트의 전략.

은 상처와 손해를 입고 나서야 벗어나는 사람들이 그런 예다. 그런가 하면 힘들게 떠났음에도 나르시시스트에 중독되어 독립적인 삶을 지속하지 못하고 다시 돌아오는 사람도 있다.[11]

이쯤에서 점점 '악'의 그림자가 느껴질 것이다. 나르시시스트는 일단 상대방이 마음을 열고 자신을 신뢰하는 조력자가 되었다는 것을 확인하면, 대개 애정을 주지 않고 차갑게 대하거나 폭력적인 전술을 사용한다. 그럴 때 조력자는 나르시시스트와 이른바 '트라우마 본딩trauma bonding'을 형성할 수 있다. 이는 학대받는 사람이 학대하는 사람에게 갖는 깊은 정서적 애착과 충성심을 말한다. 일단 이것이 형성되면 조력자는 나르시시스트의 학대를 받으면서도 사랑과 신뢰를 되찾으려고 필사적으로 노력한다. 조력자를 상대하는 것은 나르시시스트를 상대하는 것만큼이나 어렵다. 곁에서 보면 무엇 때문에 저러고 있나, 왜 저렇게까지 하나 쉽게 이해가 되지 않는다.[12][13]

여기서 은밀한 나르시시스트와 과대적 나르시시스트의 헝거 게임을 들여다보자. 이는 권력 집단이나 권력 투쟁에서 잘 일어나는 현상이지만, 여느 조직에서도 쉽게 볼 수 있는 현상이다. 이들의 각축전을 어느 정도 읽어낼 수 있는 수준이라면, 나르시시스트에 대해 상당한 이해력을 가진 사람이라 할 수 있겠다.

은밀한 나르시시스트는 과대적 나르시시스트의 조력자가 되어 공동 의존 관계가 될 수 있는데, 그 둘은 유리한 관계 설정을 위해 조종, 통제의 각축전을 벌인다. 은밀한 나르시시스트는 과대적 나르시시스트를 비밀스럽게 조종하여 그들의 인정을 구하기도 하고, 자신의 이익을 위해 교묘하게 그들을 약화할 수 있다. 은밀한 나르시시스트는 목표를 달성하기 위해 좀 더 내성적이고 수동 공격적인 전술을 사용한다. 과대적 나르시시스트에게 겉으로는 도전하지 않지만, 미묘하게 그들을 방해하거나 감정적 혼란을 일으킨다. 이를테면 죄책감, 가스라이팅 및 기타 조작 전술을 사용하여 그들을 통제하고 피해자로서의 지위도 유지한다. 과대적 나르시시스트로부터 피해당할 때 받는 사람들의 관심에 은근히 만족하기도 한다. 가진 자원과 연합 세력, 조종 기술에 따라 이들끼리의 지배 게임은 계속된다.[14] 이들의 아킬레스건은 수치심과 상호주관성 결핍이고, 이들이 추구하는 것은 가치와 우정보다는 권력과 재력을 통한 외적 인정과 세속적 성공이다. '악'의 그림자는 이런 지배와 공동 의존의 관계 속에서 일상에 드리워진다.

나르시시스트 리더와 조력자 외의 나머지 조직 구성원들은 어떤 존재가 될까. 나르시시스트 리더 하에 있는 조직 구성원들은 대개 정서적으로 억압되고 권력 중심적이며 분열적인 문화를 갖는다. 구성원들은 앞서 설명한 나르시시스트 부모의 자녀와 비슷하게 골든 차일드, 희생양, 투명 인간, 진실을 말하는 사람 중 하나 혹은 둘이 되기 쉽다.

영적 나르시시스트와 마주친 오월 어머니

사업을 했던 고 기종도 님은 출장을 갔다가 1980년 5월 18일 광주로 돌아왔다. 돌아온 광주의 상황은 말할 수 없이 처참했다. 죽고 다치는 사람이 너무 많았다. 그는 부상자를 실어 나르는 일을 맡았다. 그러다 5월 27일 도청 최후 진압 때 시체 밑에 숨어 있다가 청소부로 가장하고 뒷문으로 빠져나가서 부산으로 피신했다. 그의 활동을 알아낸 당국은 그의 행방을 찾느라 아내 박유덕 님을 잡아다가 보안대에서 고문했다. 홀로 잡혀간 박유덕 님은 너무 무섭고 고통스러웠다.

기종도 님은 6월 12일 부산에서 헌병대에 잡혔다. 그곳에서 투망에 넣어 강물에 빠뜨리는 등 갖은 고문을 당했다. 군사 재판을 받고 형을 살다 나왔는데, 함께 당했던 사람들과 5·18의 진실을 알리려고 횃불회 모임을 갖고 활동하게 되었다. 그러다가 한밤중에 들이닥친 형사들에 의해 다시 끌려갔다. 모임을 했던 열몇 명이 모두 다 붙잡혔고, 고춧가루, 물고문을 비롯해 온갖 고문을 당했다. 동지들은 결국 죽거나 정신이 온전치 못하게 되거나 장애인이 되었다.

기종도 님은 이전 고문에서 회복하지도 못한 몸으로 또 고문을 당했다. 형사들은 그를 고문하다 상태가 안 좋아지면 개인병원에 데려가 치료한 다음 다시 데려와 고문하곤 했다. 어느 날 개인병원에서 죽게 생겼다고 큰 병원에 가보라고 하자, 형사들은 그를 전남대병원으로 옮겼다. 저녁 늦게 수술에 들어간 그는 맞아서 간도 쓸개도 다 물러터진 상태였고, 아내에게 "가진 것이 아무것도 없어 너무 미안하다. 애들 넷을 어떻게 키울 것이냐"라며 눈물을 흘리다 눈도 못 감고 수술 후 며칠 만에 운명했다.

지인들은 그가 너무 억울하게 고통받고 죽었다면서 탄원서도 내고 호소문도 썼다. 박유덕 님은 다시 경찰서에 끌려가 탄원서를 써준 사람들을 대라는 형사들에게 밤마다 시달렸다. 그들이 끌려오면 남편처럼 고통당할 것이라 생각해 끝내 말하지 않았다. 이후 박유덕 님은 PTSD에 시달렸고, 유족회 활동을 하고 교회에서 예배를 드리며 오늘날까지 버텼다.

이런 경험을 한 박유덕 님에게 국내 한 대형 교회의 목사가 5·18 북한군 개입설을 주장한 것을 비롯해 여러 차례 5·18을 왜곡한 일은 엄청난 분노를 일으켰다. 그 목사는 어느 집회에서 대한민국이 자신을 중심으로 돌아가게 되어 있다느니, 하나님도 자신에게 까불면 죽는다느니 하는 등의 발언을 한 바 있다.[15] 수십 년간 하나님에게 기도하고 의지하며 트라우마를 버텨온 박유덕 님은 5·18을 왜곡하고 하나님을 모욕하는 그가 목사도 아니라고 생각했다.

어느 날 서울 집회에 갔다가 광화문에서 그 목사와 마주쳤다. 누구한테 소리 한 번 안 지르고 살아온 온순한 박유덕 님은 그날

생전 처음으로 남의 면전에 대고 자기도 모르게 악을 썼다.

"목사가 되어 갖고! 니가 하나님이여? 니가 하나님이여?!"

그 목사는 영적 나르시시스트일까? 영적 나르시시스트는 공동체 나르시시스트와 악성 나르시시스트가 결합된 유형으로, 영성을 조종과 통제의 도구로 사용하는 사람들을 말한다. 이는 공인 라이프코치 카미니 우드Kamini Wood가 정의한 개념이다.[16]

이들은 힘과 통제력, 존경을 얻기 위해 자신이 고도로 영적이거나 깨달음을 얻은 사람이라고 주장한다. 이를 근거로 자신이 리더라는 것을 정당화하고, 사람들을 조종하고 학대할 자격이 있는 것처럼 행세한다. 공감 부족과 과대성 같은 나르시시스트의 특성을 고스란히 지니는 것이다.

이들은 자신이 실수를 할 리 없으며 깨달음으로 가는 완벽한 길을 찾았다고 자부한다. 따라서, 다른 사람이 자신과 다른 믿음을 갖는 것을 허용하지 않는다. 오직 천상의 계시를 받은 자신만이 경전의 진정한 의미를 안다고 주장한다. 하지만 실제로는 자신의 이익을 위해 경전과 가르침을 왜곡하는 것에 불과하다. 이들은 자신의 신념에 대한 경쟁이나 도전 앞에서 엄청난 격노를 보이는 자기애적 분노에 빠지기도 한다. 그러나 이들의 왕국도 조력자나 의존적인 상대가 있어야 가능하다.

유일신 근본주의와 정치적 극단주의가 결합하면

 2025년 1월 18일 광화문 집회에서 그 목사는 집회 참가자들에게 오늘 내로 윤석열 대통령을 찾아와야 한다고 했다. 그 후 시위 행렬이 다시 모인 서부지방법원 앞에서 그는 만약에 오늘 판사가 영장을 기각하면 서울구치소에 가서 대통령을 모시고 나와야 한다고 다시 말했다.[17][18] 다음날인 1월 19일 오전 3시 윤석열 전 대통령의 구속영장이 발부되었고, 곧바로 서부지방법원 폭동이 일어났다. 서부지방법원 폭동 사건의 핵심 피의자 중에는 이 교회의 특임 전도사 두 명이 포함되어 있었다.

 그 목사는 당시 야당 대표 이재명을 악마화하며 그를 '사탄의 포로'라고 지칭했다. 이미 2024년 4월에도 자신과 함께 순교하자며 순교가 인생 최대의 축복이라고 말하기도 했다. 이런 말은 추종자들에게 어떤 영향을 미쳤을까? 이재명 대표를 습격했던 테러범 김 씨가 작성한 변명문에는 기독교 주도의 자유 마을과 기독교 순교 정신과 같은, 그 목사가 평소 강조해 왔던 단어들이 쓰여 있었다. 그 목사는 2019년부터 순교자를 모아 청와대 진입을 시도하겠다며 '순국결사대'를 만들어 모집해 왔다.[19]

 순국결사대는 지금까지 명맥을 이어오고 있다. 개중에는 유서를 쓴 사람도 있었다.[20] 서부지법 폭동 피의자 중에도 순국결사대 소속이 있었다. 실제로, 윤석열 전 대통령이 체포되던 2025년

1월 15일 공수처 인근에서 순국결사대 한 사람이 분신해 숨졌다.[21] 3월 7일 낮 12시쯤에는 서울시청 인근에서 80대 남성이 유인물을 뿌리고 분신을 시도했다. 유인물에는 '종북 세력에 의해 우리나라가 공산주의 국가가 될 위험에 처했다. 나라의 미래가 없고 교회도 없어질 것이니 생각 있는 백성들은 죽을 각오로 맞서자' '대한민국 만세, 윤석열 대통령 만세' 등의 내용이 씌어 있었다.[22] 그 목사는 분신 자살이 일어난 뒤인 2025년 1월 16일 라이브 방송에서 자신이 죽을 기회를 줄 것이라며 효과 있는 죽음을 언급하기도 했다.*[23]

그가 정말 죽음을 유도했던 것이 아니라 그저 신앙의 결의를 강조한 것뿐이라면 순국결사대를 모집하고 순교를 독려해 온 목회자로서, 이미 숨진 분이나 위독한 분과 그들의 가족, 순교를 다짐하고 있는 추종자들에게 리더로서 더 책임 있는 말과 행동을 해야 하지 않았을까? 이것이 우리 모두에게 얼마나 큰일이었는가? 그가 영적 나르시시스트가 아닌 공감 능력과 책임감 있는 지도자라면 그랬어야 마땅해 보인다.

2020년 '한국 종교계 문제점'에 관한 엠브레인 트렌드 모니터의 설문 결과[25]에서는 종교계 자체에 부정부패가 많다는 비종교인의 답변이 68퍼센트, 종교계의 집단 이기주의가 심하다는 비

---

* 이후 해당 발언으로 논란이 커지자, 그는 그것이 윤석열 전 대통령 탄핵에 분노한 국민들이 자신에게 극단적 선택을 의미하는 문자 메시지를 보내고 있어, 이런 현실에 대한 경각심을 드러내고자 한 것이라 해명했다.[24]

종교인의 답변이 59퍼센트로 나타났다. 또 불교 신자에 대해서는 '온화한(40.9퍼센트)' '절제하는(32퍼센트)' '따뜻한(29.65퍼센트)' '윤리적인(23퍼센트)' 등에 해당한다고 답한 반면 개신교 신자에 대해서는 '거리를 두고 싶은(32.2퍼센트)' '이중적인(30.3퍼센트)' '사기꾼 같은(29.1퍼센트)' 등으로 답했다.

무엇이 이런 답변에 영향을 미쳤을지를 분석하는 것은 우리나라 종교와 사회에 대해 다면적인 검토가 필요한 긴 이야기므로 논외로 하겠다. 다만 민주주의를 위협하거나 타인에게 큰 고통을 가하는 종교적 특징이나 현상에 대해서는 한번 짚어볼 필요가 있어 보인다.

유일신 종교는 선과 악 같은 흑백논리에 익숙하고 다원성과 상대주의에 취약하다.[26] 절대적인 유일신을 믿기에 나의 종교적 신념이 옳고, 다른 생각은 틀렸다는 믿음을 갖기 쉽기 때문이다. 같은 이유로 천문학, 생물학, 진화론, 의학 같은 다양한 과학적 진보를 부정하면서 교리에 어긋나는 내용을 교과서에서 삭제해달라고 요구하는 일도 있었다.

유일신 근본주의는 유일한 진리와 구원 경로를 자신들이 독점한다고 주장한다. 이런 독점적 진리관은 집단 정체성을 강화하고, 다른 집단과의 차별을 절대화한다. 이것은 집단 나르시시즘colletive narcissism의 핵심인 '우리 집단이 특별하다'는 과도한 자기애적 믿음과 통하기 쉽다. 선택받은 존재라는 선민 의식이 자기 집단에 대한 과도한 자부심과 외집단에 대한 배타성으로 이어질 수 있는 것이다.[27] 특히, 종말론적 사고는 역사와 세계가 '우리 집단의 승리'로 귀결될 것이라는 내러티브를 제공한다. 이런 점들은 다양성이 존재하는 현대 사회와의 불화로 이어질 가능성이 크다.[28]

집단 나르시시즘은 집단 정체성이 인정받지 못하거나 위협받는다고 지각될 때 더 강하게 반응한다.[29] 근본주의와 종말론도 위협과 박해의 서사를 강조하며, 타 집단을 악마화하거나 적으로 규정한다. 그런 가운데, 근본주의와 종말론적 신앙은 카리스마적 지도자를 절대시하는 경향이 있다. 이런 특징은 파시즘적 정치와 종종 결합한다.[30] 집단 나르시시즘이 불안과 무가치감에 대한 심리적인 방어라면, 근본주의와 종말론은 이 불안을 해소하는 초월적 확실성을 주는 셈이다.[31]

유일신 근본주의와 종말론이 정치적 극단주의와 결합하여 폭력적 행동이나 테러리즘으로 이어지는 현상들에 대해서는 이미 많은 연구가 존재한다.[32][33] 유일신 근본주의와 종말론자들은 구원의 방법과 구원자에 대한 해석을 둘러싸고 서로를 이단으로 몬다. 그 과정에서 종말론과 구원론을 이용한 사이비 교주도 많이 등장한다.

예수는 인간의 존엄성과 약자에 대한 사랑을 가르쳤다. 그는 자신에게 고통을 주는 자들을 용서했고, 복수나 저주가 아닌 이해와 연민을 보였다. 예수의 사랑을 바탕으로 개신교는 대한민국의 근대화, 독립운동, 민주화 운동, 인권과 복지, 교육과 의료, 여성의 인권 면에서 없어서는 안 될 큰 기여를 해왔다. 개신교 기반 사회 운동 조직들, 즉 YMCA, YWCA, 조선예수교서회, 기독학생회, 한국기독교교회협의회를 비롯해 수많은 개신교 사회단체들이 그 중심에 있었다. 나 역시 여러 봉사와 선한 운동의 현장에서 이들과 인연을 맺어 왔다.

12·3 계엄 선포 후 개신교계에서는 민주주의를 우려하는 명확한 목소리를 내기도 했다. 그 목소리가 교단 차원이나 대형 교회의 자성과 저항의 목소리로 이어지기를 바라면서, 그것을 기다리는 사람들도 많았다. 그러나 많은 시민이 불안해하고 고통받는 동안 그 목소리가 이 사회에 충분히 울려 퍼지지는 못한 것으로 기억한다. 무척이나 아쉬운 대목이다.

나는 수년 전부터 제주4·3트라우마센터의 심포지엄에 몇 차례 연사로 참가했다. 2025년 심포지엄에 참가했을 때는 유족 어머니들의 증언과 그들이 연기하는 4·3 인형극도 볼 수 있었다. 5·18보다 훨씬 오랜 침묵의 세월을 살아야 했던 그들도 12·3 계엄과 최근 4·3의 진실 왜곡으로 힘들었다고 했다. 2003년 제주 4·3 진상조사보고서와 대통령 사과가 있었지만 여전히 한편에서는 반공과 폭도 담론으로 4·3 유족들에게 큰 상처를 주고 있다.

그들은 무자비한 학살과 폭력, 약탈을 저질렀던 '서북청년단'

의 명칭을 듣는 것만으로 고통스럽다고 했다. '서북청년단이 없었으면 대한민국이 없었다'는 일부 개신교인들의 주장을 예수가 듣는다면 뭐라고 할까.

나르시시스트의 그늘에서 벗어나기

윤 전 대통령은 손바닥에 왕王 자를 그리고 대통령 후보 TV 토론회에 나섰다. 당선 뒤에는 바로 대통령실을 청와대에서 용산으로 옮겼다. 대통령과 총리의 부인도 무속에 심취해 있다는 이야기가 돌았고, 실제로 무속인을 대통령실 행정관으로 채용하기도 했다.[34] '윤석열 대통령이 장님 무사이고 김 여사는 밖에 나가면 안 되는 주술사이므로 그의 어깨에 올라타서 주술을 부리라'라고 김건희 여사에게 조언했다는 정치 브로커 명태균은 공천 개입 사건에 연루된 의혹으로 조사받았다.[35] 윤석열 전 대통령의 멘토 논란이 있었던 천공은 '2025년 가을에 통일이 된다' '우리도 산유국이 된다'는 말을 유튜브에서 한 바 있고,[36] 대통령 선거를 도왔던 건진법사는 통일교 고위 인사로부터 금품을 받아 윤 대통령 부부에게 전달한 혐의로 재판을 받고 있다.[37] 그런가 하면 비상 계엄 때 수많은 목숨을 수거할 계획이 적힌 수첩을 가지고 있었던, 노상원 전 정보사령관은 군 복무 중 성추행 사건으로 불명예 전역한 후, 경기도 안산시에서 철학관을 운영하며 무속인으로 활동했다.[38] 2025년 9월에는 통일교 한학자 총재가 정치자금법 위반 혐의로 특검으로부터 조사를 받기도 했다.[39]

그들이 영적 나르시스트인지는 알 수 없다. 다만, 이렇게 많은 무속인과 다양한 종교인이 가까이 관여한 정권은 처음인 듯하다.

세상은 불확실성으로 가득 차 있다. 영적 나르시스트들은 무속이나 종교의 언어로 복잡하고 불확실한 것을 단순명료하게 설명한다. 세상의 혼란과 자기 고통의 이유를 명쾌하게 알려주는 것이다. 불확실성에 대처하고 싶은 불안한 사람들은 그들의 말에 현혹된다. 시간이 걸리더라도 불확실성을 견디면서 과학적·인문학적 지식들을 종합하고 사유하거나 토론해 가면서 진실을 탐구하고 문제를 풀어가는 것이 어떤 사람들에게는 어려울 수 있다. 이들에게 예지력의 영험함과 신의 위대함은 매우 매력적으로 다가온다.

법과 사회는 종교 지도자에게 관대하다. 추종자가 많을수록 더 그렇다. 정치인도 추종자가 많은 종교 집단을 예우하고 이용한다. 정치인 나르시시스트와 영적 나르시시스트가 연합하게 되면 그들의 세력은 더 커진다. 영적 나르시시스트는 권력을 통해 자신의 위대함을 더 과시할 수 있고, 권력자를 영적 공급원으로 삼는다. 정치인 나르시시스트는 영적 나르시시스트와 그의 추종자를 통해 영향력과 통제력을 강화하고 자기애를 충족시킨다. 양쪽 모두 돈과 권력, 유력 인사들에 대한 영향력이 커지는 것은 물론이다.[40]

탄핵과 정권 교체로 한풀 꺾였지만 그들 대부분은 그대로 존재한다. 청년들은 이들의 집중적인 포교 대상이다. 청년기에 흡수한 종교나 정치 신념은 잘 바뀌지 않는 데다 외로운 청년들은 포교에 용이하다. 하루하루가 불안한 이들에게 선지자로 비치는 영적 나르시시스트의 확신에 찬 태도는 그 자체로 안정감을 제공하기 때문이다.

그러나 다른 사람의 입장보다 자신의 욕구를 우선시하는 그들과 가까이 지내다 보면 추종자들은 그들에게 비위를 맞추고 이용당하다가 번아웃되기 쉽다. 그들은 동등한 관계를 모른다. 때로 그들은 신도들에게 자신의 직업과 사회적 지위, 가족을 버리고 신앙 공동체에서만 살도록 하거나 정해준 것 외의 일은 아예 하지 못하게 한다. 또한, 삶의 방향과 목적을 일러주면서 스스로를 신격화하기도 한다. 반면, 추종자들은 점점 친밀했던 관계들이 다 떨어져 나가고 고립되어 도움받을 만한 인간관계가 없어진다.

이들을 대하는 전략은 기본적으로 다른 나르시시스트를 대하는 전략과 비슷하다. 거리를 두라. 같이 있는 시간을 줄여라. 때로 동정심을 느낄 수도 있지만, 그들을 치유하는 것은 우리의 일이 아니다. 대립은 피하라. 영적 나르시시스트는 도전을 용납하지 않는다. 그들의 비판이나 무례함과 심리적인 거리를 두고 개인적인 것으로 받아들이지 마라. 그들과 명확한 경계를 정하라. 원하는 것을 주장하라. 그들은 신이 아니다. 이를 위해서는 우리를 지지해 주는 네트워크가 필요하다. 영적 나르시시스트는 자신의 나르시시즘적 성향과 남에게 상처 주는 행동을 인식하지 못한다. 거리를 두는 방법이 효과가 없다면 도움을 요청하고, 상담이나 치료를 받는 것도 좋다.

이들 나르시시스트 리더들에 대처하기 위해서는 개인적인 전략 외에 사회적인 전략도 필요하다. 정치인 나르시시스트는 하늘에서 뚝 떨어지는 게 아니다. 정치인의 병리적 자기애는 단순히 한 개인의 성격 문제라기보다 자기애가 과도한 인물을 매혹적으로 만들고 권좌에 올리려는 사회적 토양에서 만들어진다. 따라서 정치인 나르시시스트를 예방하려면 사회 전체의 구조적·문화적 노력이 뒷받침되어야 한다.

우리가 해야 할 노력의 핵심은 '타인과의 연결'을 회복하는 것이다. 즉, 건강한 상호주관성과 협력이 작동하는 가정, 학교, 직장, 사회를 만들어야 한다. 유치원 때부터 시작하는 대학 입시 준비는 아이들이 어린 시절부터 자기애적 성향을 갖도록 조장하는 사회적 구조로 기능한다. 이는 '패자에게 너무 가혹한 사회' 구조를 강화하여 과도한 경쟁을 부추기고, 이것이 정치인 나르시시스트를 만드는 토양이 된다.

반대로, 기본적 복지가 보장될 때 자기애적 방어는 약화된다. 사회안전망과 평등한 기회를 마련하고, 교육 격차를 완화하는 것이 필요한 이유가 여기에 있다. 치유 공간 등 심리적 안전망을 지원하는 공공 정신건강 정책 역시 매우 중요하다.

옴부즈맨, 시민위원회, 정보 공개 청구권 등의 시민 감시 기능을 강화하고 무작위 시민의회, 공론화 위원회 같은 다양한 숙의민주주의 제도를 통한 의사 결정도 사회의 자기애적 경향을 낮추는 데 도움이 될 것이다. 우리 정부에서 '공존과 회복력'의 공적 담론이 국가 정책의 중심이 되고, 그 가치가 마을마다 실개천처럼 흐르기를 바란다. 이를 위한 몇 가지 제언을 3부에서 이어가려 한다.

한 가지 강조하고 싶은 것은 건강한 자기애가 관찰 학습의 영향을 받는다는 점이다. 친밀한 부모나 멘토로부터 겸손과 협력, 타인 존중을 보고 배우는 것은 건강한 자기애를 형성하는 가장 효과적인 방법이라 할 수 있다. 일상 속 행동으로 공감과 배려를 보여주며 롤모델 역할을 하는 '어른'이 절실히 필요한 것이다.

반면, 우리가 반드시 감시하고 지양해야 할 중요한 하나는 추종자들, 특히 아동 청소년 혹은 초기 청년에게 특정 종교 혹은 정치적 입장을 세뇌하듯 심고, 극단주의적 행동을 부추기거나 복종을 요구하는 것이다. 이는 사상 및 종교의 자유와 인권을 침해하는 행위이고, 그들의 미래를 망치는 죄악과 다름없다.

12·3 계엄을 경험한 우리가 앞으로는 나르시시스트에 현혹되지 않고 더 잘 대처할 수 있을까? 영적 나르시시스트들과 정치인 나르시시스트들도 지난 일로부터 배우고 생존을 위해 전열을 가다듬을 것이다. 인류가 존재하는 한 그들과의 싸움은 영영 끝나지 않을 가능성이 크다. 나르시시스트를 감별하는 안테나를 세우고 언제나 깨어 있지 않으면 우리는 언제, 어떻게 이들의 위험한 추종자가 되어 있을지 모른다.

8장

계엄군의 성폭력이 만든 섬

"나의 몸은 더 이상 내게 속하지 않았고,
나의 몸은 채소가 되었다."[41]

고문 피해자

계엄에 고개 드는 성폭력

2024년 12월 3일 대한민국에서 두 번 다시 없을 것이라 생각했던 일이 보란 듯이 일어난 후 생각도 못 했던 장면이 계속 펼쳐졌다. 폭도들이 수천 명의 경찰을 무력화한 후 법원을 습격해 시설을 파괴하고 판사를 찾아다니는 등 영화에서나 볼 법한 끔찍한 장면들이 현실, 그것도 법원에서 벌어졌다.

그 영상을 볼 때마다 소름이 돋는다. 만약 계엄이 성공해 계엄군과 시민 간의 갈등이 격화되어 사회에 폭력이 만연하게 됐다면 어떤 일이 벌어졌을까. 상상조차 하고 싶지 않지만, 국가 폭력이 잔혹하고 비인간적으로 진화할수록 반드시 따라오는 범죄가 있음을 짚고 넘어갈 필요가 있다. 바로, 성폭력이다.

폭력이 순식간에 벌어지듯이 성폭력도 순식간에 일어난다. 또한 폭력의 수위가 높아질수록 성폭력의 수위도 높아진다. 진압이 잔인해지고 체포와 감금, 고문이 시작되면 성폭력이나 성고문의 위험도 자연히 증가하는 것이다. 폭력과 혐오가 만연한 환경에서는 파괴적인 충동이 고개를 들게 마련이다. 이에 따라 비상 계엄과 같은 국가 폭력이 지배하는 상황에서는 성폭력이 군인과 경찰뿐만 아니라 폭력적인 민간인들에 의해서도 일어날 수 있다.

1980년 5월 18일 살인적인 진압이 시작된 첫날부터 성폭력은 다발적으로 발생했다. 그 피해자 중 한 분인 소희 님은 2018년 TV에서 5·18 민주화운동 당시 성폭력 피해자 인터뷰를 본 뒤 처음으로 용기를 내어 조사에 참여하게 되었다. 나는 이 성폭력 피해자 그룹의 집단 치료에 민간 전문가로 참여해 왔는데, 소희 님은 쉬는 시간에 "치료 모임을 나오면서 다른 사람들 이야기를 들으니 더 힘들다. 치료 모임에 그만 나오고 싶은데 어떻게 하면 좋겠느냐"면서 내게 개인 상담을 요청했다.

다소 길고 힘든 이야기일 것이다 하지만 국가 폭력 현장에서 당한 죽음에 대한 위협과 성추행이 한 사람에게 생애에 걸쳐 어떤 영향을 남기는지를 이해하는 데 많은 도움이 되는 사례라 생각해 지금부터 그의 이야기를 소개하려 한다.[42]

소희 님은 사랑을 많이 받고 자란 꿈 많은 열여덟 살 청년이었다. 미술에 소질이 있던 그는 패션 디자인 학원에서 공부하며 디자이너로서의 희망에 부풀어 있었다. 고등학교 졸업 직후부터는 시내 악기점에서 수개월째 열심히 일하고 있었다.

그러던 중 1980년 5월 어느 날 출근하는데 계엄군이 사람들을 무자비하게 때리고 팬티만 입힌 채 트럭에 싣는 것을 봤다(소희 님에게는 그 기억부터 시작해 80년의 모든 계엄군이 검정색으로 남아 있다). 같이 일하던 동료도 출근하지 않았다. 밖이 위험하다고 느껴져 셔터를 내린 채 일을 보고 있었는데, 가게 방향으로 도망쳐 오는 시민의 어깨를 계엄군이 등 뒤에서 총검으로 찌르는 장면을 셔터 틈새로 보게 되었다. 피가 분수처럼 마구 솟구쳤고 시민은 가게 셔터 바로 앞에서 쓰러졌다. 셔터 문을 열고 도와야 할 것 같았지만 닥치는 대로 찌르고 때리는 계엄군에게 자기도 당할 것 같아서 그럴 엄두가 안 났다.

조금 지나, 일찍 퇴근해야겠다는 얘기를 하려고 골목 안에 있던 사장님 댁에 가기 위해 조심스럽게 가게를 나섰다. 사장님 댁에 막 들어가려고 하는 순간 뒤쫓아온 계엄군이 소희 님을 잡아챘다. 계엄군의 손에 맞아 안경이 튕겨져 나갔고, 눈 밑이 찢어져 피가 흘렀다. 계엄군은 아랑곳하지 않고 순식간에 소희 님을 벽쪽으로 거칠게 밀어붙였다. 셔츠를 찢어버린 후 폭력적으로 가슴을 만졌다(소희 님에게는 그 장면의 군인도 검정색으로 기억된다).

골목에 다른 사람은 없었고 뒤따라온 군인 두세 명이 저만치서 망을 보고 있었다. 계엄군은 한 손으로는 자위 행위를 하는 것 같았다. 바로 전에 시민이 칼에 찔려 죽어가던 것을 목격했던 소희 님은 공포심으로 얼어붙어 버렸다. 얼굴을 쳐다보면 죽일 것 같아서 눈도 뜨지 못했다. 계엄군에게서는 땀 냄새와 담배 냄새, 쉰 냄새가 났다. 술에 오랫동안 찌든 사람에게서 나는 역겨운 냄새였다. 망을 보던 군인 두세 명은 뭐라고 웅성거리고 있었고 소희 님은 순간 그들도 자기 차례를 기다리고 있나, 하고 생각했다. 다 끝나면 아까 그 시민처럼 자신도 죽일 거라는 생각도 들었다. 그렇게 시간이 흐르다가 골목 입구에서 망을 보던 군인들이 뭐라고 하니 옷을 추스르고 가버렸다.

소희 님은 일어나지 못하고 그 자리에 앉아 흐느껴 울었다. 그의 연녹색 셔츠는 다 찢겨져 몸을 가릴 수 없었다. 온 천하가 자신의 발가벗겨진 모습을 보는 것 같았다(열여덟에 경험한 이 느낌은 평생 지속되었다). 악기점으로 다시 돌아가야겠는데 그 앞에 군인들이 있는 것 같았고, 또 무슨 일을 당할지 몰라 무서웠다. 얼른 집으로 돌아가고만 싶었지만 몸에 힘이 다 빠져서 발이 안 떨어졌다. 악기점에 벗어둔 빨간색 트레이닝복을 입고 조마조마한 마음으로 집으로 향했다. 집으로 가는 길에 그를 본 아주머니들이 위험한데 왜 그러고 혼자 다니냐며 손 잡고 다리를 같이 건너주었다. 그때서야 동료 직원이 출근하지 않은 이유가 이해되었다.

이후 두 번 다시 출근하지 못했다. 자신이 더럽혀졌고 망가져 버렸으며, 인생이 끝나버린 것만 같았다. 부모님에게 말할 수도 없었다. 말하면 위로해 주기보다는 수치스러워할 것 같았다. 그런 일로 누가 자신을 도와줄 수 있을 것이라는 생각이 들지 않았고, 도움받을 엄두도 내지 못했다. 그때부터 1년을 집 안에서만 지냈다. 이때만 해도 공포심이 수치심보다 더 커서 밖에 나가면 군인들이 있을 것만 같았다. 그날 출근한 것을 수없이 자책했다. 대낮에 발가벗겨진 느낌이 자꾸 떠올랐고 죽고만 싶었다. 소희 님이 방을 걸어 잠그고 있으면 어머니는 도대체 왜 집에만 있느냐고 했지만, 사실을 말할 수는 없었다. 나이 열여덟이었다. 손목도 그었고, 수면제를 모아 자살 시도도 했다. 1년간 외출을 전혀 안 하다 보니 교제하던 남자 친구도 만나지 못했다.

공포와 수치심으로 집중이 안 되니까 책도 읽을 수 없었고, 좋아하는 그림도 그릴 수 없었다. 두려움과 슬픔은 점점 분노로 변해갔다. 억울하게 당했지만 할 수 있는 게 아무것도 없는 현실이 너무나 화가 났다. 괴로움을 잊고자 술을 마셔보려 했지만 술 냄새를 맡으면 계엄군에게서 나던 술 냄새와 쉰 냄새가 떠올라 구역질이 났다. 아버지 담배를 몰래 꺼내어 피워 봤다. 속에 들어 있는 것을 밖으로 뿜어내는 느낌이 좋았다. 몽롱하고 아련해지면서 괴로운 생각들이 덜 났다. 담배가 최고의 위로였다. 그때 시작한 담배를 지금까지 피우게 되었다. 불안할 때면 치아가 다 마모되도록 생쌀을 씹어먹는 강박행동도 지속되었다. 생쌀을 씹다이가 아프면 쌀을 물에 불려서라도 씹어야 불안이 덜했다.

집에만 갇혀 있던 삶에서 벗어나기 위해 남자 친구와 서둘러 결혼했다. 그런데 성추행 후 트라우마 기억과 신체적인 수치심에 시달리던 소희 님은 잠자리를 거의 거부했고, 이로 인해 신혼 초부터 남편과 다툼이 잦았다. 곧 딸을 낳았는데 엄청나게 분노가 올라왔다. 딸을 보면 '네가 나 같은 처지가 되지 않고 살 수 있을까. 내가 너를 지켜줄 수 있을까' 하는 생각이 떠올라 괴로웠다. 수유 때마다 불결한 가슴에서 나오는 모유를 주는 것이 딸아이한테 나쁜 기운을 전해주는 것만 같았다.

죽고 싶었다. 수영을 못하니 물에 빠지면 죽겠다 싶어서 미리 봐둔 변두리 저수지에 빠져 죽으려고 아이와 같이 집을 나왔다. 마지막 통화라고 생각하고 친정어머니에게 전화했는데 어머니가 '너 가출하고 네 남편이 탈영한다고(남편은 군인이었다) 해서 지금 난리 났다'는 말을 했다. 그 말을 듣고 걱정이 되어 죽지도 못하고 돌아갔다.

괴로운 기억과 감정을 잊기 위해 게임에 빠졌다. 처음에는 갤러그나 마린보이 같은 게임을 하다가 컴퓨터가 보급되면서부터는 본격적으로 게임에 빠져 PC방에 자주 갔다. 언젠가부터 상대편 우두머리를 잡으러 가는 파티 사냥을 하는 게임에 빠졌다. 현실은 괴로운데 리더가 되어 악당 보스를 잡으면 통쾌함은 이루

말로 할 수 없었다. 게임에서 능력자가 되는 것은 특별한 느낌을 줬다. 하루 스무 시간씩 게임을 했다.

우여곡절 끝에 남편과 이혼했다. 소희 님은 지금도 남편에게 미안한 마음이 크다. 이혼하고 나니 하루아침에 아이 셋을 둔 가장이 되어 있었다. 그때부터 정신 차리고 보험도 들고 게임도 줄이고 열심히 살았다.

그러는 동안에도 소희 님은 평생 몸을 가리고 살았다. 더럽혀진 느낌의 가슴을 도려내고 싶어 성형외과 상담도 몇 번 했다. 비용도 너무 많이 들고 신경 손상 위험도 있다고 해서 하지 못했다. 계엄군을 본 눈도 도려내고 싶었고, 계엄군이 안경을 쳐서 눈 밑에 생긴 흉터도 거울 볼 때마다 지워버리고 싶었다.

그의 첫째 딸은 아주 오랫동안 은둔형 외톨이로 살고 있다. 자살 사고와 우울, 수유 거부로 좋은 엄마가 되지 못한 자신이 딸을 그렇게 만든 것 같아 소희 님은 내내 죄책감에 시달려왔다. 국가를 상대로 소송을 준비하면서 변호사를 만나러 나올 때도 소희 님은 누가 자신을 사진 찍고 있을 것 같은 느낌이 든다며 선글래스에 마스크로 얼굴을 다 가렸다. 방송에 모자이크 처리를 하고 나가는 것도 마음이 편할 수 없었고, 다 그만두고 싶은 마음과 늘 싸워야 했다.

그는 2018년 공동조사단에 응하면서 처음 침묵을 깰 때 거기서 말하고 나면 모든 과정이 끝나는 줄 알았다고 했다. 그런데 7

년이 지난 시점까지도 심사와 소송은 진행 중이다. 처음 진상 조사에 들어갔을 때 소희 님은 '내가 말하면 저 사람들이 이해할까' 싶었다고 했다.

조사가 시작되고, 군복 색깔이 무슨 색이었느냐는 질문에 그가 검정색이라고 했다. 조사관이 그때 당시에는 검정색 군복이 없었다고 했는데, 소희 님의 기억 속 군복은 온통 검정색이었다. 피해를 당하는 동안 공포에 질려 눈을 감고 있었으니 그가 집중했던 감각은 냄새와 소리였을 것이다. 하지만 조사관 입장에서 '검정색 군복'은 신빙성을 떨어뜨리는 증언이었을 터였다.

그는 계엄군을 왜 온통 검정색으로 기억하고 있었을까? 그때 소희 님은 공포에 질려 있었다. '이 군인들이 다른 시민을 총검으로 찔렀던 것처럼 다음에는 나를 죽이지 않을까?' '망보는 군인들은 다음 순서를 기다리는 것인가?' 하는 두려운 생각이 가득했지만 아무런 대처 방법을 찾을 수 없었다. 상대는 시민을 닥치는 대로 해치는 총 든 군인이고 여러 명인 데다 막다른 골목이라 도망갈 데도 없었다. 이 공포에 얼어붙은 절망적인 상황이 검정색 군복이라는 시각적 기억을 낳은 것으로 이해된다.

다른 피해자들이 국가를 상대로 소송한다고 할 때, 그는 처음엔 하지 않겠다고 했다. 오로지 진실을 밝혀서 다음에는 이런 일이 일어나지 않기를, 내 자식들과 손자들한테는 또다시 이런 일이 일어나지 않기를 바라는 마음에 가까스로 진실을 털어놓았을

뿐이었다. 거기에 '소송해서 얻을 수 있는 게 있을까, 과정은 얼마나 힘들까' 하는 마음도 있었다. 하지만 혼자서만 하지 않겠다고 하기도 어려웠다.

"모임 나오면서 점점 더 힘들어져요. 정말 다른 사람들의 이야기를 듣고 내 이야기를 하면 좋아질까요? 더 안 좋아지면 어쩌지요. 우리가 이렇게 한다고 바뀌는 게 있을까요. 없던 일로 할 수도 없는 거잖아요."

소희 님은 45년간 느껴온 현실의 벽을 여전히 느끼고 있었고 과거를 꺼낼수록 더 힘들어져 그만두고 싶은 마음이 커져만 갔다. 안 죽고 산 것만도 다행이다 싶다가도, 분노가 치솟으며 가해 군인을 죽여버리고 싶다는 마음도 들었다. 그러다 조사 과정에서 '군인들에게 여자 상의를 탈의시키라'는 지시가 있었다는 것이 확인됐다는 말을 듣자, 군인들도 나 같은 트라우마가 있지 않았을까 하는 생각을 하게 됐다. 그러던 중 12·3 계엄 소식을 접하고 너무 화가 났다. 자신의 모든 노력이 수포로 돌아갈 수 있었다.

상담을 받으면서 소희 님은 자신의 상처가 아문 것이 아니었음을 알게 됐다고 했다. 나는 소희 님과 계엄군이 눈앞에서 대검으로 시민을 찌르는 장면, 계엄군에 의한 성추행 장면 등을 중심으로 트라우마 초점 치료를 시작했다. 남의 눈을 의식하는 것부터 조금씩 줄여 가려 했고 가슴에 대한 부정적인 이미지와 수치심도 반복해서 오래 이야기를 나누었다. 또한, 그는 치유 모임에서 성폭행이든 성추행이든 가해의 형태가 중요한 것이 아니라 '피해자가 그 일로 얼마나 고통받았는가'가 피해의 정도를 이해할 때 중요하다는 다른 피해자의 증언을 듣고 큰 위로를 받았다. 사실, 그것은 그의 생애가 잘 말해주고 있었다.

소희 님은 크게 웃는 사람들을 볼 때마다 "저 사람은 얼마나 즐거워서 저렇게 웃을 수 있을까" 생각했다. 애들과 같이 크게 소리 내서 웃어본 적이 없었다. 지인들과 만나도 "우리 또 만나자" 이런 말이 나오지 않았다.

그의 웃지 못하는 삶은 트라우마와 그로 인한 독성 수치심과 죄책감에 상당 부분 책임이 있다. 그리고 오랜 침묵을 깬 그의 증언을 계기로 이 상황은 큰 전환점을 맞고 있다. 회피 행동으로 돌아가려는 충동이 사그라들지는 않았지만, 그는 면담 이외에도 집단 치료에서 참가자와 주인공으로 참여하며 수치심과 죄책감을 새롭게 조명할 기회를 가지고 있다.

또한, 그는 몇 년 전부터 텃밭을 가꾼 것이 적지 않은 도움이 되었다고 했다. 작물을 돌보다 보면 모든 시름이 잊히고 마음이 한결 가벼워진다고 했다. 놀라운 일은, 최근 딸도 텃밭에 나와 작물을 가꾸기 시작했다는 사실이다. 20년 만에 처음으로 밖에 나와 무언가 활동을 하게 된 것이다. 어느 날 딸이 텃밭에 나와 토마토 열매 하나하나에 이름을 써서 붙여놨는데, 그는 그것이 정말 장관이었다고 했다.

그 이야기를 듣고 무언가 뜨거운 것이 목구멍에서 올라왔다. 죄책감에 시달려온 그를 격려하면서, 조금씩 바깥 활동을 하기 시작한 딸의 변화를 기뻐하는 마음을 서로 나누었다. 그리고 그가 가진 수치심과 죄책감의 '공정성'을 함께 찾아갔다.

소희 님의 말처럼 1980년 5월 18일 제7공수여단이 여성의 옷을 벗기라는 대대장의 지시를 받고 작전을 수행한 사실이, 5·18민주화운동진상규명조사위원회의 조사 결과 확인되었다.[43] 상가나 입시 학원, 주택이나 시내버스 할 것 없이 닥치는 대로 난입해 청년들을 무차별적으로 구타하고 체포한 폭력적인 진압 방식은 지휘관의 이 지시와 함께 계엄군의 성폭력을 부추기는 도화선으로 작용했을 것이다. 이는 헌법과 법률, 폭동 진압 작전 교범을 총체적으로 위반한 것이다.

5·18민주화운동진상규명조사위원회의 성폭력 조사 대상 49건의 유형을 살펴보면 강간 및 강간 미수가 가장 많았고, 성적 모욕 및 폭언, 강제 추행이 그 뒤를 이었다. 성폭력 생존자들 중 대부분이 신체 폭력을 동시에 당했는데, 전신 구타 폭행이 가장 많았고 군홧발로 짓밟기, 곤봉 사용, 폭언 협박, 고문 가혹행위 등이 뒤를 이었다.[44]

가해 군인들은 진압 훈련을 받으며 자신들이 현장에서 이런 행동을 하리라고 예상한 적 있을까? 폭력이 잔혹해지고 상대를 외집단화해 혐오하게 되며 생과 사가 오가는 현장일수록 성폭력은 고삐가 풀린다. 1980년 5월 신군부는 이 고삐를 풀었다.

소희 님의 사례는 피해 조사에서 성추행으로 분류될 가능성이 크다. 성폭력 피해 유형으로 보면 틀린 것은 아니다. 그러나 그 일이 있은 후 도움받지 못한 채 오래도록 지속돼 온 공포와 수치심, 강박 행동, 자살, 중독 행동들과, 애착 곤란, 이혼 등 크게 바뀐 삶의 궤적과, 다음 세대까지 전해진 생애사적 고통을 그리고 그날 이후 소리 내어 웃지 못했던 그의 삶을, 국가는 어떤 피해 사실 유형으로 분류할 수 있을까.

국가 폭력과 손잡은 성폭력의 파괴성

인류 역사에서 군대는 상대에게 공포심과 수치심을 불러일으켜 사기를 꺾고, 저항을 무력화하고자 무자비한 폭력과 더불어 성폭력을 사용해 왔다. 성폭력이 주는 수치심과 공포는 강력했다. 근대에만도 조직적으로 성노예를 두었던 일본군을 비롯해 난징, 라벤브뤼크 강제수용소, 르완다, 보스니아, 한국 등에서 발생한 군대에 의한 성폭력은 공동체와 가족을 무참히 파괴한 바 있다.

이런 행위는 근대에 올수록 전쟁 범죄로 인식되어 가해자에게 응분의 처벌이 이루어져야 한다는 인식이 만들어졌다. 이로 인해 가해자에게 생긴 '전쟁 범죄 처벌에 대한 두려움'은 증거 인멸을 위한 추가적 학살을 낳기도 했다.[45] 그것이 아니더라도 거의 모든 가해자들은 침묵의 공모 아래 부인주의denialism*로 일관한다. 군대의 성범죄는 은폐와 낙인, 2차 가해로 이어지고 여기에 국가의 책임 회피까지 더해진다. 거의 모든 나라의 현실에서 피해자들은 문화적 낙인, 수치심, 보복 우려 때문에 증언하기를 꺼린다. 이런 특수성 탓에 국가 폭력 현장에서 발생한 성폭력에 대해 공식적 사죄와 화해가 제도적으로 이루어진 사례는 세계적으로도 찾아보기 힘들다. 진정한 의미의 용서와 화해보다는 부분적 진실 규명이나 배상에 그치는 경우가 대부분이다.

진실 규명의 첫 관문은 피해자가 침묵을 깨는 것이다. 이때 조사관과 피해자 사이의 신뢰 관계 형성이 대단히 중요하다. 이를 위해서는 여성 조사관의 참여, 공동체 기반 접근, NGO와의 연계가 도움이 된다.[46]

소희 님과 마찬가지 경로로 민희 님도 만날 수 있었다. 다른 점이라면 민희 님은 다른 건강 문제로 내가 일하는 병원에 입원했다가 내게 면담을 요청했다는 것이었다. 나는 그와 몇 차례 개인 면담을 이어가며 그의 이야기를 깊이 있게 들을 수 있었다.[47]

민희 님은 1980년 5월 18일 당시 스물일곱 살로 네 살 쌍둥이 자녀를 두고 있었고, 임신 3개월이었다. 승용차로 회사 인력들을

---

* 폭력의 존재를 부정하거나 축소하거나 책임을 회피하는 태도.

운송하는 업무를 맡고 있었는데, 사건 당일에도 회사 간부들을 출·퇴근시키는 업무를 하다 퇴근하며, 시댁에서 돌봐주던 쌍둥이를 찾으러 가고 있었다.

늘 지나던 광주 MBC 앞 도로에는 바리케이드가 쳐져 있었고, 군인들이 길을 막고 있어 지나갈 수가 없었다. 두려운 마음으로 길을 우회해 전남여고 후문 골목으로 들어갔다. 골목 안에 차 한 대 정도 지나갈 수 있는 다리가 있었는데, 그 앞에 얼룩무늬 군복을 입고 총을 든 계엄군 대여섯 명이 차량을 막고, 전남여고 담벼락 옆으로 차를 대라고 했다. 가슴이 철렁했다. 그가 "쌍둥이 엄마인데, 꼭 아이들을 데리러 가야 한다"라고 사정하니, 군인들은 욕설을 하며 말을 안 들으면 총으로 쏴 죽이겠다고 위협했다. 주위엔 시민들도 보이지 않았고, 여기서 죽을 수도 있겠다는 생각이 들었다. 시키는 대로 차를 대고 나니, 군인이 차 열쇠를 달라고 했다. 목숨과도 같은 차 키를 주지 않으려고 사정했지만, 계엄군은 성냥을 보여주면서 차를 불 질러 버린다고 했다. 군인에게서 술 냄새가 느껴졌고, 그들이 아무렇지 않게 차에 불을 지르고도 남을 것처럼 느껴졌다. 민희 님은 겁이 나서 덜덜 떨며 차 열쇠를 건네줄 수밖에 없었다.

임신까지 한 몸이었지만, 그 말을 하며 사정해도 통할 상황으로 보이지 않았다. 군인들은 열쇠를 가져가더니 차량 뒤칸에 타서 조용히 있으라고 했다. 너무 무서워 차 뒷좌석에 가만히 있었다. 거리에 군인들이 너무 많아 이곳을 통과하더라도 또 잡힐 것 같았고, 차 키도 돌려받아야 하니 기다릴 수밖에 없었다. 지나다니는 시민들이 없었고, 날은 금방 어두워졌다. 주변에 켜진 전등도 없어 사방이 캄캄했다. 군인 하나가 그가 있는 차량 뒤칸으로 밀고 들어왔다. 말 안 들으면 죽인다고 하면서 그의 옷을 벗기기 시작했다. 그러지 말라고 저항하자 주먹으로 얼굴을 세게 가격했다(이때부터 흔들거린 앞니 두 개는 최근 임플란트를 할 때까지 평생 흔들렸다).

"너무 무서워서, 군인들 눈도 못 마주쳤어요. 말하는 지금도 두려워요."

여기서 죽을 수 있겠다는 공포 속에서도 아이들의 눈망울이 떠올랐다. 그 순간 오로지 붙잡고 있었던 생각이 '아이들을 남겨 놓고 여기서 죽으면 안 된다'는 것과 '차는 절대 잃으면 안 된다'는 것이었다면서, 그는 눈물을 쏟았다. 트라우마 생존자로서의 그에게 놓쳐서는 안 될 중요한 두 가지 의미였다.

결국 민희 님은 계엄군 두 명에게 강간당했다. 너무 두렵고 고통스러웠지만 '참아야 한다. 아이들을 놔두고 죽을 수는 없다'는 생각만 계속 했다. 얼마 후 군인들은 물러갔지만 그는 무서워서 날이 밝을 때까지 차 밖으로 나오지 못했다. 차 안에서 구토를 했고, 아침에 하혈을 했다. 날이 밝자 거리에 군인들이 보이지 않았다.

이후 배가 계속 아팠다. 하혈도 지속되어서 일주일 후쯤 인근

조산원에 갔더니, 유산 상태라 했다. 유산원의 권고대로 낙태 시술을 받았다. 살해 및 방화 협박, 윤간이 재생산 폭력*으로 이어진 것이다. 딸을 하나 갖고 싶었지만, 이후로는 아이가 생기지 않았다. 그는 만일 그때 그렇게 가버린 아이가 딸이었다면 지금쯤 친구처럼 내 이야기를 들어줄 것 같다고 하면서 슬퍼했다.

입덧이 생길 시기에 피해를 당해서 그랬는지, 당시 계엄군에게서 났던 술 냄새와 땀 냄새가 남긴 역겨움이 평생 가시지 않았다. 그날부터 지금까지 조금만 자극적인 냄새를 맡으면 입덧하는 것처럼 역겨움이 올라왔다. 다른 사람이 일상에서 흔하게 사용하는 향수, 화장품 향에도 그랬고, 가정에서 쓰는 대부분의 세제 냄새도 견디지 못했다. 세제 사용 여부를 두고, 이를 이해 못 하는 남편과 늘 다투고 살았다.

생업이었기에 그만둘 수 없어 운전을 해야 했는데, 피해 당시의 차를 운전하다 보니 차에서 당했던 일이 자꾸 떠올라 너무도 고통스러웠다. 지나가다 군복만 봐도 구토증이 올라왔다. 결국 차를 바꾸고 택시 운전을 하게 되었다. 그런데 군인을 태우면 도저히 운행을 할 수 없었다. 그런 그를 일부 군인은 시청 운수과에 신고했다. 당시 승차 거부에 대한 벌금이 높아서, 매번 군인을 태

---

* 생식(임신·출산·피임·임신 중단·양육 등)과 관련된 결정을 자기 의지대로 하지 못하도록 개인이나 집단을 억압하는 모든 형태의 해를 말한다. 이에는 직접적인 개인의 폭력, 의료 행위나 기관의 폭력, 법이나 제도를 통한 폭력, 경제·사회적 폭력, 문화적·상징적 폭력 등이 있다.

우기 힘든 일이 있었다고 사정하러 시청에 가야 했다. 터미널에서 손님을 많이 태우던 시절이었는데, 대기하다가도 군인이 자기 순번이 될 것 같으면 포기하고 자리를 떠나야 했다. 결국 운전일을 그만두게 되었다.

남편과의 잠자리도 불편해서 부부 불화가 심했다. 두 아들이 군복 입는 것이 싫어, 그가 한사코 주장해 둘 다 의무경찰을 시켰다. 강간당한 사실이 남편이나 시댁 식구들에게 알려질까 봐 평생 전전긍긍하며 살았다. 민희 님은 우울기분과 두통, 불면, 악몽으로 정신건강의학과나 신경과를 다닌 지 오래되었다. 그러나 그곳에서도 트라우마에 대해 털어놓고 도움받지 못했다고 했다.

'가슴 속에 돌이 쟁여져 있는 느낌'이 오래 지속되었다. 농담하는 것을 좋아하는 사람이었는데, 어느 순간부터 농담을 잃어버렸다. 생사의 갈림길에 있던 그때 죽어버렸으면 끝이었을 텐데, 하는 생각이 많이 들었다.

민희 님은 2018년 서지현 검사의 미투 소식을 접하고, '저렇게 높은 사람도 얼굴 내놓고 나서는데, 나는 뭐 하고 있나' 하는 생각이 들었다고 했다. 이런 일을 국가가 책임져야지 누가 책임지나 하고 생각하던 중 같은 해 5월 18일 "5·18 광주민주화운동 당시 계엄군에 의한 성폭행의 진상을 철저히 조사해 반드시 밝혀내겠다"는 문재인 대통령의 메시지[48]를 뉴스에서 보게 되었다. 꼭 자신을 두고 말하는 것 같아서 눈이 번쩍 뜨였다 한다. 이후 방송에서 자막을 보고 신고하여 공동조사단의 조사를 받게 되었다.

성폭력은 타인에게 말하기 힘든 고통이다. 더구나 1980년 대한민국 사회는 지금보다 남성 중심의 정조 관념이 강했다. 그런데다 가해자는 국가 권력을 등에 업은 계엄군이었다. 민희 님은 어디에서 상담받거나 진료받는다는 것은 생각조차 못 했다고 했다. 일상의 흔한 냄새들이 온통 역겹게 느껴진 이유가 그날의 경험과 관련 있다는 것도 상담을 통해 알고는 오열했다. 그전까지는 "재수 없게 왜 내가 걸렸을까" 생각하며 화를 냈다가, 목숨이라도 건진 것을 감사하게 여기자는 생각을 수없이 반추했다고 했다.

면담을 하면서 그가 새로 기억해 낸 사실이 하나 있었다. 성폭력을 당할 때 차 열쇠를 계엄군에게서 건네받아 그들이 못 찾게 의자 밑으로 얼른 밀어 넣어두었던 기억이었다. 그것은 자신이 아이들 엄마라고, 살려달라고 적극적으로 간청했던 행동과 함께 그가 적극적인 생존자라는 것을 입증하는 또 하나의 증거였다. 그의 행동은 그의 삶과 정체성을 말해주고 있었다. 우리는 그것의 의미에 반복적으로 머물렀다.

트라우마 상황에서 아무런 대처를 하지 못한 이들일수록 트라우마의 회복에 더 큰 어려움을 겪는다. 다행히 민희 님은 자신에게 가장 중요했던 두 가지를 지켜냈다. 그리고 결국 자녀를 훌륭하게 키워냈다. 그 점에 대해 감사와 존경을 반복해서 전했다. 누가 부정할 수 있을까.

그는 조용히 자녀 이야기를 꺼내곤 했는데, "아들들이 잘 컸어요. 훌륭해요. 내가 죽어버렸으면 빛을 못 봤을 텐데… 자랑스러워요" 하며 미소 짓다가도 "자기들이 잘살고 있는 것이 다 어머니 덕분이라고 해요" 하며 울먹였다.

민희 님은 사건 45년이 지난 지금 국가로부터 진실을 인정받고 더욱 활발히 이를 알리고 싶어 한다. 그 과정에서 자신을 되찾으려 최선을 다하고 있다. 나아가 세계 사람들이 이 이야기를 더 많이 알게 되기를, 자신들의 이야기가 영화로 만들어지기를 바란다.

그는 자신의 오래된 한을 풀 수 있을까? 살해 협박과 윤간 후유산, 냄새나 군인 등의 단서에 의한 트라우마 재경험, 성 생활 장애와 부부 불화, 직업 기능의 손상, 우울증, 수치심과 두려움, 대인관계의 어려움과 같은 그의 긴 생애사적 고통을, 국가는 과연 피해 범위에 담아낼 수 있을까?

몸과 마음, 생애에 끼친 영향들

5·18 생존자들이 오랫동안 말하지 못했던 성폭력 피해는 몸과 마음에 어떤 영향을 미쳤을까. 성폭력으로 고통받는 이들에게 공감하거나 그들을 돕기를 원한다면 이로 인한 신경생물학적

변화와 심리·사회적 결과에 대해 알아둘 필요가 있다.

　우선, 성폭력으로 인한 신경생물학적 변화는 성폭력 사건 직후부터 적극적인 지원이 회복에 얼마나 중요한가를 잘 보여준다. 앞서 소희 님이나 민희 님도 조기 개입과 지원이 있었더라면 생애 자체가 달라졌을 가능성이 크다.

　성폭력은 정서 조절, 기억 및 감각 처리와 관련된 뇌 구조 및 기능에 심각한 영향을 미친다. 또한 전두엽 피질과 전대상 피질의 활동이 감소하면서 감정 및 충동을 조절하거나 의사결정을 내리는 데 어려움을 느낄 수 있다. 공포 중추인 편도체가 과하게 활성화하면서 외상성 사건에 대한 불안, 과각성 및 침입 기억 현상을 보이기도 한다. 뿐만 아니라 '체성감각 피질*'에 영향을 미쳐 촉각, 통증, 성적 감각에 대한 인식을 변화시킬 수도 있다.

　이에 따라 임상적으로는 PTSD, 우울증, 불안 장애, 자해, 알코올이나 약물 남용이 일어날 수 있다. 특히나 어린 시절 성적 학대를 당하게 되면 뇌가 구조적·기능적으로 변화하여 감정 조절이나 기억 및 학습과 관련된 영역에 영향을 받을 수 있다. 이는 정상적인 뇌 발달을 방해하여 언어, 인지 능력, 사회·정서적 발달 등 전반적인 영역에 발달 지연을 초래할 수 있다.

　치료자가 가장 도전적으로 직면하는 과제 중 하나는 생존자의 수치심이다. 대부분의 성폭력 생존자는 성폭력으로 인해 자

---

* 몸으로부터 오는 다양한 감각을 뇌에서 해석하고 인식하는 핵심 영역.

신이 더럽혀졌고 자신에게 돌이킬 수 없는 신체적인 결함이 생긴 것으로 인식하는 경향이 있다. 정신적으로도 무언가 잘못되었으며 사람들이 이 사실을 알게 되면 자신을 떠날 것이라는 수치심에 시달린다. 그로 인해 자살 충동에 휩싸이거나 삶에 대한 긍정적인 동기를 잃고 자기 파괴적인 행동을 하기도 한다.

이들은 부정적인 감정을 조절하지 못하고, 이것을 달래기 위해 거식증이나 폭식증 등 이상 섭식 행동을 하기도 한다. 자신의 관심이나 재능, 목표, 욕구가 무엇인지 잘 모르고 스스로를 돌보거나 다독이지 못한다. 자신이 부적절해졌다고 느끼고 그것을 보상하기 위해 과도한 일이나 성취에 매달리기도 한다. 완벽해야 한다는 강박도 흔하다. 그러지 않으면 수치스러운 자신이 드러날 것 같은 두려움이 깔려 있어서다.

이런 강렬한 감정들에 휩싸이다 보니 자신이나 다른 사람의 미묘한 감정을 알아차리거나 표현하고 조절하기 힘들어한다. 그 결과, 다른 사람과의 정서적인 연결 고리가 끊기고, 혼자 동떨어져 외로운 삶을 사는 경우가 많다. 트라우마 회복에 대한 개념이 없는 부모들은 혹시나 좋아질까 싶어 이들을 강제로 결혼시키기도 한다. 그것은 해결되지 못한 트라우마를 안고서 더 많은 삶의 숙제를 껴안도록 등 떠미는 결과를 낳곤 했다.

여기에 성폭력 피해자에 대한 부정적인 사회 인식과 문화는 성폭력을 둘러싼 침묵을 더욱 조장한다. 우리 사회의 정조 관념과 수치심 문화는 성폭력 생존자들에게 2차 가해가 될 수 있다. 낙인은 피해자가 사건을 신고하고 가해자에게 책임을 묻는 것을 방해한다. 특히, 저소득층, 장애인, 성 소수자, 소수 인종 등 소외 계층은 성폭력의 영향을 더 크게 받는다. 경제적으로 어려운 상황에서는 자칫 성폭력 사실을 고발하는 것이 사는 곳과 일자리를 잃는 상황으로 이어질 수 있어서다. 이에 대한 법적 지원도 사실상 쉽지 않다. 그중에서도 장애인은 신체적 의존, 의사소통 장벽 등으로 착취의 위험이 높다. 성 소수자 역시 피해를 드러내면 차별이나 배제와 같은 2차 피해를 당할 수 있어 도움 요청이 어렵다. 소수 인종은 인종 차별이나 언어 장벽, 법적 지위 문제로 신고나 법적 보호 접근이 제한된다.

학교와 지역사회에서 효과적인 성교육이 이루어지지 않으면 신체적 경계 개념이나 접촉에 대한 의사 표현, 신체적 인격권을 침범하는 행동이나, 성폭력에 대한 이해가 부족해진다. 자연히, 성폭력에 더 취약해지고 대응 능력이 낮아진다.

진료실을 방문한 한 20대 여성은 수년 전 잊을 수 없는 경험을 했다. 트레이너에게 운동 시작 전 마사지를 받다가 성추행을 당한 것이다. 상체 마사지를 받던 중 애매한 가슴 성추행이 이어졌는데, 처음에는 당황한 나머지 몇 분간 반응하지도 못했다. 심지어 당하고 나서도 그것이 성추행인지 마사지인지 혼란스러웠다. 스물을 갓 지난 그는 자기가 성추행당할 것이라곤 꿈에도 생각지 못했고, CCTV도 있는 곳에서 트레이너가 성추행을 저지를 리 없다고도 믿었다. 그는 수년간 실제로 그런 마사지가 있는지 온 인터넷을 다 뒤졌다. 아무에게도 말하지 못했고 신고도 하지 못한 채 혼란스러운 시간을 견뎠다. 몇 분간의 추행을 그냥 잊으려고도 해봤지만, 시간이 갈수록 자신을 더듬던 손의 촉감이 플래시백 현상으로 떠올라 괴로웠고, 더럽혀진 가슴을 도려내고 싶어졌다. 바보같이 제대로 대처하지 못한 자신을 자책했고, 가해자에 대한 분노는 커져만 갔다. 그렇게, 바로잡아야겠다는 생각이 커져 진료실을 찾은 것이었다.

활달하고 지적이던 그는 학교에서 성교육을 받고서도 성추행이나 신체적 경계, 신체적 접촉에 대한 명확한 의사 표현 개념이 부족했다. 그 결과, 마사지라는 특수한 상황을 이용한 성추행을 순발력 있게 인식하고 대처하지 못한 것이었다. 이 개념과 요령 등에 대해 충분히 이야기 나눈 후, 이제 그는 지금이라면 완전히 다르게 대응할 수 있을 것이라고 말했다.

신체적 경계란 우리의 몸이 나만의 안전한 공간이며 타인이 함부로 그 경계를 넘어 접촉하거나 조작하거나 훼손해선 안 된다고 하는 심리적·물리적 한계선을 말한다. 건강한 관계는 상대방의 신체적 경계를 인정하고 존중하는 데서 시작된다. 신체적 경계 중 공간적 경계는 타인이 얼마나 가까이 다가올 수 있는가, 하는 거리나 시선, 몸짓에 관한 부분을 의미한다. 촉각적 경계는 악수나 포옹, 성적 접촉 등 신체 접촉과 관련된 부분을, 생리적 경계는 수면, 배설, 의료 행위 등을 할 때의 한계를 말한다. 신체적 경계는 나와 타인을 구분하는 심리적 자아 경계 중 하나로, 자기 통제감과 자율성의 기초가 된다. 신체적 경계가 침해되면 공포나 수치심, 역겨움, 분노 등의 즉각적 정서가 발생한다. 특히, 성폭력, 아동 학대, 고문, 체벌과 같은 장기적이고 심각한 신체적 경계의 침해는 트라우마와 더불어 무력감이나 자아감 상실을 야기할 수 있다.[49][50]

반면, 미묘한 신체적 경계의 침해도 있다. 예를 들어, 동의 없이 얼굴이나 어깨, 머리를 만지거나 껴안는 행동, 상대방이 싫어하는데도 계속해서 밀거나 당기는 등의 신체적 장난을 치거나 상대방의 개인 공간을 존중하지 않고 지나치게 가까이 다가서는 것, 상대방의 외모나 몸에 대해 원치 않는 평가를 하는 것, 임산부의 배를 만지거나 가까이서 쳐다보는 것 등도 미묘한 신체적 경계 침해의 대표적인 예가 되겠다.

신체적 경계가 스스로를 보호하기 위해 세우는 울타리라면, 신체적 인격권은 누군가가 그 담장을 무단으로 넘어올 때 법의 보호를 받게 해주는 일종의 권리장전에 해당한다. 이른바, 법적·도덕적 권리 개념인 것이다. 신체적 인격권은 헌법이나 국제 인권규약, 의학 윤리의 핵심 조항을 이룬다. 의료 동의, 임신 및 출산 결정, 장기 기증, 치료 거부권과 같은 자기 결정권을 존중하고, 신체에 대한 강제적 침해를 금지하며, 신체에 대한 모든 접촉이나 치료, 연구, 성행위는 자발적 동의를 전제로 해야 한다는 것이 이것의 주요 원칙이다.[51]

물론, 신체적 경계 개념과 신체적 인격권에 대한 교육만큼 중요한 것은 성폭력과 관련된 법률과 정책이다. 이것이 부실하거나 집행이 효과적이지 못할 경우 문제는 더욱 악화된다. 성폭력 피해자들의 고통을 마주하고 회복을 돕는 동안, 나는 몇 번이고 그 중요성을 실감할 수 있었다.

존엄성을 산산조각 내는 성 고문

자신이 누군가를 고문하게 되는 상상을 해본 사람은 많지 않을 것이다. 영화나 드라마에서 고문 장면을 볼 때 우리는 감정 이입을 하더라도 보통 고문당하는 사람 쪽으로 하게 된다. 물론 그 상상 속에서 끝내 고문을 이겨낸 승리자로 남은 사람 역시 많지 않을 것이다. 이것이 '마음 이론'이 있는 보통 사람의 반응이다.

고문 중에서도 가장 악독한 행위로 분류되는 성 고문은 주로 연행이나 구금, 조사 과정에서 발생한다. 성 고문은 다양한 신체적 후유증을 남긴다. 원치 않은 임신, 불임, 낙태, 성병·HIV 감염, 생식기 손상 등은 물론 장기적인 건강에도 심각한 영향을 끼칠 수 있다. 심리적 후유증으로 정체성 혼란과 독성 수치심, 우울증, PTSD, 자살 등이 발생할 수 있고, 양육과 부부관계에도 어려움이 생길 수 있다. 또한 아이에게도 트라우마가 전해져 발달에 영향을 준다. 사회적 편견과 가족이나 공동체의 배제로 낙인과 고립을 경험하고, 이로 인해 교육이나 경제 활동도 제약받을 수 있다. 임신이나 낙태, 출산에 문제를 일으킴으로써 재생산권을 침해당하기도 한다.

열여덟 살에 5·18 최후 항쟁지인 도청에서 생포되어 성 고문 및 강간 피해를 당한 경희 님의 이야기를 하려 한다.[52] 그와는 집단 치료 모임에서 만나 자연스럽게 신뢰가 형성되었다. 그는 2024년에 만들어진 5·18 성폭력피해자모임 임원이 되어 구성원들에게 책임감을 가지고 있었다.

경희 님은 5·18로 크나큰 고통을 겪었으면서도 그 당시 죽은 사람과 가족을 잃은 사람, 고문과 옥살이를 한 사람들이 자신보다 더 큰 고통을 받았다고 생각하며, 생존자 죄책감을 갖고 살고 있었다. 그는 '시위 현장 옆에만 있어도 소요죄로 또 잡혀 들어가니 얼씬도 하지 말라'는 교육을 단단히 받고 감옥에서 풀려났었는데, 그 후부터 10년 동안 시위에 꾸준히 참여했다고 한다. 죄책감이 가장 큰 이유라고 했다.

그는 시위 현장에서도 수많은 사람이 5·18의 아픔을 갖고 있는 것을 보았기에, 자신의 고통을 말해야겠다는 생각은 하지 않고 살았다. 오랫동안 가져온 모임에 5·18 피해 관련 업무를 맡은 공무원이 있었는데도 그에 대해서는 단 한 마디도 하지 않았다. 경희 님은 경제적인 어려움만 아니었으면 보상 신청을 아예 하지 않고 그냥 넘어갔을 것이라고 했다. 과거 보상 신청 때도 성폭력 피해 사실 대부분을 말하지 않았다. 자신의 5·18 이야기는 본인 삶에서는 금지된 것이었다. 그러던 중 피해 사실의 일부를 알고 있던 조사위원으로부터 그것이 밝혀지는 것의 가치에 대해 설명을 듣고 나서 많은 고민을 했다. 진실이 밝혀져야 한다는 쪽으로 결국 마음이 움직여 '5·18 민주화운동 당시 계엄군 등에 의한 성폭력 사건' 조사에 임하게 되었다.

처음 언론 인터뷰를 제안받고 고민이 컸다. 손주와 사돈까지 있는 마당에 피해 사실이 노출되는 것에 걱정이 많았다. 그러나 증언을 시작한 피해자들과 함께 피해 사실을 인정받고 구제받기 위해서 그리고 아직도 숨은 피해자들을 위해서, 나서야 한다는 생각을 피할 수 없었다. 그러던 중 2024년 9월 30일 국회에서 공개 증언 대회를 갖게 되었는데, 그것이 자신을 완전히 내려놓게 된 결정적인 계기가 되었다고 했다.

1980년 당시 열여덟 살이던 경희 님은 가업인 자개 수공업을 돕고 있었다. 당시 1년간 교제 중이던 남자 친구가 방위병으로 복무 중이었는데, 5월 22일 부대로 가던 중 계엄군이 쏜 총탄에 맞아 사망하고 말았다. 경희 님의 오빠와 남자 친구의 형이 리어 카로 남자 친구의 시신을 싣고 왔다. 그는 너무 충격적이고 무서워 시신 근처에 가지도 못했다. 남자 친구는 장례도 치르지 못하고 공동묘지에 묻혔다. 옆집에 살고 있던 남자 친구의 어머니가 무너져 내리는 것을 보았다. 그리고 알 수 없는 힘에 이끌려 도청으로 들어가 시민들을 돕게 되었다.

그는 지금도 자신이 왜 그때 도청에 들어갔는지 의문이라고 했다. 그가 쉽게 설명하지 못하는 이유에는 남자 친구의 죽음이 준 외상적 사별의 충격과 생존자 죄책감이 있었을 것이다. 이후 그의 애도는 이제부터 그가 경험하는 쓰나미 같은 일들로 길을 잃게 된다.

계엄군의 최후 진압을 앞둔 5월 26일 밤, 그는 도청에 남았다. 그렇다고 죽음을 각오한 것도 아니었다. 그는 앞으로 닥칠 일에 대한 두려움으로 새벽까지 잠들지 못했다. 어느 순간 총소리와 함께 총탄이 날아들기 시작했다. 이내 총탄이 벽을 뚫고 들어오는 것 같았다. 본능적으로 도청 1층 바닥에 몸통을 바짝 붙이고 엎드렸는데, 사격이 30분 넘도록 계속되었다. 무서움에 얼어붙어 바닥에 그대로 있는데, 들이닥친 군인들이 살아남은 시민들을 고개 들지 못하도록 때리고 다녔다. 한 군인이 그의 머리를 총으로 치면서 밖으로 이동하라고 했다. 군인들은 손을 머리 뒤로 깍지 끼고 무릎을 꿇은 채 시민들을 이동하게 했다. 그렇게 나오는 길에 죽어 있는 사람들을 보았다. 누가 어떻게 죽었는지 돌아볼 수는 없었다. 생포된 순간부터 엉덩이, 어깨 할 것 없이 무차별적으로 곤봉으로 두들겨 맞았고, 누구든 고개를 돌리면 바로 곤봉 세례가 가해졌다.

   도청 앞으로 끌려나와서 땅바닥에 코를 붙이고 손을 뒤로한 채, 다리를 펴고 엎드려 있어야 했다. 얼마 후 버스가 와서 그를 상무대로 싣고 갔다. 상무대에 내려 종일 모래바닥에 쭈그리고 앉아 고개를 처박고 있어야 했다. 앉아 있으면서도 너무 무서웠다. 담장 너머에서 들려오는 맞는 소리와 비명 소리 때문이었다. 조사를 위해 때리는 것이 아니었고, 기를 꺾어버리려고 이유 없이 두들겨 패는 것이 느껴졌다. 그 자신도 도청에서 잡혀 왔기 때문에 어떤 고초를 겪을지 몰라 두려웠다. 잡혀 온 날 오후에 번호를 들고 머그샷을 찍었다.

   다음 날 조사실로 들어가자 남자 수사관 둘이서 옷을 검사한다며, 속살이 다 보이게 옷을 올려보라고 했다. 그리고 뺨을 때리며 조사를 시작했다. 조사관 한 명은 서 있었고 한 명은 앉아서 계속 물어보았다. 경희 님은 남자 친구의 죽음부터 붙잡혀 올 때까지의 일을 있는 그대로 이야기했다. 수사관들은 믿지 않았다. 욕설을 하면서 다른 의도가 있지 않았었냐고, 간첩 아니냐고 계속 추궁했다. 그러다 갑자기 상의를 올리라고 하더니, 가슴 속옷도 순식간에 강제로 올려버렸다. 바지도 내리도록 한 상태에서 추궁을 이어갔다. 말문이 막히고 눈물이 멈추지 않았다. 그는 울면서 화장실에 갈 수 있게 해달라고 사정했다.

얼마 후 화장실에 보내주었는데, 병사 하나가 따라왔다. 키가 크고 체격이 좋은 병사였는데, 화장실 밖에서 기다리는 듯싶더니 화장실 안으로 밀고 들어와 순식간에 그를 벽으로 밀쳐 강간했다. 병사의 팔에 목이 눌려 숨이 막혔고, 그 상태로 화장실에서 기절해 버렸다. 그 뒤로 어떻게 자신이 영창에 누워 있게 됐는지 기억이 없다. 얼마 동안 정신을 잃었는지도 모른다. 그 뒤로 시간 개념도 잃어버린 채 눈물만 흘렸다. 그대로 죽고 싶다는 마음뿐이었다.

더 이상 혐의점을 못 찾았는지 얼마 후 그들은 광산경찰서 유치장으로 경희 님을 이송했다. 그곳에서도 기합을 주는 등 가혹행위가 있었다. 죽고만 싶었다. 더는 자신이 아무것도 아닌 존재로 느껴졌다. 그러던 어느 날, 큰 강당으로 싣고 가더니 여기서 있었던 일은 절대 발설하지 말고, 시위 현장에 나갔다가는 다시 잡아들일 테니 얼씬도 하지 말라는 교육을 하고서 가족들이 기다리는 곳으로 실어다주었다.

5월 26일 도청에 들어간다는 쪽지를 남기고 사라진 그가 죽은 줄 알고 백방으로 시신을 찾으러 다니던 가족들은 "살아줘서 고맙다"라는 말 외에 어떤 말도 하지 못하고, 끌어안고 눈물만 흘렸다. 그때 가족을 만난 장소도 그의 기억에는 없다. 구금된 기간이 석 달은 넘은 줄 알았는데 단 보름이었다는 이야기를 듣고 충격을 받았다.

집으로 돌아가서도 거의 누워 지냈고, 가끔 옥상에 올라가 멍하니 앉아 있곤 했다. 자신이 경험했던 충격적인 일들이 수시로 떠올라 괴로웠다. 인간의 밑바닥을 본 느낌이었고, 인간으로서 자신의 존재 가치가 더는 남아 있지 않은 듯했다. 그 자신도 그렇고, 죽어간 사람들도 그렇고, 목숨의 가치가 너무 보잘것없다는 생각에 사는 게 별 의미 없이 느껴졌다. 멍하니 눈물만 흘렀다. 혹시나 그가 무슨 일을 벌일까 불안했던 어머니가 외할머니를 그의 옆에 있도록 했다. 그래도 그는 부모님이 걱정할까 봐 도청이나 상무대, 경찰서에서 겪은 일을 말하지 못했다. 석방 후 두 달쯤 되었을 때 약을 모아서 자살 시도를 했다.

이후 교회에도 가고 기도원에서도 지내 보았으나 이전 모습을 회복하지 못했다. 그를 걱정하던 어머니는, 그가 남자 친구의 죽음으로 괴로워하는 줄 알고 결혼을 권했다. 그는 어머니의 뜻에 따라 81년에 열아홉의 나이로 결혼했다.

신혼 초 그는 밤새 악몽에 놀라고 식은땀을 흘리곤 했다. 왜 그러는지 묻는 남편에게, 솔직한 성격의 그는 자신이 겪은 일을 털어놓게 되었다. 이후 남편이 술을 마시거나 갈등이 생길 때면 그것이 약점이 되었다. 어머니는 그를 빨리 결혼시킨 것을 뒤늦게 자책했다.

첫 면담을 하던 날 늦게 나타난 경희 님은 슬픈 얼굴로 집에서 키우던 고양이를 잃어버렸다고 했다. 아무리 부르고 찾아도 안 보여서 한숨도 못 자고 울다 왔다고 했다. 책임감 강하고 다부져 보이지만 여리고 정 많은 심성이 그대로 느껴졌다. 그런 심성의 소유자가 열여덟에 겪은 일의 무게는 너무나 무거웠다. 경희 님과 나는 혼자서 감당할 수 없는 연속된 트라우마를 외로이 품고 있었던 열여덟 살의 그를 위로했다.

경희 님은 성 고문과 강간 피해자였다. 남자 친구의 죽음이 계기가 되어 최후로 도청에 남았다가 생포된 그는 성 고문과 강간으로 무너져 내렸다. 그리고 무너진 자리에서 보았다는 인간의 밑바닥에 짓눌려 있었다. 그 전의 활발함과 주도성, 삶에 대한 의지를 모두 잃었던 그는 태어난 자녀의 눈망울을 보고서야 정신이 번쩍 들었다. 아기를 보는데 얼마나 예쁜지 저절로 시인이 되는 느낌이었다고 했다.

"과거에 대한 정리를 계속했어요. 생각이 정리가 되어야 움직일 힘이 생기니까요. 길을 가다가 돌멩이를 맞은 것처럼 이거는 내 잘못이 아니라는 것에 확신을 가졌어요. 내가 이것에 움츠리고 꿀릴 수 없다는 생각을 정말 많이 했어요. 우울증을 떨쳐내야겠다고 생각했어요. 저에게는 삶의 목표가 있었어요. 엄마도 너무 고생했기 때문에, 경제적인 것에서부터 정신적인 것까지 제가 스스로 딛고 일어서야겠다고 다짐했어요. 아이를 잘 키워봐야겠다고 마음먹었어요. 언젠가부터는 서점에 가서 오래도록 앉아 철학책을 뒤적이다 오곤 했어요. 그때의 제 사진을 보면 눈빛이 살아 있는 것이 느껴져요."

놀라웠다. 그는 내가 수많은 진료에서 해왔던 '수치심의 공정성'을 스스로 찾아냈고, 부단히 기억을 정리했다. 외상적 사별과 성 고문, 강간을 연속해서 겪고 산산이 부서진 후 시야가 좁아져 있었을 그가 자신의 힘으로, 회복으로 가는 금문을 연 것이다. 그에게는 무너진 그를 일으켜 세운 강렬한 무언가가 있었다. 바로 자신을 바라보는 자녀의 눈망울이었다. 그것은 다시 그의 책임감과 주도성을 불러일으켰다. 이는 자녀에 대한 사랑으로 일어선 많은 오월 어머니들의 생애와 닮아 있었다. 모성은 집단 증언 치료에서 서로 공감하고 의미를 찾게 해주는 중요한 주제다. 그는 집이 평안한 안식처로 천국과 같은 곳이어야 한다고 생각했고, 남편과 맞지 않는 부분이 많았지만 귀한 아이들 앞에서 후회할 행동을 보이지 않으려 노력해 왔다고 했다.

경희 님은 자녀로 인해 회복의 동기를 얻었고, 기억의 정리를 통해 회복탄력성을 실현했다. 이 모든 것이 선한 분투가 아니고 무엇이겠는가. 기회가 주어질 때마다 다시 우리는 그의 외상적 애도와 생존자 죄책감, 수치심과 트라우마를 들여다보며 연대할 것이다.

경희 님의 자녀들은 어머니의 고통을 아직 모른다. 어쩌면 영원히 알지 못할 수도 있다. 그의 자녀들이 그의 사연을 알게 되는 날이 온다면, 그날 경희 님과 자녀들은 어떤 경험을 할까. 이런 질문은 같은 시민으로서의 우리를 일깨운다. 우리가 할 수 있는 일은 무엇일까.

그의 이야기는 많은 것을 생각하게 한다.

"살아남았기 때문에 5·18에 대해서 항상 빚진 마음이 있어요. 그래서 더 열심히 살아야겠다는 생각이에요."

치유로 가는 길

성폭력은 목격자도 거의 없고 객관적인 증거도 잘 남지 않는 범죄다. 그래서 피해자의 진술이 결정적이다. 진실을 규명하기 위해서는 피해 사실 조사라는 첫 번째 관문을 넘어야 하는데 이는 무척 험난한 과정이다. 피해자들은 조사에 동의했다가도 번복하기를 반복하고, 약속 장소에 나오지 않거나, 나왔다가 돌아가기도 부지기수다. 수십 년의 세월이 지났어도 여전히 성폭력 생존자 입장에서는 진실을 말하는 것이 자신을 위험하게 만드는 현실이기 때문이다.

5·18 성폭력 피해자들에게 치유의 기회가 조금이라도 일찍 주어졌더라면 그들의 삶은 달랐을 것이다. 안타깝게도 다른 트라우마는 가족이 도움을 주려 하지만, 성폭력 트라우마는 사건

자체로 가족 관계에 위기를 초래한다. 2차 피해의 위험도 크다. 경희 님처럼 산 자의 죄책감이나 수치심이 더 커 말하지 않으려는 이들도 있다. 이미 자살했거나 사망한 이들은 말이 없다. 정신 건강 문제나 신체 건강 문제로 말하기 어려워진 이들도 많다.

침묵을 깨는 문제는 회복의 첫 번째 난관이다. 성폭력이나 성고문 피해를 신고한다는 것은 친척, 친구, 이웃 또는 지인이 이 사실을 알게 될 가능성을 내포한다. 이는 생존자들이 감당하기에 벅찬 일이다. 때문에 말하는 데까지 수년 혹은 수십 년이 더 걸릴 수도 있다. 사돈이나 손주까지 있는 연배의 성폭력 생존자가 40년 넘게 지난 성폭력 사실을 처음으로 꺼내는 데 필요한 용기의 크기를 가늠할 수 있겠는가.

현재 우리나라에서는 성폭력 피해자 심리 지원을 위해 여성가족부와 여성 긴급전화 1366, 경찰청 성폭력 범죄 수사센터, 해바라기 센터와 같은 정부 기관과, 한국성폭력상담소, 성폭력상담소, 한국여성의전화, 한국여성민우회 등의 시민 사회 기관을 두고 있다. 이 기관들은 국가 폭력 현장에서의 성폭력 생존자를 제대로 심리 지원할 수 있을까? 반대로, 국가 폭력 현장에서 일어난 성폭력의 생존자들은 일반 성폭력 상담 기관들로부터 심리 지원을 받으려 할까? 내가 만난 그들은 이런 기관에서 상담받아야겠다는 생각을 그동안 전혀 하지 않았다고 했다.

가장 큰 이유는 국가 폭력으로 인한 성폭력 피해자들이 침묵을 깨는 게 무척 어렵다는 데 있다. 계엄이 선포되면 군과 경찰, 정보 기관 등 강제력을 가진 국가 권력이 사회 전체를 지배한다. 이때 지휘 체계가 위계적hierarchical 구조로 작용하여 상명하복 원칙이 공고해진다. 공권력은 무기와 구금 권한, 검열과 처벌 수단 등 압도적 힘을 보유한다. 그들은 명령 수행자라는 명분 아래 자신들의 폭력을 정당화한다.

일반 시민이나 민간인은 무장도, 법적 보호 장치도 거의 없어 군과 경찰의 자의적 폭력에 취약한 상태에서 피해자가 된다. 자신을 방어하거나 목소리를 낼 권리가 사실상 봉쇄되다 보니, 신고하거나 도움을 구하기도 어렵다. 오히려 신고나 도움 요청이 자신을 더 위험하게 만들기도 한다. 물론 국제법은 군인과 경찰의 성폭력을 전쟁 범죄 혹은 반인도적 범죄로 인정하고 있다. 그러나 군인과 경찰에 의한 성폭력은 가해자에게 심각한 위협이 되므로 대부분 정식으로 보고되지 않는다. 이것이 국가 권력의 신뢰를 무너뜨릴 수 있는 일인 탓에, 국가 역시 성폭력을 부정하거나 은폐, 축소, 왜곡하고 생존자를 억압하고 고립시키려 하는 것이다.

하지만 군인이나 경찰, 공무원 혹은 국가 폭력 상황에서 민간이 저지른 성폭력 범죄를 처벌하지 않는 것은 성폭력 발생을 조장할 수 있다는 점을 잊지 말아야 한다.[53][54] 바꾸어 말하면, 성폭력에 대해 강력한 신고와 책임 시스템을 운용할 경우 성폭력 예방과 해결에 큰 도움이 된다는 뜻이다.[55][56] 이를 위해, 안전한 신고가 이루어지도록 익명성, 비밀 유지, 2차 피해 방지를 보장해야 한다. 또한 즉각적인 보호와 조사, 가해자 격리 조치와 같은 피해자 중심의 대응 체계와 피해자의 회복을 돕는 법적·심리적 지원이 이루어진다면 성폭력 사건 해결뿐 아니라 예방에도 큰 도움이 될 것이다. 가해자와 책임자의 처벌 그리고 법적 정의는 성폭력 피해자의 치유와 회복에 무척이나 중요하다.

성폭력과 성 고문 생존자들이 건강을 회복하고 사회적 관계를 형성할 수 있도록 하려면 전인적 재활이 필수적이다. 의료 지원, 심리 상담부터 가족 및 지역사회 개입, 법률 및 경제적 지원에 이르기까지 다양하고 즉각적이며 포괄적인 서비스가 필요하다. 무엇보다 조기 개입과 조기 지원이 중요하다. 성공적인 재활은 수혜자에게 힘을 주고 사회에 대한 신뢰를 회복하게 해준다. 그러나 많은 국가의 공공 보건 시스템이 성 고문 생존자의 이런 필요를 충족하지 못하고 있다. 우리나라도 다르지 않다는 것을 실감하고 있다.

성폭력 트라우마를 다룰 때는 생존자가 가진 취약성과 회복에 영향을 미칠 수 있는 요인을 파악해야 한다. 생존자에게는 그들의 필요에 맞춘 서비스와 함께 트라우마 정보가 제공될 필요가 있다. 이들이 편안하게 자신의 경험을 공개하고 그에 따른 지원을 받을 수 있도록 안전하고 신뢰할 수 있는 환경이 조성되어야 한다. 이때 생존자에게 권한을 부여하고 회복에 대한 선택권을 주는 방식이 좋다. 이들의 필요에 따라 부인과나 비뇨기과 치료, 물리 치료를 비롯한 의료 서비스, 가족 상담, 그룹 치료 등 다양한 심리 치료 서비스를 제공해야 한다. 일상적인 도움을 제공하는 것도 도움이 된다. 이를 위해, 다양한 직제와 기관 간의 협력이 필수적인데, 이때 개인정보 보호 및 비밀 유지 원칙을 지키는 데 각별히 신경 써야 한다.

고문과 성폭력에 대한 인식 개선 간행물을 발행하고 연대를 위한 미디어 캠페인을 조직하는 것도 도움이 된다. 법적 지원과 재정 지원은 가해자를 법의 심판대에 세우고 생존자가 새로운 삶을 꾸려나갈 수 있도록 돕는 중요한 요소다. 공개 회의나 그룹 활동, 증언 치료 등을 통해 성폭력을 둘러싼 낙인을 줄이고 피해자들이 무죄이며 정의와 재활에 대한 권리가 있음을 사회에 공유하는 것이 생존자에게는 큰 힘이 된다.

5·18 계엄군 등에 의한 성폭력 생존자들 중 조사에 임한 열여섯 분은 2024년 '열매'라는 이름의 단체를 결성했다. 이들은 자조 모임과 치유 모임을 가져 왔다. 5·18민주화운동진상규명조사위원회의 조사위원이 열매의 간사를 맡았고 조사 당시 전문위원이 치유 모임을 주관한다. 소송을 담당하고 있는 변호사, 자문과 진료를 돕는 정신건강의학과 의사, 국립트라우마치유센터 상담가 두 명, 민간 트라우마 전문가 두 명, 다큐멘터리 감독 등이 이 치

유 모임에 상시 참여해 왔다. 열매는 치유 모임 전반부에 법적·행정적 상황과 언론 보도, 사회적 이슈와 구성원의 생활사를 공유하는 사회적 지원 세션을 갖고, 후반부에 증언 치유 세션을 진행한다.

집단 증언 치료의 순서는 순차적이기보다 주인공 상태와 집단 상황에 따라 유연하게 순환적으로 적용한다. 치유에 다양한 관점과 의견이 모아지는 동안 약간의 혼선도 없지는 않았지만, 소속도 분야도 다른 트라우마 전문가들이 각자의 바쁜 업무 중에도 헌신해 줘서 지금껏 이 도전적인 치료를 의미 있게 수행해 올 수 있었다. 계엄군에 의한 성폭력 생존자들의 집단 증언 치료라는 점과 일곱 명의 전문가로 이루어진 '촉진자$_{\text{facilitator}}$*' 구성은 우리나라에서 찾아보기 힘든 시도일 것이라 생각한다. 참여하는 모든 이의 노력으로, 열매 회원들도 공동체 유대감이 빠르게 형성되고 있고, 고통을 나누고 의미를 찾는 집단 작업에 익숙해지고 있다. 이 치유 공동체를 이루는 한 분 한 분이 단비가 되어, 소중한 열매를 맺어 나가게 될 것이다.

---

* 집단에서 말할 수 있는 안전한 분위기를 제공하고 대화나 참여, 자기 표현을 촉진하는 역할을 말한다. 트라우마의 집단 증언 치료에서는 트라우마 전문가가 촉진자 역할에 필요하다.

9장
공동체를 뒤흔드는 국가 폭력 트라우마

"침묵은 피해자를 돕지 않는다. 오직 가해자를 도울 뿐이다."
홀로코스트 생존자이자 인권 운동가 엘리 비젤 Elie Wiesel

트라우마의 물결 효과

집단 트라우마는 안전 경험을 산산조각 내는 어떤 사건으로 인해 집단이나 사회 전체가 겪는 정신적 외상을 의미한다. 집단에 가해진 트라우마의 충격과 울분은 감정 이입을 하는 모든 구성원에게 연쇄 반응을 일으킨다. 그 결과 자연재해, 대형 참사, 국가 폭력, 테러나 전쟁 등의 집단 트라우마 사건이 일어난 후 공동체 내에는 우울증, 불안, PTSD 같은 정신건강 문제의 발생이 증가한다.

그러나 집단 트라우마를 다룰 때 임상적 진단 위주로 접근하는 것은 불충분하다. 예를 들어 PTSD 진단은 트라우마 사건을

'생명에 위협이 될 정도의 일'로만 정의함으로써 복잡한 외상 경험과 그 영향으로 나타나는 당사자 및 공동체 구성원들의 다양한 심리적 영향을 충분히 설명해 주지 못한다. 생존자 죄책감이나 울분, 도덕적 손상, 독성 수치심, 외상적 애도와 같은 문제들도 임상적 진단이 다 담아내기는 힘들다.

집단 트라우마는 구성원에게 다양한 감정과 현상을 경험하게 한다. 트라우마로 인해 생존의 위협을 느끼거나 사회적 안정성의 붕괴를 경험하면서 집단 내에는 만성적 불안, 경계심, 재발 공포가 나타난다. 그로 인해 소문, 괴담, 음모론 등이 퍼지기도 하고 가해자 집단, 정부, 외부 세계에 대한 집단적 분노가 강력하게 공유되기도 한다.

이는 정의 실현에 대한 열망으로 나타나는 한편 보복이나 혐오 감정을 증폭하기도 한다. 타인에게 일어난 트라우마 사건을 접하고 그것에 감정 이입하여 트라우마 반응을 일으키는 '대리 트라우마(혹은 2차 트라우마)'도 일어날 수 있다.

시민들 간에 혹은 피해 생존자나 유가족 간, 피해자 단체 간에 서로 반목하고 분열하는 현상도 흔하다. 이런 현상은 트라우마로 인한 불신과 피해 의식, 흑백 논리가 강해지며 생겨날 수 있다. 이것이 악순환을 일으켜 죄책감과 수치심, 환멸과 불신을 더 악화시킨다.[57] 생존자 죄책감이 집단 차원으로 확산되어 집단 전체가 자책하는 분위기에 빠지기도 한다. 특히, 제대로 알리거나 저항하지 못했다는 수치심이 대물림되어 침묵하는 문화로 이어질 수도 있다. 반복된 위협으로 정서적 마비, 무감각이 나타나거나, 아무렇지 않은 척하는 분위기가 퍼지거나, 감정을 무시하는 냉소적인 분위기가 형성되기도 한다. 이렇듯 집단 트라우마는 사회적 유대감을 약화시키기도, 사회적 규범과 가치, 의미 체계, 관계를 붕괴시키기도 한다.58

반면, 이는 집단에 긍정적인 영향을 남기기도 한다. 극한 경험을 함께 겪으면서 유대감과 연대, 소속감이 강화되기 때문이다. 이 과정에서 '우리'라는 정서가 강해지고 서로에 대한 신뢰와 돌봄이 강화되며 이것이 공동체 회복과 치유의 기반으로 이어질 수 있다. 고통과 희생을 단순히 비극적인 불행으로만 남기지 않고 희생의 의미를 해석하거나 미래를 위한 교훈으로 전환하려는 정서도 생겨난다. 이것은 다양한 기억 의례나 추모 문화로 구체화되기도 한다.

이와 같이 집단 트라우마는 '물결 효과ripple effect*'를 통해 트라우마의 최초 사건이 일어난 집단, 공동체 혹은 사회를 넘어 더 넓은 공동체로 확산된다. 집단 정체성, 문화적 관습, 사회 구조에 영향을 미치고 세대를 넘어 개인과 집단에 영향을 미친다. 진실 규명, 법적 정의, 책임자 처벌, 재발 방지, 피해자 중심 지원과 치

---

* 외상 사건이 개인에게만 머물지 않고 파동처럼 주변인·집단·세대 전체로 확산되는 현상.

료, 기억 활동은 회복에 필수적인데, 이것들은 민주주의와 사회적 지원이 뒷받침될 때만 실현될 수 있다.

2025년 7월 16일 이재명 대통령은 청와대 영빈관에서 열린 '기억과 위로, 치유의 대화' 간담회를 열어 세월호와 이태원, 오송 지하차도, 제주항공 여객기 참사 등 4대 사회적 참사 피해 유가족 약 200여 명을 만났다.[59] 그는 국정 최고 책임자로서 국민의 생명과 안전을 지켜야 할 정부가 책임을 다하지 못했다며 정부를 대표해 고개 숙여 공식 사과했다. 그간의 울분이 느껴지는 울음이 여기저기서 터져나왔다.

전 정권에서는 대통령이 진상 규명 특별법에 거부권을 행사했고, 추모 행사에도 참석하지 않았다. 이재명 대통령은 진실 규명과 책임자 처벌을 제대로 하겠다고 약속했고, 2차 가해에 대한 전담수사팀 구성, 국회 국정조사 추진 등 구체적인 조치를 언급했다. 대통령실 주요 수석과 장·차관급 인사, 부처 대표, 여당 의원 등 정부 여당 고위급 인사들이 배석한 자리였다. 유가족들의 핵심 요구 사항은 진상 조사와 국정 조사, 책임자 처벌, 법제화된 유가족 지원 체계, 추모 공간 조성, 심리 회복 프로그램, 2차 가해 대응 등이었다.

유가족의 요구 사항은 지나치지 않다. 계속 강조해 온 필수 사항을 그대로 담고 있을 뿐이다.

국가 폭력이 새긴 상흔

내가 김춘국 님*을 처음 만난 것은 세월호 참사가 일어난 지 얼마 안 된 2014년 봄이었다. 진도 팽목항과 안산 단원고를 오가던 무렵 그를 처음 만났다. 1980년 5월을 이야기하기 시작하는 그의 굵은 목소리에는 진지함이 서려 있었다. 그의 증언을 들으며, 아픈 형 대신 고문과 사형을 자처한 그의 기개와 의리에 놀랄 수밖에 없었다. 그는 최후 항쟁이 벌어진 도청에 함께하지 못했다는 생존자 죄책감과 지금까지도 풀지 못한 진실 규명 및 책임자 처벌 등의 숙제에 무거운 책임감을 느끼고 있었다.

그는 1980년 5월 18일 평소 잘 다니던 충장로의 다방에서 지인들과 이야기를 나누고 있었다. 그때 다방으로 한 청년이 도망쳐 들어왔다. 뒤쫓아온 계엄군들은 청년을 곤봉으로 무자비하게 때렸다. 말리려 해도 소용없었다. 온 시내가 거대한 폭력의 현장이었다. 뭐라도 해야겠다 생각했고, 시위에 참여했다. 5월 21일 집단 발포로 사상자가 걷잡을 수 없이 늘어났다. 공수부대에 대항은 안 되겠지만 총탄에 맞더라도 대항하자고, 총이라도 들어서 한 사람의 희생이라도 더 막아내자고 마음먹었다. 그때부터 자신의 목숨은 살아 있는 목숨이 아니라고 생각했다.

* 광주트라우마센터 집단 증언 치료 '마이 데이' 다섯 번째 주인공, 2014년 6월 24일, 장소 무각사, 정찬영 진행.

학동 원지교 다리에서 화순 윤 선배라는 분이 총기를 나눠 주었다. 그는 윤 선배를 말렸다.

"선생님 뭔 일이십니까. 저야 총각이지만 가정 있으신 분이 이러면 안 되지요. 들어가세요."

윤 선배의 대답은 다른 많은 시민군의 마음가짐과 크게 다르지 않았다. 12·3 계엄 때 국회로 달려온 시민들의 이야기와도 닮아 있었다.

"나, 세상 살만큼 살았으니까 괜찮다. 이런 일을 보고 참을 수 있냐. 죽으면 같이 죽자."

조선대학교에서 넘어온 군인들이 그쪽으로 들어올 것이니 그곳을 사수하자면서, 공원에서 간단한 총기 교육을 받고 있을 때 친형이 그를 데리러 왔다. 그가 돌아가지 않겠다고 하니까 건강이 안 좋았던 형도 같이 총기 교육을 받았다. 바리케이드를 쳤고 소대장, 분대장을 정하고 조 편성을 했다. 공수부대는 소나기 같은 기관총탄을 퍼붓는데 시민군이 가진 것은 2차 세계대전 때 쓰던 칼빈 소총뿐이었다. 목숨을 내놨으니까 했지, 안 그러면 억만금을 준다 해도 다 도망갔을 거라고 그는 말했다. 60~70명의 시민군이 수백 명씩 움직이는 계엄군에 대항할 수 없을 것이라는 사실을 그들도 잘 알고 있었다. 그의 아버지가 여순 사건처럼 모두 잡혀갈 거라고 했는데, 그 말이 그렇게 참혹한 이야기일 줄은 몰랐다.

5월 23일 도청 지휘부는 타격대를 조직하고 총을 모두 회수했다. 총을 든 지 이틀 만이었다. 청년과 학생들, 재야 인사들이 협상에 나섰고 사태를 수습하려고 했다. 그는 총을 반납한 후에도 매일 도청에 갔다. 계엄군이 쳐들어오고 있으니 귀가하라는 거리 방송에 많은 사람이 집으로 돌아갔고 그도 귀가했다. 5월 27일 새벽 총성이 울리고 한 시간도 안 되어 작전은 끝났다. 날이 밝아 도청에 가봤다. 시체 50여 구가 도청 계단에 있었고 계엄군과 탱크가 삼엄하게 경비를 서고 있었다. 시신들을 보자 같이 죽었어야 했는데 살아 있다는 것이 부끄러웠다. 돌아가신 분들한테 너무 죄송했다. 귀가하기 전에 도청에 450명 정도 남아 있는 것을 봤던 그는 정부가 발표한 사망자와 연행자 숫자는 믿지 않았다.

대장 윤 선배가 자수했고, 그도 자수했다. 같이 학동에서 활동했던 60여 명이 다 끌려왔다. 몸이 성치 않은 형도 마찬가지였다. 기가 막혔다. 묻는 말에 아무것도 안 했다고 버텼다. 그들이 원하는 대로 다 했다고 해야 끝날 텐데, 버티다가 매만 더 맞았다. 그렇게 광주 경찰서 유치장에서 한 달간 수사받았다. 경찰들은 계급이 높다 해도 계엄군한테는 꼼짝 못 했다. 부동 자세로 계엄군에게 조사문을 낭독해야 했고, 젊은 군인에게 정강이를 걷어차이기도 했다. 너 때문에 치욕적인 일을 당했다고 경찰들에게 매를 더 맞았다.

그래도 안 한 걸 했다고 할 수 없었다. '제 2의 5·18을 일으키려고 총기를 땅에 묻어 놓지 않았냐. 빨리 불어라' '그런 적 없다. 너희가 형사들이라 해봐야 광주 사람, 전라남도 사람들 아니냐. 공수부대나 특전사 부대들이 와서 한 행동을 느그들도 봤지 않느냐, 이웃 간인데 우리를 잡아다가 이렇게 할 수는 없다' 하는 실랑이가 그와 경찰 사이에 오갔다. 버티는 그에게는 고문이 가해졌다.

그들은 자신들이 정한 죄의 경중에 따라 특A, A, B, C 네 등급으로 사람들을 나누었다. 그는 A급으로 분류되었다. 조서에 지장을 찍으라고 했는데, 손에 인주를 발라 가위표를 쳐버렸다. 매를 더 맞았고 특수반으로 보내졌다. 한 달 하고도 사흘 만에 조서를 마치고 눈을 가린 채 어디론가 끌려갔다. 눈을 풀어준 곳은 상무대 영창이었다. 재야 인사나 교수님들, 대학생들도 모두 상무대 영창에 끌려와 있었다. 살아남을 생각을 버린 자신은 걱정이 안 되는데 아픈 형과 집에서 내란범이 된 아들 둘을 기다리는 부모님이 걱정이었다.

상무대 영창에서는 삼복 더위에 80명에서 140명씩 뜨뜻한 군복을 입고 좁은 방에 갇혔다. 땀 냄새가 진동했고 옴이 퍼졌다. 가려워서 긁으면 긁었다고 매질을 하고 기합을 줬다. 그런 방에 형과 같이 있는 것이 가장 힘들었다. 위장이 안 좋은 형은 밥도 못 먹어서 말라갔다. 언제 끝날지 모르는 영창 생활에서 속수무책으로 그 모습을 보는 것이 가장 힘들었다.

마침내 상무대 영창에서 조사가 끝났고 검사가 지장을 찍으라고 했다. 검사는 서른두 살의 군 소령이었다. 다른 검사들과 달리 점잖아 보였다. 지장을 찍고 검사 책상에 놓인 담배를 하나 집어 피워 버렸다. "이 자식 건방진 새끼 보소" 하는 검사에게 "검사님. 지장 찍어 버렸으니까 딱 한 가지 부탁만 드릴랍니다. 들어주실 수 있겠습니까?" 했다. 말해보라는 검사에게 내가 사형받을 테니 아픈 형만은 내보내 달라고 했다. 그의 부탁을 들은 검사는 서류를 검토했고 부탁은 통했다. 형은 저녁에 풀려났다. 그도 징역을 받았지만 몇 달 만에 풀려났다.

　출감 후에는 감시를 받았다. 직장도 구하지 못하게 해서[60][61][62] 경제적으로도 어렵게 살았다. 결혼했지만 가장 역할을 하지 못해 이혼했다. 같이 총 들었던 동지들은 오래 살지 못하고 많이 죽었다. 형도 얼마 안 가 세상을 떠났다. 형수와 조카들에게 미안했다. 살아 있는 동지들은 후유증으로 고통받았다. 나라가 싫어지고 삶이 싫어져 한동안 자살 충동에 휩싸였다. 연금 받고 사는 5·18 유공자는 없는데도 사람들은 5·18 유공자들이 연금 받으며 잘 산다고 하고 5·18 그만 우려먹으라는 말들을 쉽게 했다. 모욕감을 느꼈다.

　그는 상무대 영창을 재현한 5·18 자유공원에서 방문자들에게 역사 해설과 증언을 오랫동안 했다. 5·18민주화운동구속부상자회 활동과 증언 활동도 열심히 했으나 지금은 허리가 많이 아파

음악을 공부하며 조용히 지내고 있다.

12·3 계엄 후 처음 안부 전화를 했을 때 김춘국 님은 그냥 무덤덤하다고 했다. 군인들이 달라졌으니 계엄은 실행되지 않을 거라고, 크게 걱정하지 않는다고 했다. 그런데 얼마 후 다시 안부 전화를 했을 때는 달랐다.

"윤석열이 석방되고 나서는 울화통이 터져요. 법관들이 주물럭거리고 있으니. 이게 국가인가 뭔가. 건들거리고 돌아다니는 그자가 사람이요? 이 사람이 다시 대통령을 한다고 하면 나라가 어떻게 될까요. 이게 뭡니까. 나라가 망할 대로 망하면 없는 사람들 어떻게 살아요. 참말로 못 보겠어요. 계엄까지 하려고 했으니 오래오래 권력을 놓지 않으려 할 겁니다."

많은 시민의 울분과 비슷했지만 나라가 망하면 없는 사람들은 어떻게 살겠느냐는 그의 말이 특히 귓전을 맴돌았다. 시민군이었던 그의 걱정은 또렷하게 낮은 자를 향해 있었다.

세대를 건너 남겨지는 유산

전두환 전 대통령은 생전에 카메라 앞에 서서 젊은 사람들이 자신에게 당해보지도 않고 감정이 좋지 않은 것 같다는 말을 한 적이 있다.[63] 그의 말 속에는 자신으로 인해 끔찍한 고통을 받은 수많은 사람과, 그 말을 듣는 젊은이들의 불편한 마음에 대한 배려는 없어 보인다. 자기를 비판하는 사람들에 대한 폭력적인 으름장과 비아냥만 들어 있을 뿐이다. 그는 감옥에 있을 때 손주들에게 들려줄 이야기를 외운다며 책을 손에서 놓지 않았다고 한다.《걸리버 여행기》《아서 왕자》《아더왕의 모험》을 읽고 그 이야기를 들려주던[64] 할아버지는 세상을 떠났고, 그 손주들 중 한 명은 광주에 와서 할아버지 대신 무릎을 꿇고 눈물을 흘리며 사과했다.

    이야기를 들려주던 때의 할아버지는 초롱초롱한 눈망울로 이야기를 듣던 손주에게 그런 순간이 올 것이라 상상이나 했을까? 손주의 눈물과 사죄를 보았다면 어떤 마음이었을까? 할아버지가 들려주던 이야기에 깃든 용기와 선한 마음으로 눈물을 흘리고 사과하는 손주에게 공감은 할 수 있었을까? 손주의 속내에 담긴 미안하고 아픈 마음이 할아버지에게 전해질 수 있었을까? 할아버지가 읽어준 이야기들은 손주들의 마음속에서 어떻게 기억되고 있을까? 돌아가신 할아버지 대신 사과하는 손주와 그 마음을 받아들이는 유족과 피해자 들을 통해 집단 트라우마가 우리에게 얼마나 오랫동안 광범위하게 영향을 미치고 있는지 헤아려볼 수 있다.

    세대 간 트라우마 전이는 트라우마의 영향이 한 세대에서 다음 세대로 전달되는 것을 말한다. 트라우마를 입은 부모의 행동,

감정, 태도, 이야기, 트라우마 스트레스와 문화적 규범은 트라우마를 직접 경험하지 않은 자녀에게도 영향을 미친다. 트라우마가 다음 세대로 전달되는 생물학적 메커니즘에는 '후성유전학epigenetics'이 있다. 이는 DNA 서열 변화 없이 유전자의 발현 방식이 바뀌는 것을 말하는데, 환경적 경험이 유전적 발현의 '스위치'를 켜거나 끄는 것이라 할 수 있다.

후성유전학적 전달에는 생식 세포에 의한 '직접적 전달 방식'과 부모와의 상호 작용에 의한 '간접적 전달 방식'이 있다. 직접적 전달 방식에 대한 연구에서 트라우마는 부모의 정자나 난자에 후성유전학적 변화를 남기고, 이것이 자녀에게 전달될 수 있는 것으로 나타났다. 홀로코스트 생존자의 손주 연구에서 스트레스 관련 호르몬 조절 유전자 발현 패턴이 일부 변형된 것으로 관찰된 것이 그 대표적인 사례다. 간접적 전달은 부모가 트라우마로 인해 과잉 불안, 과잉 보호, 정서 불안정 등의 행동 패턴을 보이면 아이 역시 정서적·행동적 스트레스를 경험하고, 이것이 아이의 후성유전학적 변화를 유발한다는 것이다.[65][66]

5·18 성폭력 피해자인 소희 님의 첫째 딸은 40대가 되었는데도 개 한 마리하고만 생활하면서 집 밖으로 나가지 않는다. 가장 사랑을 많이 줘야 할 때에 엄마가 우울해서 딸이 저렇게 되었다는 생각에 소희 님은 평생을 자책했다.

또 다른 5·18 성폭력 피해자인 소연 님은 정서적으로 매우 불안정한 엄마였다. 좋을 때는 한없이 좋다가도, 화가 나면 180도 달라졌다. 분노가 올라오면 살림이고 뭐고 다 집어던지고 자녀들을 밖으로 쫓아냈다. 아이들은 분노가 많은 엄마를 피했다. 그러면서 술을 안 먹으면 좋은 엄마가 술만 먹으면 왜 이렇게 다혈질로 변하느냐고 일기장에 썼다.

자살 충동에 시달리던 소연 님은 아이들을 다정하게 대하다가 자신이 자살해 버리면 아이들이 더 힘들 수 있겠다는 생각에, 차라리 아이들을 일부러 다정하게 대하지 말자고 다짐했다. 그러다 보니 아이들이 회피형 애착으로 자라 지금도 엄마를 피하고 대화가 없다. 소연 님은 스스로를 책망하면서도 그것이 섭섭하다. 두 아들은 어릴 때부터 원형 탈모가 심했다. 큰아들은 지금도 손톱을 물어뜯는다.

트라우마를 겪은 당사자의 자녀들은 가족에게 어둡고 무거운 침묵의 분위기가 감돌았지만 그 이유를 명확히 알 수 없었다고 이야기한다. 소희 님이나 소연 님의 사연을 모르는 자녀들도 그 무거운 침묵을 느꼈을 것이다. 이런 세대 간 트라우마 전이는 PTSD, 불안, 우울증, 약물 남용 등의 문제와 다양한 심리적·행동적 문제를 낳는다. 또한 만성 질환과 조기 사망 위험 증가와 같은 신체적 건강 문제도 야기한다.

세대 간 전이는 가족을 통해서도 일어나지만 사회적 차원에서도 일어난다. 문화인류학자 한건수는 386 세대의 부모 세대가 한국전쟁의 참혹한 경험을 "말하지 않음으로써" 생존하려는 전략을 택했고, 단순한 정치적 신념이 아닌 생존을 위한 정서적 방어 메커니즘으로 반공 이데올로기를 가졌다고 했다. 또한, 부모의 말하지 않는 공포가 가정의 분위기를 짓누르며 386 자녀들은 원인을 알 수 없는 불안감을 내면화하게 되었고, 민주화 운동을 통해 억압된 분노를 표출했지만 국가 폭력에 노출되어 "저항하는 자기"와 "공포에 떠는 자기"라는 분열된 정체성이 형성되었다고 덧붙였다. 이런 경험이 권위를 거부하면서도 자신이 그런 위치에 서면 똑같이 권위주의적으로 행동하는 모순적 성향의 밑바탕이 되었다는 것이다.

나아가, 감정보다는 이념이나 의무, 성과 중심의 삶을 요구받고 군사 독재에 집단 중심의 전략으로 대응하면서, 이들 세대가 개인의 감정보다 집단을 위한 의무를 중시하게 되었다고 지적했다. 이런 386 세대의 특징을 단순히 비판하기보다는 그 이면에 있는 집단 트라우마와 그것의 세대 간 전이를 이해할 필요가 있다.[67][68]

386 세대의 심리·사회적 특징은 자녀 세대인 MZ 세대에게 어떻게 세대 간 전이가 이루어졌을까. 군사 독재와 민주화 투쟁, IMF 외환 위기 등 부모 세대의 극히 불안정한 경험은 386 세대에게 생존을 위해 물질적 안정과 사회적 성공을 최고의 가치로 내면화하게 했고, 이 안정과 성공에 대한 강박은 자녀인 MZ 세

대에게로 전이되었다. 그러나 MZ 세대에게는 안정과 성공이 달성하기 어려운 목표이다 보니, 이들은 불안과 우울, 낮은 자기 존중감을 경험할 수밖에 없다. 또한, 국가 폭력과 반공주의, 권위주의 과도한 경쟁 등을 겪으며 감정을 드러내는 것이 위험하거나 부적절하다는 것을 학습한 386 부모 세대는 MZ 자녀 세대의 두려움, 슬픔, 연약함과 같은 '부정적 감정'을 자연스럽게 수용하거나 위로하기보다 무시하거나 교정하려 들면서 자녀들과 건강한 상호주관성을 맺는 데 어려움을 갖게 되었다. MZ 자녀 세대 역시 386 부모 세대의 이런 점과 과도한 경쟁 속에서 감정을 인식하고 표현하거나 교류하는 능력이 발달하지 못해 대인관계에 어려움을 겪게 되었고, 이것이 사회적 유대를 약화시키는 배경이 된 것이다.[69][70][71]

　결과적으로, 386 세대나 MZ 세대 모두 자신이 겪지 않은 트라우마의 영향을 부모로부터 전이받은 사정이 상당히 작용했다고 할 수 있다. 제대로 처리되지 않은 채 살아온 집단 트라우마의 유산인 셈이다.

　12·3 계엄 정국에서 나타난 정치적 양극화와 극단주의 경향은 과거 분단과 냉전, 독재로 인한 집단 트라우마의 유산에 얼마간 뿌리를 두고 있다. 분단 현실과 그로 인한 반공 사상은 정의보다 질서나 안보를 강조하는 국민 정체성을 만들었고, '우리 편' 아니면 '적'이라는 내집단 현상을 강화해 왔다. 이로써 집단 동일

시*와 타자 혐오가 내면화되었고, 이것이 세대를 통해 전해졌다. 이는 진보와 보수, 영남과 호남, 남과 여, 정규직과 비정규직 간의 갈등과 대립 현상을 증폭시켰다. 또한 교과서나 언론을 비롯한 공적 기억 영역에서 국가 폭력 가해자를 정당화하거나 진실을 왜곡함으로써 담론은 더 분열되었다.

이 내집단 현상과 갈등의 얽힌 실타래를 풀 기회가 있을까? 있다면 효과적인 방법은 무엇일까? 그것이 바로 '집단 트라우마의 세대 간 전이와 그 회복'이라는 주제가 던지는 질문이다. 우리에게는 그 질문을 더욱 정면에서 마주할 국가 부처와 정책이 필요하다.

생채기 깊은 나무들로 우거진 숲

'케이블타이, 포승줄, 안대, 야구 방망이, 송곳, 망치, 작두 종이 재단기.'

정보사에서 12·3 계엄 전 중앙선거관리위원회 직원들을 체포하기 위해 사전에 준비한 것으로 알려진 도구들이다.[72][73] 저 도구 목록을 읽는 것만으로 아찔해진다. 그런데 계엄 상황에서 실제

---

* 개인이 자신을 특정 집단의 일원이라 심리적으로 동일시하고 정체성을 부여하는 과정.

로 고문이 행해졌다면 어땠을까? 고문은 한번 시작되면 반복되고 확대되는 데다 그 트라우마를 회복하는 데 오랜 시간과 많은 노력이 든다. 12·3 계엄을 막은 시민들은 그런 끔찍한 고문들을 막은 것과 다름없다.

5·18 당시 시민군이던 이성전 님*은 1980년 18일과 19일 화순에 거주하던 중 광주에 나갔다가 공수부대에게 학생들이 무자비하게 맞는 장면을 몇 차례 목격했다. 5월 21일 초파일에는 마을에서 이웃들과 광주에 이런저런 일이 벌어졌다는 이야기를 나누고 있는데, 광주 시민들이 광주 소식을 알리러 급히 화순으로 넘어왔다. 집단 발포로 무차별 학살을 당했다는 것이었다. 사람이 너무 많이 다치고 죽었다는 말에 피가 끓었다. 정말 가만있어서는 안 되겠다, 저항하자고 합심했고, 군민들과 합세해 화순 역전 무기고를 탈취했다.

확보할 수 있는 무기는 구식 카빈총이 전부였다. 이것만으로는 공수부대에게 대항할 수 없었다. 뭐라도 필적할 만한 무기가 필요하다는 생각에 화순 전체를 다니며 다이너마이트를 모았다. 탄광이 있던 화순군에는 다이너마이트를 다룰 줄 아는 사람들이 있었다. 22일 새벽 너릿재를 통과해 광주 지원동 다리에서 시민들과 합류했다. 일부는 다이너마이트를 가지고 내렸고, 일부는

---

* 광주트라우마센터 집단 증언 치료 '마이 데이' 네 번째 주인공, 2014년 4월 29일, 장소 무각사, 정찬영 진행.

전남도청으로 가서 다이너마이트를 전했다. 이틀간 시위대에 합류해 있다가 잠시 집에 다녀오려고 화순으로 넘어간 후 광주가 봉쇄되면서 돌아가지 못했다. 돌아가지 못한 죄책감이 평생 따라다녔다.

7월 1일 정보과 형사들에게 같이 활동했던 열네 명과 함께 화순 경찰서에 연행되었다. 매일 고문이 이어졌다. 총을 들었다 해라, 안 들었다 해라, 자기들 마음대로 하루에도 수없이 조서를 바꿔 쓰게 했다. 그는 경찰들이 "너희들은 똥꾸가 터지게 때려 죽여도 양면지 하나면 된다"면서 큰 가마솥 물을 가득 채워놓고 머리를 눌러 숨을 못 쉬게 만들었다고 했다. 지뢰 탐지기를 가져다가 거짓말 탐지기라고 하면서, 거짓말을 한다고 구타하기도 했다. 한여름의 더위 속에서 좁은 유치장 안에 열서너 명씩 꿇어 앉혀 놓고 자세가 마음에 안 들면 네 시간을 두들겨 팼으며, 나머지는 그 시간 내내 양팔로 뒷짐을 지고 머리를 바닥에 박는 원산폭격을 시켰다. 가혹 행위는 끝이 없었다.

그는 이렇게 이야기했다.

"세상에 그렇게 하잘것없는 존재가 또 있을까요."

한 달 후 상무대 영창으로 옮겨졌다. 군인들 막사에서 조사받으며 곡괭이 자루나 각목, 군홧발로 무차별적인 구타를 당했다. 그는 다이너마이트 건네준 것이 불순 세력과 연결된 증거로 간주되어 광주 폭동 주동자가 되었다. 군사 재판으로 12년을 구형

받았고, 형을 살다 81년 4월 3일 출감했다.

한번 고문받은 사람은 그로 인해 평생을 고문받는다는 이야기가 있다. 그들의 고통은 거기에서 끝나지 않았다. 경찰서에 항의하러 간 다음 날 변사체로 발견되거나 스스로 목숨을 끊은 동지도 있었다. 감시와 취업 방해도 있었지만 고문으로 성치 않은 몸이 되어 어차피 일을 할 수 없었다. 열네 명 중에서 절반 이상이 60세도 못 되어 죽었다. 그도 2001년 편마비가 왔다.

12·3 계엄 후 이성전 님에게 안부 전화를 했다. 그도 트라우마 기억을 재경험했다. 뉴스 하나하나가 트라우마 기억을 자극했고 그것이 다시 현실로 일어나는 상상을 하게 되는 단서로 작용했다.

"계엄 뉴스를 접하고는 예비검속을 당하지 않을까 두려웠어요. 계엄군한테 쫓기다가 발이 안 떨어져서 잡히는 꿈을 자꾸 꿔요. 얼룩무늬 군복에 베레모를 쓴 계엄군이 꿈에 나와요. 경찰들한테 당했던 것도 나오고. 열받아요. 뉴스에서 계엄군을 보니, 우리를 고문하고 구타했던 그때 그 경찰이 어디 사는지 아는데 찾아가서 죽이고 싶은 충동이 자꾸 올라와요. (…) 윤석열 얼굴만 봐도 80년이 떠올라요. 윤석열이 석방되어 나오니, 그 세상이 또 오나 싶었어요. 노상원인가 하는 사람 수첩을 보면서 우리 5·18 동지들도 실어다가 바다에 버릴 수 있겠다는 생각이 들었어요. 머리에 장비 착용한 공수부대들을 보니 그때 머리에 띠 두른 공수부대들이 떠올랐어요. 국회 지하에 전기 차단하러 간 계엄군을 보고는 80년 5월에 도청 지하에서 죽임당한 시민들이 떠올랐고요."

45년 전 일어난 국가 폭력은 피해자들의 생애를 관통했다. 5·18민주화운동진상규명조사위원회는 2024년 6월 24일 종합 보고서에서 5·18 민주화운동 기간 동안 사망 166명, 행방불명 179명, 부상 2,617명이 발생했고, 부상자 중 113명이 상해 후유증으로 사망(생존 기간 7년)한 것으로 발표했다. 사인은 총상이 135명으로 81.3퍼센트였고, 날짜로는 집단 발포가 있었던 5월 21일이 40.4퍼센트(67명)로 가장 많았다. 연령대는 20대 38.6퍼센트(64명), 10대 34.9퍼센트(58명) 등으로 73.5퍼센트가 10대와 청년층에 집중됐다. 계엄군이 지나가는 시민이나 학원에서 공부하는 학생들에게까지 이유 없이 잔학한 폭력을 휘두르기 시작한 5월 18일 하루, 부상자의 18퍼센트에 달하는 442명이 다쳤다. 18일부터 20일까지 부상자들의 상해 부위는 58퍼센트가 머리와 얼굴, 목에 집중됐고, 14퍼센트인 337명은 총상을 입었다. 대검 등 도검류에 의한 자상 피해도 상당수 있었다.[74]

조사위는 면담에 응한 계엄군들로부터 '죽지 않을 정도로 폭행해도 무방하다' '여자들을 탈의시킬 것' 등의 지휘가 하달됐다는 증언을 확보했다. 부상자에는 여성 165명, 13세 이하 어린이 32명, 60세 이상 노인 11명도 포함돼 무차별적인 폭력이 있었음을 알 수 있다. 조사위원회에서 발표한 5·18 부상자 집계에는 505 보안부대에서 발생한 68명, 광주교도소에서 발생한 55명이 포함되었다. 연행 후 구금 및 조사 과정에서 고문 등 가혹 행위로 상해를 입은 것이다.

자신이나 가족이 직접 피해를 당하지 않았더라도 광주 시민들 거의 대부분은 일가족이나 지인, 이웃 중에 피해자가 있거나, 피해를 직접 목격했다. 도시 전체가 봉쇄되고 사람들이 수없이 다치고 죽어나가는데도 언론에는 조금도 보도되지 않았으며, 도리어 저항하거나 체포된 광주 시민이 폭도와 내란 세력으로 보도되었다. 광주는 외롭게 피 흘리는 섬이었다.

5·18 민주화운동에 대한 폄훼와 왜곡, 낙인은 줄곧 지속되었다. 오랜 시간, 물결 효과로 대한민국 전체에 영향을 미친 이 역사적 집단 트라우마는 권력과 민주주의를 대하는 시민들의 태도와 정체성을 바꾸어놓았다. 생존자와 유가족 들은 2012년 광주트라우마센터가 설립되기 전까지 32년의 세월 동안 국가로부터 국가 폭력 트라우마 치유의 도움을 받지 못했다. 이렇게 지속된 집단 트라우마는 2세대 혹은 3세대로 전이되었다.

2006년 임상심리학자 오수성 등의 5·18 민주 유공자 생활 실태 및 후유증 실태 조사 보고서에 따르면 5·18 유가족의 40.1퍼센트, 부상자의 45.2퍼센트, 부상자 가족의 7.3퍼센트에서 중등도 이상의 PTSD가 나타났다.[75] 2022년 임상심리학자 김석웅 등이 펴낸 5·18 희생자 유가족 집단 트라우마 실태조사 보고서에서 유가족 1세대는 직접적 피해자와 유사한 경험, 정체성을 보였다. 1세대는 군부 정권의 감시와 통제, 취업 제한, 연좌제, 진상 규명 투쟁과 정부의 방해, 책임자 불처벌, 경제적 어려움 등으로 인해 굴욕감과 수치심, 울분, 추가 국가 폭력에 대한 두려움, 정체성 손상을 경험했다. 이들의 어려움은 일생 동안 지체된 정의, 트라우마의 재경험, 정권에 따른 기대와 실망을 반복하면서 '문화적 트라우마*'의 성격을 띠게 되었다.[76]

유가족 2세대들 중에는 15.6퍼센트가 PTSD로 진단되었다. 2세대들은 성장 과정에서 돌봄을 제대로 받지 못했다는 점과 부모의 고통을 자녀로서 마주하고 살아야 하는 어려움을 공통적으로 호소했다. 아버지가 사망한 가정에서는 어머니가 아버지를 대신해 생업에 뛰어들었고 이로 인해 성장기 자녀들은 정서적 돌봄을 거의 받지 못했다. 자연히 가족 관계가 약화되거나 해체되기도 했다. 감시와 차별의 결과, 경제적 궁핍과 학력 단절로 장래 희망을 포기하는 일도 비일비재했다.

이렇듯 유가족 1세대는 안전권, 건강권, 피해 회복의 권리, 애도할 권리, 사생활권, 가족구성권 등을 침해당했고, 2세대들은 피해 회복의 권리, 돌봄받을 권리, 가족구성권, 안전권, 정의에

---

* 개인이나 집단이 경험한 심리적 고통이 사회적·문화적 차원으로 확장된 현상으로 집단의 억사, 정체성, 내러티브 형성에 지속적인 영향을 미친다.

대한 권리, 교육권 등을 침해당했다.[77]

'내 고통이 가해자였던 국가의 평가에 따라 재단된다'는 느낌은 부인주의와 추가 폭력에 시달려온 생존자와 유가족 들을 '권력 불균형 power asymmetry'에 노출되게 하고 그들에게 이번 피해 조사도 부인주의의 연장선상이 되지 않을까 하는 우려를 갖게 한다. 이로 인해 그들은 굴욕감과 '재외상화 retraumatization'와 분노, 울분, 무력감 등을 경험할 수 있다. 피해가 공식적으로 인정되면 안도와 심리적 회복이 촉진될 수 있으나 '가해자가 내 고통을 인정한다'는 사실은 심리적 딜레마를 주고 양가감정을 느끼게 할 수 있다.[78]

오랫동안 진실을 왜곡하고 갖은 방법으로 탄압해 오던 국가가 이제는 내 고통을 심사하고 인정하는 주체가 된 역설적인 상황은 피해자에게 '믿을 수 없는 존재였던 국가의 인정을 어떻게 받아들여야 하는가' 하는 숙제를 던져준다. 피해자가 국가의 사과나 인정을 받았을 때 그것은 단순한 위로로 받아들여지지 않는다. 피해자는 안전과 위협, 분노와 화해, 정의와 현실 사이에서 혼란과 모순을 느끼고, 배신과 재신뢰 사이에서 내적 갈등을 경험한다. 고통이 부정당하지 않은 것에 안도하면서도 너무 늦은 인정에 분노한다. 국가의 사과와 인정이 또 다른 통제가 될 수 있음에 안심하지 못하기도 하고, 먼저 희생된 고인이나 동지 들을 배신하는 것은 아닌지 죄책감을 경험하기도 한다.

최근에도 나는 재판과 피해 정도 심사가 진행 중인 5·18 계엄군 등에 의한 성폭력 생존자들이 보이는 재트라우마화와 굴욕감, 양가 감정을 생생히 접하고 있다. 국가가 그들에게 새로운 시작을 알리고 충분히 희망을 전하기 위해서는 장기적인 계획 속에서 체계적인 사과와 인정이 이루어져야 한다. 이를 위해 무엇보다 섬세한 접근이 필요해 보인다.

3부
과거가 미래를 돕는다

10장
고통은 의미를 얻을 때 극복된다

"사랑의 힘이 힘에 대한 사랑에 대항해 승리할 때
세상에는 평화가 찾아올 것이다."

기타리스트 지미 헨드릭스Jimi Hendrix

우리 사회의 파편화 현상

대한민국 근현대사에서는 다양한 국가적·사회적 트라우마가 집중적으로 나타났다. 사람들은 이 트라우마 사건들을 지역과 정치 성향, 세대에 따라 각기 다른 방식으로 기억한다. 미국의 역사학자 도널드 클라크Donald N. Clark은 한국이 역사에 대해, 우리가 누구인가에 대해, 남북 관계와 통일 문제에 대해, 정치적 갈등에 대해 합의점을 찾기 어려운 '파편화fragmentation' 현상을 보인다고 했다. 그는 이렇게 된 것이 한국 근현대사의 수많은 국가 폭력 트라우마가 오랫동안 공식 역사에서 억압되고 침묵되어 왔기 때문이라고 풀이한다. 파편화 현상이 한국 사회의 역동성이 되기도

하지만 갈등 해소를 위해 풀어야 할 과제이기도 하다는 것이다.[1]

역사학자 김미경 또한 적지 않은 세월이 흘렀어도 한국 사회에서 지난 역사적 트라우마 사건의 해석을 두고 공식 기억과 민간 기억, 가해자의 기억과 피해자의 기억, 남한의 기억과 북한의 기억이 갈등하고 있다는 점을 지적했다. 우리 사회에서 역사 문제가 이토록 갈등의 쟁점이 되고 진정한 화해가 이루어지지 않는 상황의 저변에는 해결되지 않은 트라우마와 그로 인해 조각난 기억의 각축전이 있다는 이야기이다.[2]

내가 자문 의사이자 운영위원, 촉탁 의사로 일해왔던 국립트라우마치유센터(전 광주트라우마센터)는 내담자들의 트라우마를 치유하는 기관으로, 갈등하는 기억들의 얽힌 실타래를 풀고 국가 폭력 트라우마의 사회적 회복과 화해를 도모하기 위해 설립된 기관이다. 그러나 2024년 국립으로 전환된 이래 글을 쓰고 있는 2025년 현재까지, 예산과 인력 면에서 나아진 것이 없다. 센터의 예산은 행정안전부와 보건복지부, 기획재정부, 지자체 사이에서 표류하며 책임이 전가되고 있다. 그 부작용을 고스란히 끌어안는 것은 센터 직원들의 몫이다.

그들은 내담자 관리와 각종 프로그램, 매년 돌아오는 시기적 과제와 행정 업무 등에 치이다가 결국 오래가지 못하고 일을 그만두곤 한다. 생존자와 유가족들은 자신의 고통스러운 생애에 대해 들어주고 자신을 환대하던 직원이 그만두면 '센터가 없어진 것 같다'고 반응할 정도로 상심이 크다. 치료적 관계가 중요한 트라우마 치유기관에서 직원들의 잦은 교체는 그 부작용이 상당하다.

이들은 5·18 민주화운동 외에도 한국전쟁 전후 민간인 희생 사건, 여순 사건, 강제 징집 프락치 강요 공작, 조작 간첩 사건들, 삼청교육대, 형제복지원 등 크게 분류해도 십수 종류의 국가 폭력 생존자와 유가족의 치유를 담당하고 있다. 그럼에도 인력은 턱없이 부족해서 다루고 있는 국가 폭력 트라우마의 개수보다 직원의 숫자가 더 적을 정도다. 국립트라우마치유센터 제주 4·3 분원(제주4·3트라우마센터)의 인력 규모도 이와 비슷한 수준이다. 국가 폭력 트라우마의 대상자 규모나 사회적 중요도를 생각하면 이것은 반드시 보완되어야 할 숙제로 보인다.

그럼 국립트라우마치유센터의 예산과 인력만 보강되면 집단 트라우마가 남긴 기억 기반의 갈등을 모두 해결할 수 있을까?

국립트라우마치유센터, 정신건강복지센터, 민간 의료기관은 기본적으로 개인적 혹은 임상적 차원의 치료적 접근을 한다. 그러나 국가 폭력 트라우마에 관한 한 개인적 증상 위주의 접근은 전체 고통의 일부만을 다룰 뿐이다. 그것이 꼭 집단 트라우마로 인한 갈등과 대립을 회복하는 데 충분 조건은 아닌 것이다.

국립트라우마치유센터의 치료와, 내담자의 사회적 차원에서의 집단 트라우마 회복, 사회 구성원의 집단 트라우마 회복 간의 연결점은 어디에 있는 것일까. 지금까지는 기관의 치료와 나머지 차원의 치유가 유기적으로 시너지를 내지 못하고 제각기 돌아갔던 것을 부정하기 힘들다.

치유의 물결 효과

트라우마의 부정적인 효과가 사회 전체에 퍼지는 물결 효과는 역으로도 일으킬 수 있다. 즉, 트라우마의 치유도 사회에 긍정적인 연쇄 반응을 일으킬 수 있는 것이다. 누군가가 증언하고 치유되는 경험은 다시 가족과 공동체에 희망과 회복력을 퍼뜨릴 수 있다. 이는 집단 치료, 피해자 공동체 활동, 집단 증언 치료나 사회적 기억 활동, 시민 사회 연대와 함께할 때 비로소 제대로 일어난다.

한편, 진실이나 기억을 추구하는 것은 단순히 사실을 인정받으려는 것이 아니고, 고통의 의미를 찾으려는 것이다. 의미는 고통을 겪은 삶에 방향과 가치를 부여하는 해석의 틀이다. '내 고통이 개인의 문제가 아니라 사회적 부정의의 결과'임을 확인하는 것이다.[3]

트라우마를 겪은 당사자들에게 가장 견딜 수 없는 것 중 하나는 고통과 희생에 누명을 씌우거나 그 기억이 사람들로부터 아무 의미 없이 잊히는 것이다. 그들이 진실 규명, 책임자 처벌, 재발 방지를 위해 온갖 고생을 다 하는 것도 결국은 고통과 희생의 의미를 찾기 위한 분투라 할 수 있다. 고통의 요인들 중 단 한 가지 요인도 통제할 수 없는 지경에 이르면 그 고통은 견디기 어려운 것이 된다. 이때 고통의 의미가 고통에 대한 통제감 상실을 상쇄해 준다.

세월호 생존 학생들 중 상당수는 대학 전공으로 간호학과, 응급구조학과, 사회복지학과 등을 지원했다. 이는 자신의 트라우마 경험과 친구들의 희생에서 의미를 찾으려는 노력으로 이해할 수 있다. 그뿐 아니라 세월호 유가족들은 진실을 규명하고 안전한 사회를 만들기 위해 노력하고 있다. 그 덕분에 한국 사회는 세월호 참사를 '국가의 책임'과 '안전 불감증'을 드러낸 비극으로 공유하게 되었다. 5·18 생존자와 유가족 들도 5·18 진실 규명과 대한민국의 민주주의를 위해 헌신하고 험난한 투쟁을 마다하지 않았다. 그 결과, 5·18은 1987년 6월 항쟁으로 이어진 대한민국 민주주의 실현의 기점이자 상징이 되었다.

나는 2024년 12월 29일 제주항공 참사 심리 지원 자문위원을 맡아, 유가족과 유가족을 지원하는 인력을 위한 심리 지원 프로그램에 참여하고 있다. 그런데 입술 한가운데에 검지를 세워 붙이고 고개를 양 옆으로 세차게 흔들고만 싶게 만드는 말들을 이번에도 들어야 했다. "싼 항공사 택했다가 생긴 일 아니냐" "돈

아낀 결과를 왜 남 탓하나?" "저가 항공 타면서 무슨 고급 대우를 바라냐?" 등 탑승자의 선택에 항공 사고의 책임이 있다는 식의 비난을 하는 이들이 있었다. "못 사는 집 자녀들이 수학여행을 불국사로나 가지, 왜 제주도로 갔느냐?" "시체 장사 하냐"던 세월호 참사 때의 비난과 닮아 있었다.

이런 2차 가해는 유가족에게 추가적인 상처를 줄 뿐 아니라 원인 규명과 제도적·구조적 책임의 초점을 흐리게 한다. 어디 그뿐인가. 고통받고 있는 자들이 혼란 속에서 애써 찾기 시작한 의미를 처음부터 불분명하게 만든다.

국회에서 급히 제정된 특별법에는 진상 규명 조항이 빠져 있었다. 진상 규명은 집단 트라우마 회복의 첫 사회적 과제이다. 유가족들은 스스로 항공 전문 용어를 공부해서 진실을 밝혀야 하는 현실에 울분을 터뜨렸다. 사고 현장에서 사고 기체와 엔진, 부품, 이송 및 정비 기록 등 기술 관리 자료까지, 그들은 직접 확인해야 했다.

그들은 국회 앞 서명 운동과 항의 집회, 조사위원회 면담 요구 등을 통해 적극적으로 진상 규명을 촉구하는 한편 조사위원회가 정부나 항공사로부터 독립된 민간인 중심으로 구성될 것과, 사고 비행기의 정비 및 운항 기록, 안전 훈련 내역, 부품 인증서 등을 투명하게 공개할 것을 요구했다. 또한 참사가 이대로 잊히지 않고 한국 항공 안전의 새로운 기준을 만들기를 원했다.

비극적 재난을 되돌릴 수는 없지만 희생의 의미를 찾는 것은 피해자와 유가족 스스로 고통을 받아들이고 앞으로 나아갈 수 있게 해준다. 진실 규명은 의미를 찾기 위한 첫 단추다. 그런데 국가 폭력이나 사회적 참사가 일어났을 때 진실은 도리어 국가에 의해 은폐되면서 폭력이 일어났다는 것이 사회적으로 인정되지 않는 경우가 허다하다. 국가는 폭력을 부정하고, 피해자를 고립시키는 정책과 법률, 관행을 제도화해 사회적 해결과 치유를 어렵게 하곤 한다. 피해자를 인정하고 피해자의 명예를 회복하는 일은 권력의 위상에 손상을 주기 때문에 국가는 부인주의를 지속한다. 일제 식민 통치, 강제 징용, 성노예, 관동대학살, 제주 4·3, 여수 순천 사건, 한국전쟁 양민 학살, 5·18 국가 폭력에 이르기까지 모두 가해자의 부인주의가 있었다.

생존자와 유가족의 울분은 이에 예민하게 반응한다. 자신들의 경험과 의미가 역사와 기억에서 삭제될까 두렵기 때문이다. '내 고통이 실제로 있었고 그것은 국가가 크게 잘못한 일이었다'라고 하는 진실과 책임의 인정은 사회적 회복의 출발선이다. 그런데 국가가 이를 부인하거나 왜곡하면 피해자는 내 경험이 지워지고, 내가 존재하지 않는 것처럼 취급되는 '이중적 폭력second trauma*'을 경험한다. 부인주의는 기억의 말살 행위다. 자신의 고

---

* 1차적으로 국가 폭력·성폭력·전쟁 등 직접적 트라우마를 겪은 피해자가 이후 사회·제도·가해자의 부인과 무책임으로 인해 다시 상처를 입는 것을 의미한다.

통이 정당한 사회적 의미를 부여받지 못하고 정의가 실현되지 않는다고 느끼는 순간, 피해자의 울분은 더욱 강화된다. 이미 국가 폭력으로 사회적 지지망이 붕괴된 상태에서 사회적 인정과 연대까지 차단되면 피해자는 완전히 고립된다. 이처럼 국가의 태도는 단순한 의견이 아니라 공적 기억과 역사 서술을 규정하는 힘을 가지고 있다.

시민들은 피해자들의 고통에 감정을 이입한다. 이것은 단순한 연민이라기보다 내가 저 자리에 있을 수도 있었다는 동일시 감정이다. 이는 불의에 분노하고 이웃이 입은 부당한 피해로 인한 공동체 손상을 실감하며 울분과 분노, 두려움을 공유하는 것이다. 가해자의 권력과 부인주의가 지속되면 이런 감정도 이어진다. 시민들은 이 고통스럽고 굴욕적인 감정을 잊지 않는데, 이는 사람들을 무기력하게 만들기도 하지만 사회적 연대와 저항의 정서적 에너지가 되기도 한다.[4]

집단 트라우마 회복에 있어 또 하나 빼놓을 수 없는 것이 '공동의 기억 작업'이다. 공개적 증언, 집단 증언 치료, 증언집 발간, 전시, 추모 공간 등을 통해 심리적 치유에 기여하고 공동체 의식을 강화하는 것이 여기에 해당한다. 이 작업에 사회 전체가 참여해서 폭력을 기억하고, 피해자를 애도하고, 재발을 막으려는 노력이 필요하다. 이때 문학, 예술, 미디어, 교육은 집단 트라우마의 기억과 치유에 중요한 문화적 매개가 된다.

그런데 우리는 개인적·임상적 치유와 사회적 연대, 제도적 정의, 문화적 기억의 확립이라는 네 가지 범주를 각기 따로 생각하는 경향이 있다. 지금까지 국가나 사회가 이것을 교차하거나 통섭해서 풀어가려는 시도가 많이 부족했다고 느낀다.

예를 들어 1980년 이래 5·18 전야제를 포함한 5·18 기념 행사에서는 행사위원회 차원에서 시민들에게 필요한 트라우마 기반 정보를 제공한다든가 '국가 폭력에 의한 집단 트라우마의 심리·사회적 유산'을 행사의 중심 주제로 다뤘던 적이 없었다. 광주가 겪은 집단 트라우마가 어땠는지, 산 자의 죄책감과 기념일 반응이 무엇인지, 외상적 애도와 복합 트라우마는 무엇인지, 많은 시민이 당했던 고문과 성폭력의 후유증에는 어떤 것이 있었는지, 정의와 기억이 트라우마 회복에 어떻게 중요한지, 외상 후 성장은 어떻게 이루어지는 것인지 등에 대한 정보를 제공하거나 제대로 다루지 못한 것이다.

집단 트라우마 치유 기관에 자연스럽게 생겨나는 치유 공동체 역시 비슷한 실정이다. 이 공동체의 구성원들은 사회에서 여러 가지 기억 활동과 공동체 증언, 치유 문화 행사 등에 참여한다. 이런 활동의 장을 제공하고 지원하는 치유 기관이 좀 더 큰 그림으로 행사를 기획하거나 연결할 수 있다면 좋겠지만 이들은 고유의 업무만으로도 벅차다. 국가의 행정 능력으로 치유 기관이나 시민 사회와 협력해 이런 활동을 여러 공적인 장에서 연결하거나 지원한다면 공동체 회복과 관계성, 기억의 연대에 큰 힘이 될 것이다.

2016년 5·18 전야제가 끝나고 세월호 어머니들은 금남로 한가운데에서 오월 어머니들을 만나 얼싸안고 울며 서로 경험을 나누고 위로했다.5 이 장면을 지켜본 이들 역시 뭉클한 감정과 함께 위로받는 기분을 느꼈다. 국가가 치유와 연대, 기억과 정의라는 다른 범주에서의 활동을 좀 더 체계적으로 연결하거나 기획하고 조직하면서 지원하는 것은 그것을 지켜보는 시민들에게도 '기억의 화해'와 '위로'를 가져다줄 수 있다는 것을 확인했던 자리였다.

집단 증언 치유와 집단 간 증언 치유

치유와 화해를 이야기할 때 빼놓을 수 없는 것이 '집단 증언 치유group testimonial healing'와 '집단 간 증언 치유inter-group testimonial healing'이다. 우선 집단 증언 치유에 대해 살펴볼 텐데, 이때 '증언'과 '증언 치유'의 차이를 먼저 알아야 한다. 둘 모두 말하기와 듣기를 통해 외상 경험을 사회적으로 드러내는 행위이지만 그 목적에는 중요한 차이가 있다.

우선 '증언testimony'의 주된 목적은 억압된 역사적 사실을 드러내고 이를 기록함으로써 정의 실현의 근거를 제공하는 데 있다. 진실화해위원회의 청문 절차에서 이루어진 생존자의 진술, 5·18이나 제주 4·3의 생존자 구술 채록 등이 그 대표적 예다. 증언은 역사적·법적 책임 규명을 위한 공적 공간에서 수행되며, 청중은 주로 기록자, 조사자, 재판관과 같이 증거를 검증하는 위치에 선다. 이 과정에서 강조되는 것은 사실성과 객관성이다.[6]

반면 '증언 치유testimonial healing or dialogic testimony'는 외상적 경험을 의미화하고 통합하는 과정 자체를 목적으로 한다. 이는 단순한 사실의 진술을 넘어 상처받은 자아의 존엄을 회복하고 타자와의 정서적 연결을 복원하며 공동체의 공감이 일어나는 과정이다.[7] 증언 치유에서 청중은 증거 수집자가 아니라 공감적 경청자이자 정서적 동반자로 기능한다. 여기서 중요한 것은 객관적 사실이 아니라 정서적 진실이다.[8]

증언과 증언 치유는 엄밀히 분리될 수 있지만, 실제로는 중첩되는 경우도 많다. 진실을 드러내는 증언 행위 그 자체가 치유적 경험으로 이어질 수 있어서다. 이때 사회가 증언을 어떻게 수용하느냐에 따라 증언은 트라우마의 재외상화로 이어질 수도, 회복과 연대의 계기가 될 수도 있다. 따라서 회복을 위해서는 안전한 공간, 공감해 주는 청중, 증언 이후의 사회적 연대가 핵심적 조건이 된다.[9] 2025년 3월 24-25일 남태령에서 이루어진, 다양한 입장에서 각자의 고통을 가진 시민들의 상호 증언에 공감적 연대가 뒤따르면서 이것이 치유의 에너지로 이어졌던 것이 대표적인 사례라 할 수 있겠다.

이제 본격적으로 집단 증언 치유에 대해 알아보자. 이는 다음의 몇 가지 단계로 이루어진다.

먼저, 준비 단계에서는 심리적 안전성과 신뢰 기반을 조성한다. 동일 사건 또는 유사한 사건을 공유한 경험은 서로 간에 동질감과 심리적 유대를 제공해 집단 치유의 토대가 되어 준다. 따라서 집단을 구성할 때 이 점을 고려해야 하며, 사전에 계약 및 동의, 비밀 보장, 경청 규칙, 감정 표현 규범을 설정해야 한다. 촉진자들은 참가자들이 외상 반응을 이해하고 그에 대처하도록 트라우마 민감 교육을 하고, 자기 돌봄 전략을 세우도록 돕는다. 특히 서로 공감하는 분위기를 조성하는 것이 중요하다.[10]

다음으로 증언 공유 단계에서는 외상적 기억을 언어화하고 공유한다. 각 참가자가 자신의 기억과 감정을 서사화하면 집단 구성원은 경청자이자 공감하는 목격자가 된다. 이 과정에서 슬픔, 분노, 수치심 등의 감정이 안전하게 표출되고 감정의 재경험이 일어난다. 그리하여 파편화된 기억이 시간순으로 정돈되면서 통합 기억으로 전환된다. 특정 증언은 반복될 수도 있는데, 이것은 외상 기억의 통합에 기여한다. 이 단계는 재외상화 위험이 높기 때문에 숙련된 임상가의 안정화 개입이 필요하다.[11]

그다음 공감적 반응과 상호 주석화cross-witnessing 단계에서는

'나는 혼자가 아니었다'는 인식과 감정적 지지를 경험한다. 다른 사람의 이야기에서 자신의 감정이 반향되는 상호 공명이 일어나는데, 이것은 감정에 이름을 붙이고 감정과 서사에 의미를 부여하는 데도 기여한다. 이를 통해 생존자의 무고함과 고통의 생애사를 공동체가 인정해 주는 사회적 증명이 일어난다.

상호 주석화는 서로 다른 경험을 가진 참여자들이 이야기할 때 한 사람의 증언이 다른 사람의 기억을 환기하거나 망각된 세부 기억을 떠올리게 해서 다른 참여자의 기억을 보충하는 주석처럼 작용하는 것을 말한다. 한쪽이 말한 경험에 대해 다른 참여자가 인정이나 부인, 해명을 덧붙임으로써 증언이 상호 주석화되면 참여자의 기억은 '사적인 이야기'에서 '공적으로 검증된 기억'으로 전환될 수 있다. 개인의 파편적 기억이 다른 증언과 교차할 때 더 정합적이고 의미 있는 서사로 자리 잡는다. 서로의 목소리가 주석처럼 얽히며 공동체적 회복과 상호 인정의 분위기를 형성한다. 그 안에서 참여자들은 타인의 언어로 자신의 경험을 재해석한다. 특히 가해자 증언이 피해자 증언과 상호 주석화될 때 책임 회피가 어려워지고 사회적 책임이 명확해진다.[12]

이어지는 의미화 및 통합 단계는 트라우마 사건 자체에 초점을 맞추기보다 그 사건을 견뎌내고 대처해 온 개인의 힘, 가치, 소망, 저항의 관점에서 사건을 재해석하는 것이다. 이를 통해 나온 '더 선호하는 이야기'를 참여자들의 증언를 통해 확고히 한다.

이 이야기의 의미와 정체성을 현재의 삶과 미래의 방향성에 연결한다. 이로써 피해자가 생존자와 증언자, 사회적 행위자로 전환되고, 고통이 정치적·사회적 차원에서 재해석되고 의미화된다. '이제 우리는 무엇을 할 수 있을까?'에 대한 집단적 탐색을 통해 미래지향적 서사를 만들 수도 있다.[13]

끝으로 마무리 및 재진입 단계에서는 추모나 기념, 예술적 상징화 등의 의례가 이루어진다. 참가자들은 일상으로의 복귀가 가능해지고 개인 상담을 받게 되며 지역 커뮤니티 등 지속 가능한 지지망과 활동 공간에서 사회 운동으로까지 활동을 연계해 나갈 수 있다. 증언록을 제작하고 전시, 공연, 공론장, 시민 교육 등으로 담론을 확산시킬 수도 있다. 이렇듯 증언 치료는 개인의 트라우마 치유를 넘어서 공동체 구성원 간의 신뢰와 연대를 회복하여 사회적 자본*을 재건하고 민주주의 회복력을 강화한다.[14]

생각해 보면, 집단 증언 치료 안에 들어 있는 공감 반응이나 상호 주석화, 의미화 같은 것은 우리가 대인관계에서나 사회적 관계에서 이미 어느 정도 경험하고 있는 것들이다. 같은 사건에 대한 서로 다른 느낌과 기억을 공유하면서 자신의 경험을 새롭게 되돌아보고 유대감이나 소속감을 느끼는 것은 사회 생활을 하는 사람이라면 누구나 경험하는 일이다. 친한 사람들끼리 경

---

* 사람들 사이의 연결에서 나오는 힘으로, 개인이나 집단이 사회적 관계망, 신뢰, 규범, 네트워크를 통해 얻을 수 있는 자원을 말한다.

험담이나 고충을 나눌 때, 뒷담화를 할 때, 갈등을 해결할 때, 상처를 위로해 줄 때와 같은 상황에서도 경험할 수 있는 것이다. 이 집단 증언 치료의 원리를 잘 이해하는 것이 집단 트라우마의 회복은 물론 사회적 연대의 메커니즘을 이해하는 데 큰 도움이 되는 이유가 여기에 있다.

이제, '집단 간 증언 치유'에 대해 살펴볼 차례다. 여기서 '집단 간'이란 집단 내부가 아니라 서로 다른 집단 사이를 뜻한다. 즉, 피해 집단과 가해 집단, 서로 다른 피해 집단 혹은 갈등 양측 공동체 등이 여기에 해당한다. 이 치유의 주된 목표는 서로의 고통에 대해 듣고 그것을 인정함으로써 상호 이해와 화해 가능성을 여는 것이다. 이는 역사, 민족, 종교, 정치적 진영, 지역 공동체 등의 주제로 갈등을 빚고 있는 집단 간에 적용할 수 있다.

2023년 특전사동지회가 광주 5·18 민주 묘지 참배와 대국민 공동선언식을 통해 5·18 단체들과의 화해를 시도한 바 있다. 아쉽게도 이 시도는 광주 지역 시민 사회와 일부 5·18 단체의 반발로 갈등이 고조되면서 실질적인 화해에 이르지 못했다.

2023년 7월 5·18기념재단은 시민 100명 규모의 토론회('5·18 용서와 화해, 진실과 책임')를 개최했다. 이 토론회에서 시민들은 진상 규명, 사과와 용서 등에 대해 2시간 40분간 심층 토론을 벌였다. 의견이 다른 5·18 일부 단체와 시민 사회 간 갈등 해소 방안에는 '화해·소통'을 위한 자리를 마련해야 한다는 의견이 주를 이뤘다.[15] 우선, 사과와 용서에 대한 의견이 달랐는데, 진정한 반성이 없는 보여주기식 사과에 대한 반대 의견을 말하는 사람들도 있었고 사과를 좀 더 단순한 행위 개념으로 보고 가해자는 사과 행위를, 피해자는 사과의 수용 여부를 선택하면 된다는 의견도 있었다. '진실과 정의 없는 화해' '단순한 용서 촉구가 만드는 2차 가해'를 어떻게 보고 있는가에 따른 입장도 나뉘었다. 그런 차이는 트라우마를 해석하는 개인의 서사가 어떤 것인가에서 올 가능성이 크다. 따라서 이런 갈등에 트라우마 이해 기반trauma-informed의 접근이 도움이 될 수 있다.

예를 들어, 피해자와 가해자 집단 간의 증언 치유를 트라우마 이해 기반의 접근으로 설명해 보겠다. 이 집단 간 증언 치유는 피해자와 가해자에게 '네 고통이 진짜였다'는 사실을 확인시켜 준다. 이 과정을 거치는 동안 이들은 갈라진 기억을 대면하고 그것을 공존 가능한 이야기로 재구성한다.

집단 간 증언 치유의 궁극적 목표는 하나의 진실이 아니라 함께 존재할 수 있는 여러 진실을 복원하는 것이다. 각자의 진실이 서로를 완전히 포섭하거나 정합적으로 맞춰질 수는 없다. 더구나, 각 집단의 기억에는 모순과 왜곡, 부인, 투사, 죄책감, 피해의식, 복수심 등이 뒤섞여 있을 것이다. 이것을 단일한 공동의 서사로 통합하려 하면, 오히려 또 다른 억압과 부정이 일어나고 이 과정에서 추가적인 트라우마가 생길 수도 있다. 따라서 집단 간 증언 치유의 목표는 공존 가능한 복수의 진실을 회복하는 것이다. 다양한 이야기 중 상처가 될 수 있는 모순되거나 왜곡된 이야기를 증언과 공감, 성찰과 시민적 수치심을 통해 공존 가능한 이야기로 만들어가는 것이 증언 치유의 목표다. 그러는 동안 부정하거나 악마화하거나 불신하고 적대시해 왔던 상대와의 인간적 연결을 회복하게 된다.

쉬운 일은 아니다. 그만큼 집단 간 증언 치유는 다학제 전문가들의 꼼꼼한 준비 속에 섬세하고 신중하게 시도될 필요가 있다. 물론 치밀하게 준비한다고 해도 한계와 부작용이 남을 수 있지만 시도할 가치는 차고 넘친다. 집단이 반드시 클 필요도 없다.

피해자와 가해자 집단 간 증언 치유의 대표적인 예로 꼽히는 '남아프리카공화국 진실·화해위원회Truth and Reconciliation Commission, TRC'에서는 피해자와 가해자가 같은 자리에서 증언함으로써 서로의 고통과 책임을 확인했다. 이는 개인 대 개인의 치유를 넘어 인종 간(흑인 vs. 백인), 집단 간(가해자 vs. 피해자)의 역사적 트라우마를 해결하려는 시도였다.[16]

TRC는 그 과정 자체가 치유를 목적으로 설계되었다. 단순한 사실 조사 기구가 아닌 '공적인 의례public ritual'의 성격을 띠었던 것이다. '들어주기'와 '말하기'에 TRC의 핵심 철학이 있었다. 가해자와 피해자라는 대립적 집단이 국가가 마련한 장場에서 대면했고, 서로 완전히 다른 경험과 기억을 들려주었다. 또한 방송과 보도를 통해 전 국민이 간접 청중이 되어 각자의 고통과 진실을 '함께 목격'함으로써 국민을 하나의 '치유 공동체'로 묶어내는 시도가 이루어졌다.[17]

무시당하거나 부인당해 온 피해자의 고통이 보고서에 인정된 것은 개인과 집단이 존엄성을 회복하는 계기가 되었다. TRC는 사면 조건인 '완전한 진실 공개full disclosure'를 통해 가해자가 자신의 범행을 인정하고 공개적으로 부끄러움을 표현하며 참회하게 했다. 이로써 가해자가 사회에 다시 편입될 수 있는 제도적 통로를 제공했다. 나아가 역사 부인을 차단하고 '공식 진실' 확립과 '국가 공인 기록'을 생성하여[18] 미래 세대가 왜곡되지 않은 사실에 기반해 화해할 수 있는 공통의 토대를 마련했다.

'나는 너로 인해 존재한다I am because we are.'라고 하는 '우분투 Ubuntu' 철학*이 증언 과정에서 구현되었다. 백인 청중이 흑인 피해자의 고통에 눈물 흘리는 장면은 공감이 인종을 넘나드는 것을 보여주었고 서로가 같은 공동체의 일원임을 재발견하는 계기가 되었다.[19][20]

물론 TRC의 치유적 성과에는 명백한 한계도 존재했다. 증언 자체가 재외상화로 작용하기도 했고, 가해자가 충분한 죄의식을 느끼지 못하거나 사면받는 모습에 많은 피해자가 분노와 배

---

* 줄루어·코사어에서 비롯된 말로 공동체적 상호성, 상호 의존성, 인간성의 공유를 강조하는 말.

신감을 느끼기도 했다. 화해를 통해 진실을 밝히는 것과 정의를 통해 처벌하는 것 사이의 모순도 해소되지 않았고, 이에 피해자들은 법적 정의가 훼손되었다고 느끼기도 했다.[21] 게다가 TRC는 개인적 범죄에 집중한 나머지 아파르트헤이트Apartheid*를 가능하게 했던 '제도적·경제적·구조적 차별' 문제를 충분히 다루지도 못했다. 이는 오늘날까지도 남아공의 심각한 경제적 불평등으로 남아 있다.[22][23]

그럼에도 TRC는 침묵과 부인의 문화를 증언과 인정의 문화로 전환하는 계기를 마련했다는 점에서 큰 의의가 있다. 그것은 화해라는 여정에 필수적인 첫걸음이었다. 공식적인 역사 서사를 피해자 목소리 중심의 서사로 뒤바꾼 것이다. 이로써 그들은 복수와 증오의 악순환 대신에 용서라는 대안적 가능성을 세계에 제시했다.[24]

TRC만큼 야심찬 스케일의 집단 간 증언 치유가 아니더라도 국가가 집단 트라우마 치유 기관과 협력해서 차근차근 기획을 해 나간다면 의미 있는 증언 치료나 치유적 회합의 장들을 만들어갈 수 있을 것이다. 그런 노력이 다양한 집단 트라우마의 유산으로 갈등과 고통이 지속되고 있는 우리 사회에 치유와 회복의 신선한 물결을 일으킬 수 있으리라 믿는다.

---

*남아프리카공화국에서 1948년부터 1994년까지 공식적으로 시행된 인종 분리·차별 정책.

탈 극단주의 센터의 필요성

'라이프애프터헤이트Life after Hate'[25]는 폭력적 극우 혐오 조직 및 온라인 공간에 발 담근 이들이 그곳에서 벗어나도록 돕는 미국의 비영리단체로 2011년, 전 백인우월주의자들이 설립한 세계 최초의 탈 극우 지원 기관이다. 설립자 중 한 명인 안젤라 킹Angela King은 네오나치 급진주의자였다. 백인 우월주의 문신을 새긴 그는 1998년 유대인 소유 상점을 강도질한 혐의로 미 연방교도소에 수감되었다. 그는 감옥에서 자신이 혐오했던 무슬림과 흑인, 성 소수자들에게 조건 없는 인간적인 도움을 받은 후 증오로 가득찬 자신으로부터 깨어났고, 비슷한 경험을 한 전 백인우월주의자들과 함께 이 단체의 설립자가 되었다.

이 단체는 증오와 폭력의 악순환을 끊고 인간애와 연민을 회복하도록 돕는다. 일대일 사례 관리, 심리 지원, 동료 멘토링을 하고 본인이 아닌 가족이나 친지에게도 교육과 상담을 해준다. 공감 기반의 심층 면담과 인지 재구성 등 근거 중심 개입을 하는데, 평균 12~18개월 동안 서비스를 제공한다. 전문가를 대상으로 워크숍과 훈련을 하고 소셜미디어 캠페인도 진행한다. 미국 심리학계에서는 탈 극단주의 모델의 모범 사례로 꼽히고 있다.[26]

극단주의 연구자 토뢰 뵈르고Tore BjØrgo 등은 극단주의에 대해 사법적 정의로 시작하되 회복적 정의로 마무리해야 한다고 했다.[27] [28] 실제로 극단주의에 대한 사법적 처벌 중심이 아닌 예방적·치료적 개입 모델이 전 세계에 확산되고 있다.[29] 이들은 가족, 학교, 지역사회가 극단주의 초기 신호를 식별하여 조기 개입하도록, 극단주의가 채워주던 '의미와 소속'을 새로운 서사로 전환하도록 돕는다. 또한 낙인을 최소화하고 비판이나 설득보다 경청과 감정적 관계를 통해 변화를 유도한다. 궁극적으로, 이들이 직업, 교육, 가족, 지역사회와의 연결을 회복하도록 앞장선다.

탈 극단주의자들은 극단주의에 빠져들 수밖에 없던 상황과 그때의 심리를 몸소 겪어봤기 때문에, 현재 극단주의에 빠져 위험에 놓인 사람들에게 강한 설득력을 가진다. 대개 극단주의에 빠진 사람들은 소외감, 분노, 정체성 혼란을 느끼는데, 이와 비슷한 경험을 한 탈 극단주의자는 단순한 조언이나 훈계가 아니라 진정성 있는 공감을 건넬 수 있다. 이는 과거 자신이 행했던 폭력과 혐오 활동에 대해 사회적 책임을 지려는 노력이기도 하다.

우리나라에는 아직 정식 탈 극단주의 센터가 없다. 하지만 12·3 계엄은 탈 극단주의 모델이 우리나라에도 제도화될 필요가 있다는 사실을 분명히 보여주었다. 서울서부지방법원 폭동으로 처벌받은 사람들 중에서 탈 극단주의 센터에 참여할 사람이 나왔으면 좋겠다는 생각도 든다.

점점 정치적 극단주의자들이 늘어나고 혐오의 뿌리가 깊어지는 현 상황을 감안하면 이로 인한 범죄가 늘어나지 않을 것이란 보장이 없다. 정부와 민간 전문가가 지원하고 탈 극단주의자와 같은 동료 지원가가 중심이 되는 '탈 극단주의 센터' 모델이 우리나라에도 하루빨리 생겨나야 하는 이유다.

시민 감정 교육이 가져오는 효과들

'시민 감정 교육civic emotion education'은 민주주의 사회에서 건강한 시민성을 형성하고 유지하기 위해 필요한 사회·정치적 감정 능력을 개발하는 교육을 말한다.[30] 우리는 민주주의가 제도만이 아니라 인간 유형에 깊이 의존한다는 것을 앞서 많은 사례에서 확인했다. 시민 감정 교육은 시민 유형을 만든다는 면에서 매우 중요하다. 이는 집단 트라우마의 악순환을 끊는 데도 핵심적 개입이 될 수 있다. 그러나 많은 시민이 느끼는 것처럼 정작 이것이 가장 필요한 우리나라의 학교 현장에서는 지금껏 이 교육이 매우 부실했다.

교육학자 김민성, 박은형은 한국, 미국, 독일, 스웨덴의 사례를 통해 민주 시민 교육을 국제적으로 비교하고 한국적 맥락에서 학교 시민 감정 교육의 방향을 제시한 바 있다. 이들은 한국의 민주 시민 교육이 미국, 독일, 스웨덴과 비교했을 때 뚜렷한 '정체성 부재'와 '실천성 부족'이라는 근본적인 차별성을 보인다고 했다. 한국은 도덕적 지식 습득에 머무르고 미국은 배운 지식을 즉각적인 시민 행동으로 전환하도록 교육한다는 것이다. 또, 독일은 시민 감정 교육을 민주주의에 대한 경계심과 저항 의식을 함양하는 도구로 체계적으로 활용한다는 점이 한국과의 차이라고 보았다. 한국은 시민 감정 교육이 도덕 등 특정 교과에 의존하는 반면 스웨덴은 학교 생활 전반이 하나의 거대한 민주 시민 교육 현장이었다고도 했다.[31]

지식 습득에 머무르고 정체성과 실천성이 부족한 우리나라의 시민 감정 교육에는 어떤 변화가 필요할까? 시민 감정 교육은 트라우마 사건을 다룰 때 사실 전달에 그치지 않고 그 사건이 초래한 분노, 수치심, 슬픔과 같은 정서적 결과와 윤리적 딜레마를 함께 탐구한다. 예를 들어, 홀로코스트 교육에서 희생자의 수치를 외우는 대신 가해·방관·구조의 다양한 관점에 서보고, 그 당시 사람들이 느꼈을 복합적인 감정과 선택의 갈등을 토론하는 식이다.[32]

또한 공적 영역에서 감정과 기억을 언어화하고 공유함으로써 함께 애도하고 통합하는 기회를 경험하게 하는 한편 문학, 영화, 생존자 증언 등을 매개로 삼아 간접적이지만 안전한 방식으로 트라우마와 대면하게 한다. 이를 통해 피해자에 대한 공감을 형성하고 집단의 고통을 함께 목격하는 경험을 제공한다. 트라우마의 미해결 감정과 갈등을 공감, 연대감, 민주적 책임감으로 전

환하는 역량을 키움으로써 트라우마가 재생산되거나 정치적 극단주의로 연결되는 것을 예방하는 것이다.[33]

뿐만 아니라 "왜 나는 특정 집단이나 사상에 대해 강한 분노나 공포를 느끼는가?"라는 질문을 던지도록 한다. 자신의 감정이 역사적 선동, 미디어, 사회적 편견 등에 영향받았을 수 있음을 비판적으로 성찰하도록 유도하는 것인데, 예를 들어 SNS에 퍼지는 극단적 내용이나 혐오 발언을 분석하고 그것이 어떤 감정적 반응(공포, 분노)을 일으키려는 전략을 사용하고 있는지 유추해 보는 식이다.[34] 이로써 이민, 특권, 역사적 책임 등 갈등 요소가 있는 주제에 대해 '감정을 표현하는 동시에 상대를 존중한다'라고 하는 대화 규칙을 세우고 실천할 수 있게 한다. 그 일환으로 역할극, 모의 토론 등을 진행하며 반대 입장에 있는 상대와 대화를 지속하는 능력을 키우고, 원탁 회의 방식으로 모두가 평등하게 앉아 말할 기회를 가지며, 말하는 동안 방해받지 않는 안전한 방식으로 깊은 대화를 나눌 수 있게 된다.[35]

언어화하기 어려운 트라우마를 그림, 음악, 연극, 몸짓 등 비언어적 방식으로 표현하게 하기도 한다. 이것은 직접적인 언급보다 덜 위협적으로 트라우마와 접촉하는 방법으로, 공동체적 치유의 상징적 의례가 될 수 있다. 구체적으로, 공원이나 학교에 '기억과 평화의 정원'을 함께 가꾸거나 집단적 상처를 주제로 한 벽화 그리기에 함께 참여하는 식이다.[36]

이는 비단 집단 트라우마와 관련한 시민 교육에만 한정되지 않는다. SNS의 영향으로 극단주의의 덫에 빠져들기 쉬운 우리 학생들에게도 이런 교육은 반드시 필요하다. 많은 나라가 이미 학교에서 민주주의 교육의 선도적인 모델을 보여주고 있다. 12·3 계엄을 겪은 우리나라도 더 이상은 미룰 수 없어 보인다. 시민 감정 교육은 예방이라는 면에서 탈 극단주의 센터보다 훨씬 효과적이기도 하다. 이 교육의 정착이 아이들과 함께 시민들에게도 치유와 성장을 가져다주리라 믿는다.

회복탄력성의 생태계를 위하여

집단 트라우마 치유를 공부하면서 '사회적 자본'이란 용어와 자주 마주치게 되었다. 그러나 이 용어가 집단 트라우마를 다루는 임상가들에게 멀게 느껴지는 이유는 치유 기관이나 진료실에서 했던 치유 활동과 집단 트라우마의 사회적 회복 사이에 커다란 간극이 존재하기 때문이다. 오히려 그런 이유로 사회적 자본은 우리에게 필요한 중심 개념이라 할 수 있다. 앞서 과도한 자기애를 극복하기 위한 핵심 키워드가 '타인과의 연결 회복'이라고 한 바 있는데 사회적 자본은 그 타인과의 연결을 사회적 차원으로 설명한 개념이라 할 수 있다.

정치학자 로버트 퍼트넘Robert Putnam은 사회적 자본을 '개인 간의 연결 즉, 사회적 네트워크와 그에서 발생하는 호혜성과 신뢰의 규범'으로 정의했다. 그가 이야기하는 사회적 자본의 네 가지 기본 구성 요소는 가족이나 이웃, 단체와 같은 '사회 네트워크social network', 타인 또는 제도에 대한 믿음인 '신뢰trust', 우리는 평등하고 서로 돕는 게 당연하다는 '상호성 규범norms of reciprocity', 봉사나 투표, 단체활동, 공론장에의 참여 등을 의미하는 '시민 참여civic engagement'로 이루어진다. 쉽게 말해, 잘 연결되어 있고(사회 네트워크), 믿을 수 있는 사회이고(신뢰), 동등한 존재로 서로 협력하고(상호성 규범), 공동체 활동에 잘 참여(시민 참여)해야 사회적 자본이 좋은 사회라는 것이다.

퍼트넘에 따르면 이 네 요소는 선순환 관계를 이룬다. 사회 네트워크와 시민 참여는 사람들 사이의 접촉 기회를 늘려준다. 이 늘어난 접촉은 상호성 규범과 신뢰를 강화시킨다. 강화된 신뢰와 호혜성은 다시 사회 네트워크와 시민 참여를 활성화한다.[37] 이렇게 선순환이 일어난다. 이 선순환 관계를 이해하면 악순환도 이해할 수 있다.

사회의 구성원들이 시민 단체, 종교 단체, 지역 클럽 등 네트워크에 대한 참여가 감소하면 사회적 신뢰와 호혜성이 약화되고, 이로 인해 민주주의와 사회의 전반적인 건강이 훼손된다. 민주적 의사 결정은 타인 또는 제도에 대한 신뢰를 기반으로 집단

합의를 이끌어내므로, 신뢰는 정치적 협력의 핵심 자산이라 할 수 있다. 신뢰가 높으면 제도를 존중하게 되니 공익적인 일에 대한 시민 참여도 증가한다. 이때 상호성 규범으로 권력이나 지위가 특정 개인에게 독점되지 않고, 상호 호혜적 교환을 통해 민주주의가 강화된다.[38]

사회적 자본은 사람들의 유대 방식에 따라 세 가지 유형으로 분류된다. 이것을 알아야 집단 트라우마와 사회적 자본의 관계를 더 잘 파악할 수 있다. 사회적 자본에는 가족이나 친한 친구, 공동체 내부 구성원과 같은 가까운 사람들 간의 강한 유대인 '결속형bonding' 자본이 있고 NGO 활동이나 단체 간·지역 간·종교 간 협력 네트워크인 '교량형bridging' 자본이 있으며 시민과 정부 혹은 주민과 공공 기관과 같이 수직적 권력 구조와의 '연결형linking' 자본이 있다.[39] 나는 혹은 내 가족이나 동료는 어떤 유형에 더 가까운가를 생각해 보면 이해가 더 쉬워질 수 있겠다. 가족과 절친한 친구 이외에는 관심이 매우 적은 사람은 결속형 자본 중심인 사람, 느슨한 관계이지만 다양한 범주의 사람이나 단체와도 잘 연결되어 있는 사람은 교량형 유대가 양호한 사람, 정부나 공공 기관과도 잘 협력하고 연결되는 사람이면 연결형 유대가 발달한 사람에 해당하는 것이다.

로버트 퍼트넘은 결속형 자본은 호혜성을 뒷받침하고 연대를 동원하는 데 좋은 반면, 교량형 자본은 외부 자원과의 연결과 정보 확산에 더 유리하다고 설명했다.[40] 케임브리지대학교 역사 및 공공 정책 교수인 사이먼 슈레터Simon Szreter와 하버드대학교 케네디스쿨 교수인 마이클 울콕Michael Woolcock은 연결형 자본 개념을 더욱 심화시켰다. 그들은 연결형 자본이 중요한 이유가 거래 비용을 줄이고 시민의 권리를 보호하며 공공 서비스의 질과 접근성을 개선하는 데 기여하기 때문이라고 했다. 또한 빈곤층이나 소외 계층이 공식 기관과 효과적으로 연결될수록 그들의 삶의 조건이 개선될 수 있음을 보여주었다.[41]

한편, 행정학자 이희창은 한국이 가족, 친구, 동창회 등 내부 집단에 대한 신뢰와 유대(결속형)는 상대적으로 강한 반면 다른 계층, 종교, 지역과 같은 다른 사회적 집단에 대한 신뢰(교량형)와 공공 기관에 대한 신뢰(연결형)는 매우 취약하다는 것을 밝혀냈다.[42] 한국이 교량형과 연결형 자본이 취약한 중요한 원인 중 하나는 식민지 경험, 전쟁, 독재 등 한국 현대사와 관련 있는 것으로 이해된다.[43][44] 오랜 기간 정부나 법원과 같은 공식 기관이 권위주의 통치와 억압의 도구로 기능했던 역사는 제도에 대한 불신(연결형)의 뿌리가 되었다. 또한, 급속한 경제 성장 과정에서 경쟁이 심화되면서 내집단 결속(결속형)은 강화되었으나 사회 전반에 대한 일반적 신뢰(교량형)는 약화된 면도 있었다.[45][46][47][48][49]

국가 폭력이나 사회적 참사와 같은 큰 규모의 집단 트라우마는 사회적 자본에 어떤 영향을 줄까? 그것은 사회 전체의 신뢰와 상호성 규범을 붕괴시키고 시민 참여를 줄어들게 하여 사회적 자본 전체를 악화시킨다. 사회적 자본에서 가장 중요한 것이 국가와 제도, 이웃에 대한 신뢰인데, 집단 트라우마는 이 신뢰를 무너뜨린다. 이때 집단 트라우마의 피해자 집단은 사회적 낙인이나 배제로 사회적 네트워크에서 고립되고 만다.[50]

이것이 사회적 자본의 유형에는 어떤 변화를 일으킬까? 국가폭력과 같은 집단 트라우마가 발생했을 때 가해자 집단과 피해자 집단 사이에는 적대감이 강화되면서 먼저 연결형 자본이 취약해진다. 여기에 폭력이나 부정의가 반복되면 상호성 규범에 대한 신뢰가 무너지고 냉소주의가 증가하여 교량형 자본이 약화된다. 집단 트라우마의 피해자 집단은 '우리가 당했다'는 공통의 경험으로 내부 결속이 강해지며 결속형 자본이 강화된다. 이 과정에서 내집단 기억이 형성되어 내집단 공동체 고유의 정체성도 만들어진다.

자연히 사회적 자본의 유대를 회복하는 것이 집단 트라우마 회복의 핵심 기제가 된다. 공동체 구성원들은 조직적으로 재건과 기억, 치유 활동에 참여하고 교량형과 연결형 유대를 통해 피해 집단이 정치적 정의나 보상을 요구할 수 있는 사회적 기반이 된다.[51] 이런 이유로 공동체 심리학자 프란 노리스Fran H. Norris 등은 사회적 자본이 집단 트라우마에 대한 사회적 회복력의 핵심 자원이라고 했다.[52] 사회적 자본은 정신건강이나 임상적인 측면에서 보았을 때도 정서적 지지를 제공하고, 트라우마 스트레스를 완화하는 순기능을 지닌다. 사회적 자본을 강화하는 것은 재난이나 폭력에 의한 트라우마 이후 빠른 회복과 재통합의 원동력이 되는 것이다.

집단 트라우마는 새로운 사회적 자본을 만들기도 한다. 유가족 협의회, 추모위원회, 시민 단체나 문화예술인 단체, 지원을 위한 정부 기구나 민관 협의체 등이 그 대표적인 예이다. 그뿐 아니라 전문가로 구성된 사회적 자본이 새로이 생겨나는 경우도 있다.

세월호 참사는 수많은 민간 트라우마 전문가들의 자발적 심리 지원 참여를 불러일으켰다. 이것이 계기가 되어 2015년 한국트라우마스트레스학회가 창립되었다. 이는 정신건강의학과 의사, 정신 간호사, 임상 및 상담 심리사, 사회복지사 등 다학제의 연구자와 임상가를 망라한 학회다. 이들이 전국 각지에서 활동하고 있다는 점과 대표적인 국제적 트라우마 학회의 일원이라는 점에서 한국트라우마스트레스학회는 교량형 사회적 자본이라 할 수 있다. 보건복지부, 국가 트라우마센터, 국립 트라우마 치유센터, 권역별 트라우마센터, 정신건강복지센터 등 정부 부처 및 기관과 긴밀히 협력한다는 점에서는 연결형 자본이라 볼 수 있다. 물론, 그 안에 결속형 유대도 들어 있다. 이 학회 구성원들은 세월호 참사 이후 코로나 팬데믹, 이태원 참사, 제주항공 여객기 참사, 경북 지역 산불 등 우리나라에 사회적 재난이 있을 때마다 심리 지원, 정책 제언, 연구, 언론 참여 등에서 중심 역할을 해왔다. 이제는 우리 나라에서 발생하는 집단 트라우마 대응에 있어 없어서는 안 될 소중한 사회적 자본이 되었다.

이렇게 집단 트라우마에 대응하고 회복하기 위해 만들어지거나 강화된 사회적 자본이 사회적 회복탄력성의 중요한 자원이 된 사례는 우리 사회 곳곳에서 찾아볼 수 있다. 나아가, 국가 차원에서의 사회적 자본을 이야기하기 위해서는 뉴질랜드의 사례를 살펴볼 필요가 있다. 2019년 뉴질랜드는 명시적으로 사회적 자본을 국가 정책의 핵심 평가 지표로 도입했다. 사회적 자본을 증진하는 대표적인 국가 부서인 내무부에서는 비영리 및 자원봉사 부문을 지원하고 자발적 참여를 촉진함으로써 결속형 자본을 강화하고 있다. 또한 다양한 공동체들이 협력할 수 있도록 교량형 자본을 효과적으로 지원하고 이들과 정부 간의 협력·소통 구조를 구축해서 지역사회 기반 연결형 자본도 증진하고 있다.[53] 그런가 하면 사회개발부에서는 취약 계층을 지원하고 사회적 포용을 강화하는 정책을 통해 간접적으로 사회적 자본을 키워가고 있다. 이곳에서는 구체적으로 가족, 청년, 실업자 지원 프로그램, 사회 주택 공급 등을 담당한다.[54] 마오리 개발부는 뉴질랜드 원주민인 마오리의 사회·문화·경제적 발전을 지원하는 부서로, 마오리 커뮤니티의 자체적인 사회적 자본과 연결망을 강화하는 데 중점을 두며[55], 민족사회부는 소수 민족 커뮤니티와 사회적 포용성을 강화하고 평등한 사회적 참여를 조성하는 한편 다양성 기반 사회 연대를 형성하여 교량형 및 연결형 자본을 보강한다.[56] 이 밖에 재무부와 사회투자청도 사회적 자본을 강화하기 위한 정책을 펴고 있다.

뉴질랜드 접근법의 주요 특징은 분산형 거버넌스다. 이는 하나의 거대한 부서가 아니라 각 부처가 자신의 고유 기능과 관련된 사회적 자본 요소를 담당하는 것이다. 또한 시민 사회 스스로 사회적 자본을 구축할 수 있도록 정부가 지원하고 장려하고 중개하는 것에 중점을 둔다. 또 다른 특징은 현장 중심성이다. 중앙 정부의 정책보다는 지역사회 주도 사업과 해결책을 정부가 지원하는 것을 우선시한다. 이는 사회적 자본이 지역사회의 맥락에서 형성된다는 점을 잘 반영하고 있다. 자원 봉사를 사회적 자본과 커뮤니티 생활의 핵심 축으로 간주하며, 이를 체계적으로 지원하는 인프라를 갖추고 있다는 점도 주목할 만하다.

사회적 자본이라는 용어를 정부 정책 전면에 내세운 뉴질랜드의 노력은 우리에게 많은 영감을 준다. 대한민국의 노력은 어떤가? 우리나라는 아직 뉴질랜드처럼 사회적 자본을 전면에 내세우거나 전담하는 조직은 없지만, 보건복지부와 여가부, 행안부 등에서 한국행정연구원, 한국법제연구원, 한국보건사회연구원 등의 정부 출연 연구 기관들과 협력하여 다양한 사회적 자본 관련 사업을 진행하고 있다.

여기에 더해 뉴질랜드의 사례와 같이 정부 부처에 사회적 자본을 강화하는 전담 조직을 두어 지원 기능을 명확히 하고 집중적으로 역할을 다하도록 하는 노력이 필요해 보인다. '종합적이지만 분산된 체계'가 핵심이다. 각 거점 부서를 중심으로 다양한 공동체를 지원하되 정부가 직접 통제하기보다 지역사회 주도로 진행해야 한다는 것이다.

우리의 현실에서 사회적 자본 향상을 고민할 때 생각해야 할 것이 있다. 연대 없는 자율은 취약하지만, 자율 없는 연대는 폭력이 된다는 점이다. 사회적 자본을 강화한다면서 대의나 도덕적 결속에 의해서만 공동체 연대를 강조하다가는 다시 젊은 세대를 비롯한 다양한 구성원과의 상호주관성을 형성하지 못하고, 그들에게 피로감과 불안을 줄 수 있다. 우리가 놓치지 말아야 할 것은 정서적 신뢰와 공감을 바탕으로 상호주관성이 살아 있는 사회적 자본이다.

집단 트라우마의 사회적 회복도 그렇다. 짧지 않은 시간, 집단 트라우마와 씨름해 오며 깨달은 것 중 하나는 그것이 시간이 지난다고 해서 그냥 치유되고 회복되는 것이 아니라는 점이었다. 특히, 집단 트라우마 치유 기관의 활동과 증언, 거기서 만들어지는 치유 공동체와 담론이 그 안에서만 그치도록 방임해서는 안 된다. 치유 기관만의 작업에 머무는 순간, 사회적 치유의 시너지는 나지 않게 된다. 그것은 피해자들의 치유에도 한계를 만든다.

다른 피해자 공동체나 가해자 집단을 비롯해 다양한 범주의 공동체와 여러 방식으로 연결되고, 다채로운 영역의 사회적 담론과 만나야 한다. 여기에 사회적 자본을 지렛대로 한 국가의 역할이 필요하다.

생존자와 유가족에게 의미 있는 교량형 자본과 연결형 자본이 주어질 수 있도록 세심하고 창의적인 지원이 필요하다. 그것이 제대로 이루어질 때 해결되지 못한 집단 트라우마와 그로 인한 갈등, 기억의 파편화로부터 회복의 반전을 만들어갈 수 있을 것이며, 집단 트라우마의 유산에 발목 잡혀 있는 우리 사회 전체가 치유의 길로 나아갈 수 있을 것이다. 담대하고 긴 호흡으로 신선한 도전을 시작할 때다.

에필로그

선한 시민들과 함께 지은 지혜의 전당

12·3 계엄 선포에 많은 이들의 뜨거운 기억이 또 한 번 달구어졌다. 그들은 망설임 없이 몸을 움직였다. 마치 이날을 준비해 왔던 것처럼 곧바로 국회로 향했다. 계엄군과 장갑차 앞을 용감하게 막아섰고, 계엄령 해제 결의안을 의결했다. 그들의 마음가짐은 44년 전 시민군, 최후로 도청을 지킨 이들, 이 땅의 정의와 민주주의를 위해 싸웠던 이들의 그것과 닮아 있었다.

공동체에 임박했던 고통을 막고자 희생을 무릅쓰고 국회로 달려온 시민들의 행동은 학살, 고문, 투옥, 성폭력, 외상적 애도를 포함해 모래알같이 많은 고통을 막은 일이었다. 무엇이 이들을 움직였을까? 이들을 보고 과거가 현재를 돕는다고 하는 것은 무슨 의미일까? 과거의 무엇이 현재를 돕는다는 것일까?

우리의 정체성과 자서전적 기억에 감각과 감정, 서사, 의미로 새겨진 트라우마 기억은, 민주주의와 정의에 닥친 현재의 위기와 상호작용 하며 우리의 양 어깨를 힘차게 내리치는 죽비가 되었다. 집단 트라우마가 남긴 사회적·문화적·제도적 유산은 강력한 집단 지성의 자원이 되었다. 과거의 선한 분투가 현재에 되살아나 이웃을 위한 투쟁의 불씨가 된 것도 모두 이런 유산이 있어서 가능했다. 이는 과거가 현재를 돕는 방식이기도 하다. 기억이 없다면, 공유하는 자서전적 서사와 정체성이 없다면, 그것의 사회문화적·제도적 유산이 없다면, 공감과 선한 연대 의식이 없다면, 과거가 현재를 도울 길은 막막할 것이다.

12·3 계엄이 일어나자 국가 폭력 생존자와 유가족을 치료해 온 정신건강의학과 의사인 나에게 관련한 책을 내달라는 사람들이 생겼다. 2025년 1월 첫날 MBC 라디오 프로그램 <김종배의 시선집중>에 패널로 나가 12·3 계엄과 집단 트라우마에 대해 방송한 후 그 요청은 더 많아졌다. 하루하루 계엄 정국은 급박하게 돌아갔고 사람들은 기왕에 책을 내려면 중요한 시국에 시의적절한 담론이 되도록 서둘러 내는 것이 좋겠다고 했다. 2025년 2월 약 3주에 걸쳐 원고가 완성되었다. 사례 중심의 이야기로 엮은 원고는 생애사적 증언 위주로 구성되어 단숨에 읽혔다. 그러나 사례들에 담긴 중요한 심리적 주제들에 대한 심도 있는 설명이 부족

했다. 원고를 갈아엎었다. 출판 시기를 의식하지 말고 국가 폭력과 집단 트라우마에 들어 있는 가치 있는 주제들을 차분히 정리해 보자고 마음먹었다.

대한민국에서 일어나는 집단 트라우마와 국가 폭력 이야기 속에는 의미 있는 주제들이 너무 많았다. 쓰다 보니 분량이 애초 계획의 거의 두 배를 넘어가고 있었다. 너무 두꺼운 책은 곤란했다. 대중적인 교양서이므로 전문적 내용들을 많이 덜어내고, 사례들을 축소했다. 글의 톤을 자연스러운 흐름으로 엮는 것이 숙제였지만 한편으로는 트라우마 치료에서의 진자 운동처럼 읽는 이가 무겁고 뜨거운 '트라우마 기억hot memory'에만 계속적으로 노출되지 않고 '중립적이고 차가운 설명cold memory'에 머무르는 충분한 시간이 필요했다.

실명은 성씨와 함께 썼고, 익명성이 필요한 사례는 성씨를 뺀 가명을 사용했다. 책에 소개된 사례들은 직접 진료하거나 증언 치유를 해온 분들의 것이다. 책을 통해 최초로 그 증언이 공개되는 5·18 성폭력 생존자들, 오랫동안 인연을 맺어온 5·18 국가 폭력 생존자 및 유가족 들의 적극적인 참여에 존경과 사랑, 감사를 전한다. 증언이 나올 수 있기까지 함께 애써주신 광주트라우마센터 및 국립트라우마치유센터의 직원과 동참해 주신 민간 전문가분들께도 감사드린다. 또한 진료실에서 자신의 이야기를 책에 싣는 것에 흔쾌히 동의해 주신 분들, 어려운 여건에도 중요한 순간의 역사적 증언과 자료를 모아 시민 사회에 알려준 모든 분에게 감사드린다. 이 노력들이 계엄 정국에도 시민들의 집단 기억과 집단 지성에 자양분이 되어 왔고 앞으로도 오랜 세월 다양한 공론장의 자료로 쓰일 것이라 믿는다.

2024년 저녁, 당시 야당 대표 이재명은 계엄령 선포를 듣고 곧바로 국회로 향했고, 유튜브를 통해 시민들에게 '비상 계엄 해제를 의결할 수 있게, 우리의 민주주의를 지켜낼 수 있게 힘을 보태 달라'고 간절히 호소했다. 그 순간 국회로 향하는 승용차 안에서 절박하게 전한 그의 이야기는 초등학교 5학년 때 들었던 거리 방송을 떠올리게 했다.

"광주 시민 여러분. 지금 우리 형제자매들이 죽어가고 있습니다. 어떻게 집에서 편안하게 주무실 수 있습니까. 여러분이 도청으로 나오셔서 우리 형제자매들을 살려 주십시오." "우리를 잊지 말아 주세요. 광주를 잊지 말아 주세요. 우리를 꼭 기억해 주세요."

12·3 계엄령 선포 후 목격했던 시민들의 선하고 영웅적인 행동들은 지금도 마음을 울린다. 민주주의를 지키고자 하는 그들의 선한 마음은 여의도와 광화문, 남태령을 거쳐 온 나라로 퍼져 나갔다. 서로의 고통과 바람은 광장의 증언과 공감을 통해 연결되었고, 그 선한 힘을 바탕으로 새 정부가 들어섰다. 나는 이 정부에서 사회적 자본 부처가 설립되어 지역주의와 정치 양극화의

뿌리인 사회적 트라우마에 대한 회복적 정의가 이루어지길, 민주주의를 위한 사회적 자본이 만들어지길 소망한다. 이 책이 그 길에서 조그만 참고가 된다면 더 바랄 것이 없겠다.

끝으로, 짧지 않은 시간 동안 집필 과정에 몰입할 수 있도록 응원하고 기다려준 가족과 친구들, 편집과 탈고에 아낌없는 도움을 주신 잠비 출판사 김효선 대표님께 특별한 감사의 마음을 전한다.

끝나지 않은 이야기

12·3 계엄이 실행됐다면

열네 번째 계엄령이 포고되었다.
과거는 계엄 주역들의 현재도 도왔다.
데자뷔 같은 계엄을 준비하고 실행하는 장군들에게
과거는 훌륭한 참고서가 되었다.

추락

2025년 한 해 대한민국 경제는 곤두박질쳤다. 무역 의존도 75퍼센트인 나라에 계엄이 장기화되면서 수출은 급감했고 무디스와 S&P 등에서 발표하는 국가 신용 등급은 하락을 거듭했다. 주식은 외국인과 기관, 개인의 지분이 모두 빠지면서 시가총액 1,000조 이상이 증발했다. 한국은행은 현금을 풀어 유동성을 공급하고 경제를 회복시키려 했지만, 내수 경기는 갈수록 둔화되었고 부동산 경기는 얼어붙었으며 환율은 불안정해졌다. 원 달러 환율이 1,700원까지 치솟았다. 환율이 오르면서 석유 화학, 정유, 철강, 건설 등 업계는 원재료비 상승으로 패닉에 휩싸였고 유류비 고공 행진으로 가계에 시름이 더해졌다. 살인적인 환율로 해외 유학생 상당수와 정부 기관 및 민간 기업의 해외 주재원들도 비용을 감당하지 못하고 귀국하였다. 조용히 현지 취업 비자를 알아보는 이들도 많아졌다.

전 국민 여행 금지가 지속되면서 여행 업계, 항공 업계 파산 소식이 줄을 이었다. 계엄과 끊이지 않는 시위로 대한민국은 여행 금지국 혹은 여행 제한 권고국이 되었고 관광 수지는 최악이 됐다. 천문학적으로 오른 주한 미군 주둔비를 부담해야 했고, 납품 기한을 맞추지 못해 배상금을 물어야 하는 수출 기업이 속출했다. 신규 계약은 어려워지고 외국인 투자와 신용 등급이 저하되는 악순환에 빠졌다.

미국의 각종 대중국 규제에 직격탄을 맞은 반도체 등의 분야에서는 정부의 반중 정책으로 대형 중국 공장들 상당수가 철수했고 중국 무역은 절반으로 줄었다. 미국의 관세와 보조금 철폐의 충격도 컸다. 세계 6위이던 대한민국 수출 규모는 무서운 속도로 25위권 밖으로 미끄러져 갔다. 정부는 뾰족한 반전의 수가 없었다.

사이코패스 국가

2025년 봄 대한민국 국가는 사이코패스였다. 정치인, 언론인, 법조인, 유튜버, 군인, 경찰, 의사, 공무원, 전교조, 민변, 민주노총, 천주교 정의구현사제단 구성원을 비롯해 다양한 인사와 시민들이 실미도나 백령도, 동해안 할 것 없이 외진 곳에서 테러나 사고사로 희생되었다. 정부는 북한이나 중국 삼합회, 간첩이 벌인 소행이라고 발표했다. 시신은 아예 찾을 수 없거나 훼손이 심해 알아보기 힘들었고, 기일이 같은 희생자들이 여기저기서 집단으로 생겨났다. 희생자 중에는 보수나 중도 성향의 인사들도 상당수 포함되어 있었다. 대체로 사사로운 이유로 정권의 눈밖에 난 사람들이었다. 체포 대상은 A, B, C, D 등급으로 분류되었지만 그런 분류는 시간이 가면서 별 의미가 없어졌다. 사람들은 산 자의 죄책감과 울분, 수치심과 상실의 슬픔으로 극심한 고통을 받았다.

죽임이나 처벌을 당하지 않더라도 정부에 저항하는 행동을 한 이들은 '주먹'에 의해 '분쇄'당하기 일쑤였다. '주먹'의 주축은 대개 과격한 유튜버이거나 일부 교회의 젊은 신도들 혹은 전과자들이었다. 법원을 습격했던 이들은 모두 사면되어 주먹의 주축이 되었다.

2026년 의대 정원은 2025년보다 500명 더 늘었다. 의협과 전공의협의회 임원, 저항하는 의사 들이 연달아 수거되었다. 정부는 의사가 더 필요해졌다. 정형외과·신경외과·일반 외과 봉직의와 개원의 상당수가 군의관으로 차출되었다. 이들은 국군 병원에서 근무했고 계엄사 수사 과정에서 종이 절단기로 절단된 손가락이나 발가락, 상·하지의 상처를 봉합하거나, 야구 방망이 등 둔기 구타로 일어난 골절상, 장기 손상, 뇌출혈이나 신경 손상 등 외상을 치료하기 바빴다. 그 때문인지 2026년 의대 수시 모집 경쟁률은 예전에 비해 낮아졌다.

병원과 의사에 불만이 있는 환자나 환자 가족 들은 의사들을 포고령 위반으로 고발하기도 했다. 사람들은 응급실 뺑뺑이 같은 억울한 일을 그냥 넘기지 않았다. 고발되는 것은 의사만이 아니었다. 관공서나 공기업 민원, 사적인 원한, 경쟁 관계, 이해 충돌이 있는 경우 상대방을 포고령 위반으로 고발하는 일이 늘었다. 정부에 연줄이 있는 사람은 더 했다.

포고령 위반 재판은 단심 군사 재판으로 신속하게 이루어졌다. 처단되거나 처벌된 사람의 가족은 기한 없이 감시 대상이 되었다. 거주지에서 벗어나 이동하려면 당국의 허가를 받아야 했다. 가택 연금에도 저항하는 사람들은 조용히 체포되어 사라지거나 이런저런 곤욕을 치렀지만, 그럼에도 불구하고 저항은 잦아들지 않았다.

미국은 쿠데타 정권의 독재 행위를 반민주적이고 비인도적이라며 비판했고, 동북아 안정에 도움이 되지 않는다며 우려를 표했다. 미국이 핵무기 보유를 반대하고 정부에 대한 비판이 지속되자, 성조기를 흔들며 미국을 지지하는 극우 유튜버나 친정부 인사들이 점차 줄어들었다.

제주, 부산, 목포, 평택, 속초, 포항 등 해군 기지에 자위대 군함이 정박했다. DMZ에도 자위대가 주둔했다.

K-컬처와 K-레지스탕스

수많은 사회적 기업과 NGO가 까다로운 규제를 받거나 활동이 금지되었다. 열 명 이상이 모이는 행사는 엄격한 허가를 받아야 했고 블랙리스트에 오른 문화예술인의 활동은 대부분 제한되었다. 그러는 사이 K-컬처는 옛말이 되어 세계의 레트로 장르로 남았다. K-쿠데타만이 대한민국을 대표했다.

국내의 지하와 해외에서 활동하는 K-레지스탕스의 활동이 활발해졌다. 그럴수록 쿠데타 정부의 잔인한 탄압과 고문, 조작된 죄목, 감시와 차별은 심해졌다. K-레지스탕스는 쿠데타 정권의 정통성을 부정하고 미국에 임시 정부를 수립했다. K-팝을 비롯한 K-컬처의 전 세계 팬들은 K-레지스탕스와 임시 정부의 저항 운동을 열광적으로 지지했다. 유튜브와 인스타그램을 비롯한 주요 SNS에 저항 운동 관련 영상과 조회수가 폭발적으로 늘었다. K-컬처를 잠재운 대한민국의 쿠데타 정권에 대한 국제 여론은 악화일로였다.

국내 게시물을 검열해도 국외에서 올린 반정부 동영상은 어떻게 할 수 없었다. 뒷목을 잡던 쿠데타 주역들은 급기야 유튜브와 인스타그램, 주요 SNS를 금지하고 인터넷 방화벽을 만들었다. 정부는 유튜브를 대체할 국내 범용 동영상 플랫폼을 만들었다. 새 플랫폼은 미국 달러를 거치지 않으니, 슈퍼챗과 광고로 인한 수입 집계를 투명하게 할 수 있었고 모든 수입에 소득세가 부과되었다. 언론과 포털, 앱에서 정부 비판적인 내용은 철저히 검열되어 순식간에 삭제되었다. 사람들은 좌나 우를 가리지 않고 해킹을 통해 인터넷 방화벽을 뚫고 인터넷 국경 밖으로의 접촉을 끊임없이 시도했다.

그들이 혐오하던 중국이나 북한보다 더한 독재 국가가 된 현실에 모두가 분개했다. 특히 학생들의 분노는 폭발 직전이었다. 한순간에 삼류 국가의 국민으로 전락한 것과 국가가 바뀌지 않는 한 자신들의 운명이 계속 곤두박질칠 것이라는 사실에 절망했다. 정부도 중·고등학생들의 시위를 가장 골치아파했다. 다 죽일 수도, 다 잡아 가둘 수도 없었다. 이를 지켜보는 학부모들의 우려와 울분도 커져만 갔다.

쿠데타 사회

반공과 친일, 혐중, 반동성애, 감세, 시장주의의 목소리가 사회적 담론과 학문의 주류를 차지했다. 이승만, 박정희, 전두환을 기념하는 동상이나 공원이 늘었고, 동상 앞에 꽃을 두고 절을 하거나 소원을 비는 사람이 심심찮게 보였다. 그들도 과거가 현재를 돕는다고 믿었다.

제주 4·3, 여순, 5·18, 조작 간첩 사건, 민주화운동 등 국가 폭력에 의한 피해 당사자와 유족 들은 트라우마 재경험과 울분으로 고통받았다. 이들에 대한 정부의 감시는 더욱 심해졌다. 반공과 뉴라이트 역사관으로 역사 왜곡은 다시 시작되었고, 국가 폭력은 반국가세력에 대한 통치 행위로 정당화되었다. 국가 지도자가 폭력을 즐겨 쓰자 사회에서도 권위주의가 만연했고, 각계에서 권력을 가진 이들의 폭력과 갑질이 늘었다. 가정 폭력과 성폭력도 증가했다. 모든 일이 사회적 규범보다는 권력과 인맥으로 더 잘 해결되는 사회가 됐다.

코로나를 거치며 국민 과반을 넘겼던 무신론자는 계엄이 길어지면서 더 늘어났다. 계엄으로 경제가 파탄 나고 불공정이 극심해진 사회가 되어가는데, 교회가 계엄을 지지하거나 침묵하는 것을 보며 많은 사람이 교회를 떠났다.

일부 대형 교회 건물들이 하나둘 매물로 나왔다. 대신 점집을 찾는 사람이 많아지고 무속인들의 다양하고 창의적인 활동이 활발해졌다.

참사는 반복되었지만 정부가 정해준 개인 상담 이외에 지원 네트워크를 만들거나 자조 모임을 하는 것은 금지되었다. 집단 상담이나 증언 치료도 금지되었다. 사회적 참사는 계속되었고 젊은 사망자가 많을수록 많은 복을 받을 수 있다는 믿음을 가진 주술사들이 참사 현장에서 소주병이나 제사상을 차려 두고 참배하거나 굿을 하는 풍경이 늘었다. 참사의 빈소에 영정 사진이나 사망자 이름을 게시하는 것이 금지되었다. 애도는 정부가 정해준 방식 내에서만 허용되었다.

죽음은 참사보다 국가 폭력에 의한 것이 압도적으로 많았다. 언론에서 다루지 않고 장례 행사도 금지되어 표가 나지 않았지만, 온 사회에 트라우마와 비탄적 애도가 넘쳐났다. TV 상담 프로그램은 시청률이 바닥을 기었다. 딱히 위로도, 지혜도 얻기 어려운 현실이 되어서였다. 정신건강의학과 진료도, 상담센터 상담도 마찬가지였다.

부정 선거로 당선되었다며 국회는 해산되었다. 뒤이어 부정 선거의 온상으로 몰렸던 선관위도 없어졌다. 장기 집권을 위한 개헌이 이루어졌고 국회의원은 새로운 선거제도로 150명만 선출했다.

쿠데타의 오래된 미래

그러던 중 군인들이 천년 왕국으로 오래오래 집권하고 싶어 했던 독재자를 수거했다. 국민의 지지를 받지 못하고 나라의 모든 분야를 끝없이 후퇴시키는 무능하고 괴팍한 지도자가 군인들에게는 골치 아픈 방해물로 느껴졌다. 독재 권력은 총구에서 나왔고 총구를 이끄는 힘은 군 장성들에게 있었다. 충성을 맹세했지만 그들은 처음부터 이익 공동체였다. 더는 이익을 주지 못하는 리더는 수거 대상이었다. "군복을 입었다고 할 말을 못 하면 병신"이라던 국방장관의 말은 독재자에게도 유효했다. 군인들의 세상이 잠시 열렸지만 얼마 가지 못했다.

호수에 비친 달 그림자 위로 보름달이 휘영청 크고 선명하다. 물줄기가 잦아든 민주 광장 분수대에도 달 그림자가 잠시 비친다. 경쾌한 K-팝 음악의 진동에 물결이 일고 달 그림자가 지워진다. 형형색색 예쁜 응원봉들이 분수대를 에워싸고 춤을 춘다. 응원봉들의 불빛은 달보다 밝다. 그 환한 불빛에 달도 세상도 환해진다. 태극기와 온갖 깃발들이 바람에 펄럭인다.

주

1부_ 과거가 나를 돕는다

1. Antonia Porchia, ***Voces***, Impulso(1943), 영어 출판: ***Voices***(translated by W.S. Merwin, 1969), p.18.
2. 김문선·강문민서 저, "5·18 참여자의 80년 이후 삶과 증언치료 경험", 〈한국심리학회지: 문화 및 사회문제〉, 23(4), pp.451–473(2017).
3. Cain, A. C., & Cain, B. S., "On replacing a child", ***Journal of the American Academy of Child Psychiatry***, 3(3), pp.443–456(1964).
4. Jake M. Najman etc., "The Impact of a Child's Death on Marital Adjustment", ***Social Science & Medicine***, Elsevier, Vol. 37(8), pp.1005-1010(1993).
5. T. H. Lyngstad, "Bereavement and Divorce: Does the Death of a Child Affect Parents' Marital Stability?", ***Journal of Family Issues***, pp.79–86(2013).
6. Schwab, R., "Paternal and maternal coping with the death of a child.", ***Death Studies***, 14(5), pp.407–422(1990).
7. Stroebe, M., & Schut, H., "The dual process model of coping with bereavement: rationale and description.", ***Death Studies***, 23(3), pp.197–224(1999).
8. Pauline Boss, "The Trauma and Complicated Grief of Ambiguous Loss", ***Psychiatry: Interpersonal and Biological Processes***, Vol.73, No.1, pp.74-79(2010).
9. Pauline Boss, "Families of the missing: Psychosocial effects and therapeutic approaches", ***International Review of the Red Cross***, pp.520-526(2017).
10. Klinenberg, Eric. "Bodies That Don't Matter: Death and Dereliction in Chicago.", ***Body & Society***, 8(2-3), pp.121-136(2002).
11. Robben, Antonius C. G. M. (Ed.)., ***Death, Mourning, and Burial: A Cross-Cultural Reader***, Blackwell Publishing. Part IV "Mass death"(2004).
12. Pauline Boss, ***Ambiguous Loss: Learning to Live with Unresolved Grief***, Harvard Univ. Press(1999).
13. Mary-Frances O'Connor, PhD, ***The Grieving Brain: The Surprising Science of How We Learn***

from Love and Loss, HarperOne(2022).

14. Lane Stratheam, "The neurobiology of attachment: From infancy to clinical outcomes", *Psychodynamic Psychiatry*, Vol.39, Issue 4, pp. 685-700. DOI: 10.1521/pdps.2011.39.4.685(2011).

15. Lisa Feldman Barrett & Maria Gendron, "The social brain: neural basis of social knowledge", *Annual Review of Psychology,* Vol.60, pp.693-716(2009).

16. Mary-Frances O'Connor, "Grief: A Brief History of Research on How Body, Mind, and Brain Adapt", *Psychosomatic Medicine*, Vol.81, Issue 8, pp. 731-738(2019).

17. Bianca P. Acevedo, et al., "Neural correlates of long-term intense romantic love", *Social Cognitive and Affective Neuroscience*, Vol.7, Issue 2, pp.145-159(2012).

18. Tania Reynolds, Bo M. Winegard, Roy F. Baumeister, Jon K. Maner, "The Long Goodbye: A Test of Grief as a Social Signal", *Evolutionary Behavioral Sciences*, Vol.9(issue 1), pp.20–42(2015).

19. Bartels, A., & Zeki, S., "The Neural Basis of Romantic Love", *NeuroReport*, Vol.11, Issue17, pp.3829-3834(2000).

20. M. G. Packard and J. L. McGaugh, "Modulation of hippocampal long-term potentiation by the amygdala: a synaptic mechanism linking emotion and memory", *Proceedings of the National Academy of Sciences of the United States of America*(PNAS), Vol. 89, pp.8466-8470(1992).

21. C. White, "An evolutionary account of vigilance in grief", *Evolutionary Psychological Science*, 3(4), pp.347–358.

22. John Archer, *The Nature of Grief: The Evolution and Psychology of Reactions to Loss*, Routledge(1999).

23. Dennis Klass, *Phyllis Silverman, Steven Nickman, Continuing Bonds: New Understandings of Grief*, Taylor & Francis, chapter12(1996).

24. S. J. Marwit, "Grief and the Role of the Inner Representation of the Deceased", *OMEGA–Journal of Death and Dying*, Vol.30 Issue 4, pp.283–298(1995).

25. John Bowlby, *Attachment and Loss, Volume III: Loss: Sadness and Depression*, Basic Books(1980).

26. William H. Frey II., *Crying: The Mystery of Tears*, Harper Collins Publishers(1985).

27. George A. Bonanno, *The Other Side of Sadness: What the New Science of Bereavement Tells Us About Life After Loss*, Basic Books, pp.48-52(2009).

28. Alan D. Wolfelt, *The Journey Through Grief: Reflections on Healing,* 2nd ed., Companion Press(2003).

29. Alan D. Wolfelt, *Companioning the Bereaved: A Soulful Guide for Counselors & Caregivers*, Companion Press(2005).

30. M. Stroebe & H. Schut, "The Dual Process Model of Coping with Bereavement: Rationale and Description", *Death Studies*, Vol.23-3, pp.197–224(1999).

31. Margaret Stroebe & Henk Schut, "The Dual Process Model of Coping with Bereavement: A Decade On", *Omega–Journal of Death and Dying*, Vol.61-4, pp.273–289(2010).

32. O'Connor, L. E., Berry, J. W., Weiss, J., Schweitzer, D., & Sevier, M., "Survivor guilt, submissive behaviour and evolutionary theory: The down-side to winning in social comparison", *British Journal*

of Medical Psychology, 73(Pt.4)(2000).
33. Martha Craven Nussbaum, ***Hiding from Humanity: Disgust, Shame, and the Law***, Princeton University Press, chapter 2. Disgust and Our Animal Bodies(2004).
34. Alice Miller et al., ***For Your Own Good: Hidden Cruelty in Child-Rearing and the Roots of Violence***, Straus and Giroux, pp.70~90(1983).
35. 자기 심리학self psychology의 창시자이자 가장 영향력 있는 대가 하인즈 코헛의 자기애적 구조에 대한 설명: 자기애적 구조란 수치심과 실패 경험으로부터 자기self를 보호하고, 자기 존중과 정서적 안정성을 유지하기 위한 내적 체계다. 아동기 체벌, 모욕, 거절 경험 등으로 '나는 가치 없는 존재'라는 느낌으로 내면화되면 자아가 붕괴될 위험에 처한다. 이에 대응하여 아동은 자기애적 방어를 발달시키는데, 내면의 결핍을 과장된 자신감과 우월감으로 덮는 과대적 자기grandiose self와 겉으로 순응적이지만 내면은 쉽게 무너지는 불안정한 자기인 취약한 자기vulnerable self의 양상을 보인다.
36. Heinz Kohut, "Thoughts on Narcissism and Narcissistic Rage", ***The Psychoanalytic Study of the Child***, Vol.27, No.1, pp.360-400(1972).
37. Heinz Kohut, ***The Restoration of the Self***, International Universities Press(1977).
38. M. A. Straus, "Corporal punishment of adolescents by parents: a risk factor in the epidemiology of depression, suicide, alcohol abuse, child abuse, and wife beating", ***American Journal of Orthopsychiatry***, pp.543–561(1994)
39. Morrison, A. P., "Shame and Narcissism: Therapeutic Relevance of Conflicting Dimensions of Excessive Self-Esteem, Pride, and Pathological Vulnerable Self", ***ResearchGate***, partII. Shame and Defense, Shame and Narcissistic Pathology(1989).
40. https://kstar.kbs.co.kr/list_view.html?idx=178108
41. Taylor & Francis Heinz Kohut, "Thoughts on Narcissism and Narcissistic Rage", ***The Psychoanalytic Study of the Child***, Vol.27, pp.360–400(1972).
42. Donald L. Nathanson, ***Shame and Pride: Affect, Sex, and the Birth of the Self***, W.W. Norton & Company, pp.313-330(1992).
43. Helen Block Lewis, ***Shame and Guilt in Neurosis***, International Universities Press, pp.510-530(1971).
44. Michael Lewis, ***Shame: The Exposed Self***, The Free Press, pp. 33–35, 118–121, 140–145(1992).
45. Rosenthal, S. A., & Pittinsky, T. L., "Narcissistic Leadership", ***The Leadership Quarterly***, 17(6), pp.617–633(2006).
46. Braun, S., "Leader Narcissism and Outcomes in Organizations: A Review at Multiple Levels of Analysis", ***Frontiers in Psychology***, 8, 773. pp.3-11(2017).
47. Gabriella Szabó & Balázs Kiss, "Unpacking shame management in politics: strategies for evoking and steps to mitigate the feeling of shame", ***Political Research Exchange***, 5(1), pp.1–25(2023).
48. Zeger Verleye, "Failing the state self: On the politics of state shame", ***International Theory***, 17(1), pp.29–57(2025).
49. Barbara Heimannsberg, Christoph J. Schmidt, Jossey-Bass, ***The Collective Silence: German Identity and the Legacy of Shame***, Gestalt Institute of Cleveland Publications(1993).

50. Marlies de Groot et al., "Group-based shame, guilt, and regret across cultures", ***European Journal of Social Psychology***, Vol.51, Issue7, pp.1198–1212(2021).
51. Michael Lewis, ***Shame: The Exposed Self***, The Free Press, pp.140–145(1992).
52. Sharda Umanath & Magdalena Abel, ***United States's and Germany's Collective Memories of Pride and Shame for American and German History***, Oxford University Press, pp.236-254(2022).
53. Barbara Heimannsberg & Christoph J. Schmidt (eds.), ***The Collective Silence: German Identity and the Legacy of Shame***, Routledge(1997).
54. Kevin D. Pham, ***The Engines of National Shame and Indignatio***n, Oxford University Press, pp.15-28(2024).
55. Elaine Chase & Grace Bantebya-Kyomuhendo, ***Poverty and Shame: Global Experiences***, Oxford University Press, pp.161-174, pp.283-302(2014).
56. Mihaela Mihai, "Civic Shame: A Political Emotion," ***Political Theory***, Vol.44, No.5, pp.641–664(2016).
57. "한국 청장년의 트라우마 실태", 〈보건복지 이슈앤포커스〉, 제417호, 한국보건사회연구원(2022).
58. Anna Freud, ***The Ego and the Mechanisms of Defence***, Hogarth Press, pp.113–121(1937).
59. https://youtu.be/n3dAjj7J6EQ?si=l3DLykzQBqohMnag
60. 레베카 솔닛 저, 정해영 역, 《이 폐허를 응시하라*A Paradise Built in Hell*》, 펜타그램, pp.105-178(2012).
61. Joan Halifax, ***Standing at the Edge: Finding Freedom Where Fear and Courage Meet***, Flatiron Books, pp.155-175(2018).
62. Lisa M. Shin, Scott L. Rauch, Roger K. Pitman, "Neural correlates of exposure to traumatic pictures and sound in Vietnam combat veterans with and without posttraumatic stress disorder: A positron emission tomography study", ***Biological Psychiatry***, Vol.45, Issue 7, pp.806-816(1999).
63. https://achievement.org/achiever/elie-wiesel/#interview
64. J. Douglas Bremner, "The impact of psychological trauma on memory and the hippocampus: A review", ***Psychological Medicine***, Vol.49, Issue1, pp.1-16(2019).
65. Lawrence J. Siegel, "Traumatic Memory and the Law", ***Psychology, Public Policy, and Law***, Vol. 1(4), pp. 1092-1109("Reliability of Traumatic Recal")(1995).
66. United Nations Investigative Team to Promote Accountability for Crimes Committed by Da'esh (UNITAD) & Human Rights in Trauma Mental Health Program, Stanford University, ***Trauma-Informed Investigations Field Guide***, United Nations, pp.1-88 (2021).
67. Jean Decety, Greg J. Norman, Gary G. Berntson, John T. Cacioppo, "A neurobehavioral evolutionary perspective on the mechanisms underlying empathy", ***Progress in Neurobiology***, Issue1, pp.38–48(2012).
68. C. Daniel Batson, "Empathy and altruism: A review of concepts and definitions", ***Behavioral and Brain Sciences***, Vol.14, Issue3, pp.506-516(1991).
69. Henry M. Wellman, ***Making Minds: How Theory of Mind Develops***, Oxford University Press, p.15-32(2014).

70. https://www.youtube.com/watch?v=Odi0xFa5O_8
71. https://www.youtube.com/watch?v=_NgrV2E3hzE&t=3831s
72. https://youtu.be/hEbxm31-Kog?si=TUwA9I2pNFs4P7uK
73. 리사 펠드먼 배럿 저, 최호영 역, 《감정은 어떻게 만들어지는가 How Emotions Are Made》, 생각연구소, pp.502-525(2017).
74. https://omn.kr/2fo5c
75. https://news.kbs.co.kr/news/pc/view/view.do?ncd=8228106&ref=A
76. https://www.khan.co.kr/article/202504211712001
77. https://www.sisain.co.kr/news/articleView.html?idxno=55136
78. https://news.kbs.co.kr/news/pc/view/view.do?ncd=8235929
79. 고경태 저, 《베트남전쟁 1968년 2월 12일》, 한겨레출판(2021).
80. 권헌익 저, 《학살, 그 이후》, 아카이브(2012).
81. 권헌익 저, 《베트남 전쟁의 유령들》, 산지니(2016).
82. 이한빛 저, "가해자 됨을 묻기 위하여—베트남전 시기 한국군에 의한 민간인 학살 진상 규명을 위한 시민평화법정을 중심으로", 〈사이間SAI〉, 26, pp.97-132(2019).
83. Ervin Staub, *The Roots of Evil: The Origins of Genocide and Other Group Violence*, Cambridge University Press, pp.51-150(1989).
84. James Waller, *Becoming Evil: How Ordinary People Commit Genocide and Mass Killing*, Oxford University Press, pp.143-180(2002).
85. Herbert Kelman, "The Regulation of Mass Violence: A Social-Psychological Analysis", *Journal of Social Issues*(1973).
86. Dave Grossman, *On Killing: The Psychological Cost of Learning to Kill in War and Society*, Back Bay Books, pp.35-120, pp.150-200(1996).
87. https://imnews.imbc.com/news/2025/society/article/6686423_36718.html
88. Delroy L. Paulhus & Kevin M. Williams, "The Dark Triad of Personality: Narcissism, Machiavellianism, and Psychopathy", *Journal of Research in Personality*, Vol.36, Issue6, pp.556–568(2002).
89. Ramani Durvasula, PhD, *It's Not You: Identifying and Healing from Narcissistic People*, Penguin Random House(2024). https://www.youtube.com/watch?v=hTkKXDvSJvo.
90. 《정신질환의 진단 및 통계 편람 제5판 DSM-V》에 제시된 자기애적 성격장애의 진단 기준: 1) 자신의 중요성에 대한 과대한 감각, 2) 자신이 특별하고 독특하여 오직 다른 특별하거나 지위가 높은 사람들만 자신을 이해하거나 함께할 자격이 있다고 믿음, 3) 무한한 성공, 권력, 탁월함, 아름다움, 이상적 사랑에 대한 공상에 몰두, 4) 과도한 칭찬에 대한 요구, 5) 특권의식, 6) 대인관계에서 착취적임, 7) 공감 결여, 8) 시기심 혹은 타인이 자신을 부러워한다고 믿음, 9) 거만한 태도.
91. Patricia Chou, et al., "Prevalence, Correlates, Disability, and Comorbidity of DSM-IV Narcissistic Personality Disorder: Results From the Wave 2 National Epidemiologic Survey on Alcohol and Related Conditions", *The Journal of Clinical Psychiatry*, Vol.69 Issue7, pp.1033–1045(2008).
92. Donna Christina, *Echoism: The Silenced Response to Narcissism*, Routledge, 2022, pp. 1-5, pp. 15-

25, pp.35-50, pp.105-120(2022).
93. "Narcissistic Personality Disorder", *Diagnostic and Statistical Manual of Mental Disorders, Fifth Edition*(DSM-5), American Psychiatric Association, pp.669-672(2013).
94. Theodore Millon, Roger D. Davis, *Disorders of Personality: DSM-IV and Beyond*, 2nd edition, John Wiley & Sons, p.375(1996).
95. Glen O. Gabbard, *Psychodynamic Psychiatry in Clinical Practice*, 4th Edition, American Psychiatric Publishing, pp.217-220(2007).
96. Miller, J. D., Widiger, T. A., & Campbell, W. K., "Narcissistic personality disorder and the DSM–5". *Journal of Abnormal Psychology*, 119(4), pp.1043–1051(2010).
97. Colwyn Trevarthen, *Before Speech: The Beginning of Interpersonal Communication*(edited by Margaret Bullowa), Cambridge University Press. pp.321-347(1979).
98. Trevarthen, C., *Intersubjective communication and emotion in early ontogeny*, S. Bråten (Ed.), Cambridge University Press, pp.15–35(1998).
99. Fonagy, P., Gergely, G., Jurist, E. L., & Target, M., *Affect Regulation, Mentalization, and the Development of the Self*, Other press, pp.255-290(2002).
100. Jessica Benjamin, *The Bonds of Love: Psychoanalysis, Feminism, and the Problem of Domination*, Pantheon Books, pp.35-80(1988).
101. Gerald A. Dickinson & Aaron L. Pincus, "Interpersonal analysis of grandiose and vulnerable narcissism", *Journal of Personality Disorders*, Vol.17, No.3, pp.188–207(2003).
102. Stephanie Donaldson-Pressman & Robert M. Pressman, *The Narcissistic Family: Diagnosis and Treatment*, Jossey-Bass, pp.45-65, pp.67-85(1990).
103. Dr. Karyl McBride, *Will I Ever Be Good Enough? Healing the Daughters of Narcissistic Mothers*, Simon & Schuster, pp.85–110(2008).
104. Brown, Nina W., *Children of the Self-Absorbed: A Grown-Up's Guide to Getting Over Narcissistic Parents*, New Harbinger, pp.180–248(2001, 2008, 2020).
105. Rebecca C. Mandeville, *Rejected, Shamed, and Blamed: Help and Hope for Adults in the Family Scapegoat Role*, LMFT(2020).
106. Joshua D. Miller, Brian J. Hoffman et al., "The Narcissism Spectrum Model: A Synthetic View of Narcissistic Personality", *Personality and Social Psychology Review*, 21(3), pp.261-283(2017).
107. Lindsay C. Gibson, *Adult Children of Emotionally Immature Parents: How to Heal from Distant, Rejecting, or Self-Involved Parents*, New Harbinger Publications, pp.23-40, pp.41-60(2015).
108. Heinz Kohut, *The Analysis of the Self: A Systematic Approach to the Psychoanalytic Treatment of Narcissistic Personality Disorders*, International Universities Press, pp.176-177, 214-218(1971)
109. 랄프 왈도 에머슨 저, 황선영 역, 《자기 신뢰*Self-Reliance*》, 메이트북스, p.39(2023).

2부_ 과거가 우리를 돕는다

1. Caroline F. Zink et al., "Social status modulates neural activity in the mentalizing network", *NeuroImage*, Vol.53, Issue1, pp.318-326(2008).
2. Jae-Young Son, Apoorva Bhandari, Oriel FeldmanHall, "Cognitive maps of social features enable flexible inference in social networks", *Proceedings of the National Academy of Sciences of the United States of America*(PNAS), Vol.118, No.39(2021).
3. Craig Haney, Curtis Banks, and Philip Zimbardo, "A Pirandellian Prison: The Mind is a Formidable Jailer", *New York Times Magazine*, pp.38–60(1973).
4. Thomas Carnahan & Sam McFarland, "Revisiting the Stanford Prison Experiment: Could Participant Self-Selection Have Led to the Cruelty?", *Personality and Social Psychology Bulletin*, Vol.33, No.5, pp. 603–614(2007).
5. Delroy L. Paulhus & Kevin M. Williams, "The Dark Triad of personality: Narcissism, Machiavellianism, and psychopathy", *Journal of Research in Personality*, 36(6), pp.556-563(2002).
6. Antonakis, J., & Dalgas, O., "Predicting elections: Child's play!", *Social Cognition*, 27(6), pp.898–909(2009).
7. Adam D. Galinsky, Joe C. Magee, M. Ena Inesi, Deborah H. Gruenfeld, "Power and Perspectives Not Taken", *Psychological Science*, Vol.17, No.12, pp.1068-1074(2006).
8. Laura M. Giurge, Marius van Dijke, Michelle Xue Zheng, David De Cremer, "Does power corrupt the mind? The influence of power on moral reasoning and self-interested behavior", *The Leadership Quarterly*, Vol.32, Issue4(2019).
9. Rosenberg, R., *The human magnet syndrome: Why we love people who hurt us* (2nd ed.). PESI Publishing & Media, pp.85-110(2021).
10. Rosenberg, R., *The human magnet syndrome: Why we love people who hurt us* (2nd ed.). PESI Publishing & Media, pp.125-150(2021).
11. Wendy T. Behary, *Disarming the Narcissist*, New Harbinger Publications, pp.45-65(2013).
12. Ross Rosenberg, *The Human Magnet Syndrome*, PESI Publishing, pp.95-120(2013).
13. Rosenberg, R., *The human magnet syndrome: Why we love people who hurt us* (2nd ed.). PESI Publishing & Media, pp.195-220(2021).
14. Evita March et al., "It's All in Your Head: Personality Traits and Gaslighting Tactics in Intimate Relationships", *Journal of Family Violence*, Vol.40, Issue2(2025). ResearchGate, pp. 259–268.
15. https://www.hankyung.com/article/2019121044427
16. 5 Signs Someone Might Be a Spiritual Narcissist, www.kaminiwood.com
17. https://n.news.naver.com/mnews/article/079/0004052925?sid=102
18. https://imnews.imbc.com/news/2025/society/article/6743084_36718.html
19. https://www.news2day.co.kr/article/20250413500001
20. https://enews.imbc.com/News/RetrieveNewsInfo/453283
21. https://www.ohmynews.com/NWS_Web/View/at_pg.aspx?CNTN_CD=A0003102961&CMPT_

CD=P0010&utm_source=naver&utm_medium=newsearch&utm_campaign=naver_news
22. https://biz.heraldcorp.com/article/10445356?ref=naver
23. https://www.newsis.com/view/NISX20250117_0003036523
24. https://www.edaily.co.kr/News/Read?newsId=02545286642038704&mediaCodeNo=257&OutLnkChk=Y
25. 엠브레인 트렌드모니터, 〈종교(인) 및 '종교인 과세' 관련 인식 조사〉, 조사 방식: 온라인 설문, 조사 기간: 2020년 6월 23일~26일, 응답자: 전국의 만 20세부터 59세 남녀, 총 1,000명, http://mhdata.or.kr/mailing/Numbers61th_200828_A_Part.pdf?fbclid=IwAR1Gi8a8VdWRgF47yCzxSahBerYJvpOzQjdPhtc08ClK3NJNNErXKBNPPy0
26. Mark Juergensmeyer, *Terror in the Mind of God: The Global Rise of Religious Violence*, University of California Press, pp.5-64(2000).
27. Agnieszka Golec de Zavala, Konstantin V. Kossowska, Aleksandra Cichocka, et al., "Collective narcissism and its social consequences", *European Journal of Social Psychology*, pp.1019–1034(2009).
28. Michael D. Hart, et al., "Apocalyptic thinking and political behavior", *Political Psychology*, pp.123–145(2015)
29. Altemeyer, B., & Hunsberger, B., "Authoritarianism, Religious Fundamentalism, Quest, and Prejudice", *The International Journal for the Psychology of Religion*, 2(2), pp.113–133(1992).
30. Golec de Zavala, A., et al., "Collective narcissism and its social consequences", *Journal of Personality and Social Psychology*, 97(6), pp.1074–1096(2009).
31. Peter Herriot, *Religious Fundamentalism: Global, Local and Personal*, Routledge, pp.81-104(2009).
32. Jonathan R. White, "Political Eschatology: A Theology of Antigovernment Extremism", *American Behavioral Scientist*, Vol.44, No.6, pp.937–956(2011).
33. Douglas Pratt, "Religion and Terrorism: Christian Fundamentalism and Extremism", *Terrorism and Political Violence*, Vol.22, Issue3, Taylor&Francis Online, pp.438–456(2010).
34. https://h21.hani.co.kr/arti/politics/politics_general/56710.html
35. https://www.munhwa.com/article/11460431
36. https://www.sedaily.com/NewsView/2DABYVUXDN
37. https://www.yna.co.kr/view/AKR20251026047000004?input=1195m
38. https://imnews.imbc.com/news/2024/society/article/6669319_36438.html?utm_source=chatgpt.com
39. https://www.ytn.co.kr/_ln/0103_202509171555428622
40. Clot-Garrell, Anna, & Griera, Mar. "Beyond narcissism: Towards an analysis of the public, political and collective forms of contemporary spirituality.", *Religions*, 10(10), Article 579(2019).
41. Timerman, Jacobo, *Prisoner Without a Name, Cell Without a Number*, Alfred A. Knopf. p.46(1981).
42. 소희 님의 사례는 5·18민주화운동진상규명위원회의 보고서에도 실려 있다. 여기에 실린 내용은

보고서를 참고한 후, 개인 면담을 통해 직접 들은 이야기를 중심으로 엮은 것이다. 참고한 보고서는 다음과 같다. 5·18민주화운동진상규명조사위원회, "5·18민주화운동 당시 계엄군 등에 의한 성폭력 사건(직권조사 진상규명 조사보고서)", 〈직가의 2-5〉, pp.37-40(2023).

43. https://news.kbs.co.kr/news/pc/view/view.do?ncd=7929255&ref=A
44. 신상숙, "5·18 성폭력 피해의 특성과 트라우마의 역사적 과정에 대한 젠더분석", 〈제1회 5·18 연구자대회 대퇴행의 시대, 5·18의 안과 밖: 미래 커뮤니티의 상상과 전망〉, 전남대학교 5·18 연구소, pp.283-290(2024).
45. William A. Schabas, "The Prevention and Suppression of International Crimes: The Problem of Over-Compliance and Its Consequences", ***Journal of International Criminal Justice***, Vol.8, No.3, pp.541-560(2010).
46. Louise Vella, T*ransitional Justice in Practice: Conflict, Justice, and Reconciliation in the Solomon Islands* (ed. Renée Jeffery), Palgrave Macmillan, pp.141-169(2017).
47. 민희 님의 사례 역시 5·18민주화운동진상규명위원회의 보고서에 실려 있다. 여기에 실린 내용은 보고서를 참고한 후, 개인 면담을 통해 직접 들은 이야기를 중심으로 엮은 것이다. 참고한 보고서는 다음과 같다. 5·18민주화운동진상규명조사위원회, "5·18민주화운동 당시 계엄군 등에 의한 성폭력 사건(직권조사 진상규명 조사보고서)", <직가의 2-5>, pp.45-48, p.54(2023).
48. https://www.youtube.com/watch?v=pj07JzilјUg
49. 주디스 허먼 저, 최현정 역, 《트라우마*Trauma and Recovery*》, 열린 책들, pp.171-199(2012).
50. Martha C. Nussbaum, ***Women and Human Development: The Capabilities Approach***, Cambridge University Press, pp.72-75(2000).
51. UN General Assembly, Declaration on the Elimination of Violence against Women, Article 3(1993).
52. 경희 님의 사례 역시 5·18민주화운동진상규명위원회의 보고서에 실려 있다. 여기에 실린 내용은 보고서를 참고한 후, 개인 면담을 통해 직접 들은 이야기를 중심으로 엮은 것이다. 참고한 보고서는 다음과 같다. 5·18민주화운동진상규명조사위원회, "5·18민주화운동 당시 계엄군 등에 의한 성폭력 사건(직권조사 진상규명 조사보고서)", 〈직가의 2-5〉, pp.156-159, pp.162-165(2023).
53. Cohen, Dara K. & Ragnhild Nordås, "Sexual Violence in armed Conflict: Introducing the SVAC Dataset", 1989–2009, ***Journal of Peace Research***, 51(3), pp.418–428(2014).
54. Binningsbø, Helga M. & Ragnhild Nordås, "Conflict-Related Sexual Violence and the Perils of Impunity", ***Journal of Conflict Resolution***, 66(6), pp.1066–1090(2022).
55. Wood, Elisabeth J. "Armed Groups and Sexual Violence: When Is Wartime Rape Rare?", ***Politics & Society,*** 37(1), pp.131–161(2009).
56. 〈***United Nations—Report(s) of the Secretary-General on Conflict-Related Sexual Violence***〉(2018·2019·2021·2023).
57. Vamik D. Volkan, ***Bloodlines: From Ethnic Pride to Ethnic Terrorism***, Farrar, Straus and Giroux, pp.36~49(1997).
58. Erikson, Kai T., ***Everything in Its Path: Destruction of Community in the Buffalo Creek Flood***, Simon & Schuster, chapter 4. Loss of Communality, chapter 5. The Remains of Community(1976).
59. https://www.korea.kr/news/policyNewsView.do?newsId=148946126

60. 5·18 관련자나 가족은 공무원 시험, 공기업 채용 등 관공서 취업에서 불이익을 받았다. 사전에 신상 조회, 정치 성향 확인을 통해 채용에서 탈락하도록 조치되거나, 민간 기업에서도 정부와 연계된 정보망을 통해 광주 사건 참여자를 '문제 인물'로 분류하여 채용을 거부했다. 대학 진학이나 장학금 신청에서도 제약을 받았다. 정부 기관과 경찰은 감시망을 통해 지역별·연령별로 5·18 관련자를 체크했고, 이들이 사회 진출 시 불이익을 받도록 조직적으로 유도했다. 군 복무 중 5·18 참여 경력이 있거나 전남·광주 출신 군인은 승진 및 진급에서 불이익을 받았다. 전두환 정권은 공적·사적 영역 모두에서 5·18 참여자를 체계적으로 배제함으로써, 두려움과 수치심, 침묵을 낳았고, 트라우마를 재생산했다.
61. 《5·18민주화운동 직접 피해자 실태 조사》, 5·18민주화운동진상규명조사위원회(2022), p.47
62. 김문선·강문민서 저, "5·18 참여자의 80년 이후 삶과 증언치료 경험", 《한국심리학회지: 문화 및 사회 문제》, 23(4), pp.460–464(2017).
63. https://www.youtube.com/watch?v=Z5S5WYlIg7s
64. 정아은 저, 《전두환의 마지막 33년》, 사이드웨이, p.244(2023).
65. Yehuda, R., Daskalakis, N. P., Bierer, L. M., Bader, H. N., Klengel, T., Holsboer, F., & Binder, E. B., "Holocaust exposure induced intergenerational effects on FKBP5 methylation", **Biological Psychiatry**, 80(5), pp.372-380(2016).
66. Yehuda, R., & Bierer, L. M., "The relevance of epigenetics to PTSD: Implications for the DSM-V", **Journal of Traumatic Stress**, 22(5), pp.427-434(2009).
67. 천정환 저, "1980년대와 '민주화운동'에 대한 '세대 기억'의 정치", 《대중서사연구》, 대중서사학회, 20(3), pp.187~220(2014).
68. 허석재 저, "정치적 세대와 집합 기억", 《정신문화연구》 2024 봄호, 한국학중앙연구원 한국학, 37(1), pp. 257–290(2014).
69. 전명희 저, "근현대사에서 한국인이 경험한 트라우마의 집단적·역사적·세대전이적 특성에 관한 연구", 《한국기독교상담학회지》, 제27권 제4호, pp.231–254.
70. 유정균 저, "MZ 세대를 들여다보다", 《이슈&진단》 제479호, 경기연구원 (2021).
71. 김종수 저, "21세기 한국 사회의 세대 논쟁: 세대 갈등에서 세대 게임으로!", 《비교문화연구》 제56집, pp.45~63(2019.9.)
72. https://www.news1.kr/society/court-prosecution/5644849
73. https://news.jtbc.co.kr/article/NB12230500?influxDiv=NAVER
74. 《5·18민주화운동진상규명조사위원회 종합보고서》, 5·18민주화운동진상규명조사위원회(2024).
75. 오수성·김영화·김혜경 등저, 《5·18 민주유공자 생활 실태 및 후유증 실태 조사 보고서》, 광주광역시청, 5·18기념재단, 광주광역시정신보건센터(2006).
76. 김석웅·김종곤 저, "5·18 민주화운동 피해자 실태조사 결과에 대한 고찰: 심리건강을 중심으로", 《민주주의와 인권 Journal of Democracy and Human Rights》, 제23권 제4호, pp.29–65(2023).
77. 김석웅 저, "5·18민주화운동 유가족 1세대 및 2세대의 집단 트라우마", 《민주주의와 인권》 21(3), pp.97-143.(2021).
78. Priscilla B. Hayner, **Unspeakable Truths: Transitional Justice and the Challenge of Truth Commissions** 2nd ed, Routledge, pp.145-174(2011).

3부_ 과거가 미래를 돕는다

1. Clark, D. N., **Korean memories and psycho-historical fragmentation** In M. Hejtmanek & A. F. Clark (Eds.), The Korean Peninsula in Transition, Routledge, pp.57–61(1997).
2. Mikyoung Kim, **Korean Memories and Psycho-Historical Fragmentation**, Palgrave Macmillan, pp.21-54(2019).
3. Alexander, Jeffrey C et al., **Toward a Theory of Cultural Trauma. In Cultural Trauma and Collective Identity**, University of California Press, pp.1–30(2004).
4. Stanley Cohen, **States of Denial: Knowing about Atrocities and Suffering**, Polity Press(Cambridge, UK)/Blackwell Publishers(Malden, MA, USA), pp.344-360(2001).
5. https://www.youtube.com/watch?v=4TUZPrpF8hk
6. Shoshana Felman & Dori Laub, **Testimony: Crises of Witnessing in Literature, Psychoanalysis, and History,** Routledge(1992).
7. Erikson, Kai. "Notes on Trauma and Community", **American Imago**, Vol.48, No.4, pp.455-472(1991).
8. Shoshana Felman & Dori Laub, **Testimony: Crises of Witnessing in Literature, Psychoanalysis, and History**, Routledge, pp.57–74(1992).
9. Herman, J. L., **Trauma and Recovery: The Aftermath of Violence—From Domestic Abuse to Political Terror**, Basic Books, pp.133-213, 197-213(1992).
10. Irvin David Yalom, Peter S. Houts, Gary Newell, Kenneth H. Rand, Rand, "Preparation of Patients for Group Therapy: A Controlled Study", **Archives of General Psychiatry**, Vol.17, No.4, pp.416–427(1967).
11. Janie A. van Dijk et al, "Testimony Therapy: Treatment method for traumatized victims of organized violence", **American Journal of Psychotherapy**, Vol.57, No.3, pp.361–373(2003).
12. 마이클 화이트 저, 이선혜·정슬기·허남순 공역, 《이야기치료의 지도 Maps of Narrative Practice》, 학지사, pp.121-160(2010).
13. Michael White, "Working with people who are suffering the consequences of multiple trauma: A narrative perspective", **International Journal of Narrative Therapy and Community Work**, No. 1, pp.45-76(2004).
14. Maggie Carey & Shora Russell, **International Journal of Narrative Therapy & Community Work**, Issue No.1, pp.3-16(2003).
15. https://www.yna.co.kr/view/AKR20230722036200054
16. **Truth and Reconciliation Commission of South Africa Report**. 5 vols. Cape Town: Juta(1998).
17. Desmond Mpilo Tutu, **No Future Without Forgiveness**, rider books, pp.19-32, pp.45-65(1999).
18. Richard A. Wilson, **The Politics of Truth and Reconciliation in South Africa**, Cambridge University Press, pp.107-135(2001).
19. Antjie Krog, **Country of My Skull: Guilt, Sorrow, and the Limits of Forgiveness in South Africa**, Random House, pp.36-109(1998).

20. Desmond Mpilo Tutu, *No Future Without Forgiveness*, rider books, pp.66-77(1999).
21. Richard A. Wilson, *The Politics of Truth and Reconciliation in South Africa: Legitimizing the Post-Apartheid State*, Cambridge University Press, pp.136-162(2001).
22. Mahmood Mamdani, *When Victims Become Killers: Colonialism, Nativism, and the Genocide in Rwanda*, Princeton University Press, pp.265-293(2001)
23. Mahmood Mamdani, "Amnesty or Impunity? A Preliminary Critique of South Africa's Truth and Reconciliation Commission", *Diacritics*, Vol.32, Issue3-4, pp.33-41(2002),
24. Martha Minow, *Between Vengeance and Forgiveness: Facing History after Genocide and Mass Violence*, Beacon Press, pp.52-90(1998).
25. https://www.lifeafterhate.org
26. Michael Kimmel, *Healing from Hate: How Young Men Get Into and Out of Violent Extremism*, UC Press, pp.134-186(2018).
27. Tore Bjørgo & John Horgan, *Leaving Terrorism Behind: Individual and Collective Disengagement*, Routledge, pp.11-12, pp.232-234(2009).
28. Tore Bjørgo, *Strategies for Preventing Terrorism*, Palgrave Macmillan, pp.94-97(2013).
29. 독일의 '엑시트-독일EXIT-Deutschland', 스웨덴의 폭력적 극단주의 예방을 위한 국립 센터, 사우디아라비아의 무나사하 프로그램, 덴마크의 오르후스 모델, 미국의 EXIT USA 등이 있다.
30. Westheimer, J., & Kahne, J., "What kind of citizen? The politics of educating for democracy", *American Educational Research Journal,* 41(2), pp.237-269(2004).
31. 김민성·박은형 저, "민주시민교육의 국제 비교: 한국, 미국, 독일, 스웨덴의 사례", 〈시민교육연구〉, 51(3), 31-62(2019).
32. Zembylas, M., "Theorizing 'difficult knowledge' in the aftermath of the 'affective turn': Implications for curriculum and pedagogy in handling traumatic representations", *Curriculum Inquiry*, 44(3), pp.390-412(2014).
33. Alexander, J. C., "Toward a theory of cultural trauma" In J. C. Alexander et al. (Eds.), *Cultural Trauma and Collective Identity,* University of California Press, pp.15-22(2004).
34. Boler, M., *Feeling Power: Emotions and Education*, Routledge, pp.101-125(1999).
35. Hess, D. E., & McAvoy, P., *The Political Classroom: Evidence and Ethics in Democratic Education*, Routledge, pp.150-178(2015).
36. LeBaron, M., & Sarra, J., *Conflict Transformation and the Arts: A Practitioner's Guide*, Routledge, pp.45-65(2019).
37. Putnam, R. D., *Bowling Alone: The Collapse and Revival of American Community*, Simon & Schuster, pp.15-28(2000).
38. Putnam, R. D., *Bowling Alone: The Collapse and Revival of American Community*, Simon & Schuster, pp.31-47(2000).
39. Woolcock, M., & Narayan, D., "Social Capital: Implications for Development Theory, Research, and Policy", *The World Bank Research Observer*, 15(2), pp.225-249(2000).
40. Putnam, R. D., *Bowling Alone: The Collapse and Revival of American Community*, Simon &

Schuster, pp.22-23(2000).

41. Szreter, S., & Woolcock, M., "Health by association? Social capital, social theory, and the political economy of public health", ***International Journal of Epidemiology***, 33(4), pp,650-667(2004).
42. 이희창, "사회자본과 국가정체성의 관계분석: 한,중,미 3국간 비교", 〈한국행정학회 하계학술발표논문집〉, pp.706-730(2013).
43. Mikyoung Kim, ***Korean Memories and Psycho-Historical Fragmentation***, Palgrave Macmillan, pp.21-54(2019).
44. Clark, D. N., "Korean memories and psycho-historical fragmentation" In M. Hejtmanek & A. F. Clark (Eds.), ***The Korean Peninsula in Transition***, Routledge, pp. 57–61(1997)
45. 윤종빈·김진주 저, "한국적 사회적 자본에 대한 탐색적 연구". 〈문화와 정치〉, 6(2), pp.171-206(2019).
46. 류태건 저, "한국·일본·미국·독일의 대인신뢰와 정부신뢰", 〈한국지방정부학회 2014년도 춘계학술대회 자료집〉, pp.179-202(2014).
47. 송경재 저, "한국의 민주화와 사회적 자본", 〈21세기 정치학회보〉 제16집 2호(2006년). 한준 저, 《한국 사회의 제도에 대한 신뢰》, 한림대학교 출판부, p.57-72(2008).
48. 한준 저, 《한국 사회의 제도에 대한 신뢰》, 한림대학교출판부, pp.57-72(2008).
49. Erikson, Kai. "Notes on Trauma and Community", ***American Imago***, Vol.48, No.4, pp.455-472(1991).
50. Kim, J., & Lee, C., "Collective Trauma and Social Capital: The Case of the Sewol Ferry Disaster in South Korea", ***Asian Perspective***, Vol.43, No.2, pp.383-409(2019).
51. James E. Waller, "Confronting Evil: The Psychology of Secularism in the Prevention of Collective Violence", ***Secularism and Nonreligion***, Vol.1, No.1, pp.1-12(2012).
52. Norris, F. H., Stevens, S. P., Pfefferbaum, B., Wyche, K. F., & Pfefferbaum, R. L., "Community resilience as a metaphor, theory, set of capacities, and strategy for disaster readiness", ***American Journal of Community Psychology***, 41(1–2), pp.127–150(2008).
53. https://www.dia.govt.nz/diawebsite.nsf/Files/DIA-Annual-Report-2021/$file/Strategic-Intentions-2021-2025.pdf pp.10-12.
54. https://www.msd.govt.nz/about-msd-and-our-work/publications-resources/corporate/statement-of-intent/2021/index.html.
55. https://www.msd.govt.nz/documents/about-msd-and-our-work/publications-resources/corporate/statement-of-intent/2025/ministry-of-social-development-strategic-intentions-2025-2029.pdf pp.11-29.
56. https://www.ethniccommunities.govt.nz/about-us.

당신의 상처는 사적이지 않다
ⓒ 정찬영, 2025

초판 1쇄 발행 2025년 12월 1일

지은이 정찬영
펴낸이 김효선
펴낸곳 잠비
등록번호 제2022-000044호
전화번호 070-8286-9852
이메일 jambi.book@gmail.com
인스타그램 @jambi_book

ISBN 979-11-980684-7-7 (03180)

- 이 책은 판권은 저작권자와 출판사에 있습니다. 양측의 서면 동의 없이는 어떤 방식으로도 책 내용을 이용할 수 없습니다.
- 잘못된 책은 구입하신 서점에서 바꾸어드립니다.
- 이 책의 본문은 '을유1945' 서체를 사용했습니다.